商鉴

先秦商家的创富智慧与济世情怀

李庆鹏 【著】

当代世界出版社
THE CONTEMPORARY WORLD PRESS

图书在版编目（CIP）数据

商鉴：先秦商家的创富智慧与济世情怀 / 李庆鹏著. —北京：当代世界出版社，2016.8
ISBN 978-7-5090-1129-4

Ⅰ.①商… Ⅱ.①李… Ⅲ.①商业史—中国—先秦时代 Ⅳ.①F729.2

中国版本图书馆CIP数据核字（2016）第184664号

书　　　名：	商鉴：先秦商家的创富智慧与济世情怀
出版发行：	当代世界出版社
地　　　址：	北京市复兴路4号（100860）
网　　　址：	http：//www.worldpress.org.cn
编务电话：	（010）83908456
发行电话：	（010）83908409
	（010）83908455
	（010）83908377
	（010）83908423（邮购）
	（010）83908410（传真）
经　　　销：	全国新华书店
印　　　刷：	北京天宇万达印刷有限公司
开　　　本：	710毫米×1000毫米　1/16
印　　　张：	17
字　　　数：	233千字
版　　　次：	2016年8月第1版
印　　　次：	2016年8月第1次
书　　　号：	ISBN 978-7-5090-1129-4
定　　　价：	39.00元

如发现印装质量问题，请与承印厂联系调换。
版权所有，翻印必究；未经许可，不得转载！

| 前 言 |

先秦百家中有一个"商家"

中华商脉,源远流长。本书向读者展示先秦商贾群体,旨在揭示诸子百家中有一个重商学派——商家。

三皇五帝时期是中国原始商业的萌发期。传说神农时代"日中为市",黄帝时期"祝融作市",虞舜曾在负夏、顿丘、传虚等地赊货贩卖,大禹在会稽召集万国诸侯,将天下九州的土地、物产、赋税进行分类统计,然后铭刻在九鼎上,所谓"禹贡九州""关石和钧"。按照司马迁的说法,会稽,就是会计的意思。大禹堪称"中华会计学鼻祖"。

中国商业的专业化和职业商人的诞生当在夏朝中后期的商族部落,标志性事件是"王亥服牛"。王亥是商族始祖契的六世孙、商朝开国帝王成汤的七世祖,他发明牛车,并带领商族车队越过黄河,到北方的有易国贸易。驱赶车队的商族人被称为"商人",所贩卖的货品被称为"商品",所从事的贩卖活动被称为"商业"。传说王亥与有易国王的夫人有染,被有易之君绵臣杀死,碎尸八块,抛尸荒野,牛羊也被有易人掠走。四年后,王亥的儿子上甲微北伐复仇,杀死了绵臣,消灭了有易国。这是我国有文字记载的最早一场因贸易和女色引起的战争。王亥被誉为"中华商祖"。

夏朝末年的伊尹是有莘氏陪嫁给商汤的媵臣和厨师,号称"中华厨祖"。他以烹饪的"五味调和论"和"火候论"向商汤阐述治国之道,同时"五就汤,五就桀",目睹夏桀后宫女乐三万,个个穿戴绫罗绸缎,便建议商汤"以丝换粟",掏空夏王朝的粮仓,操纵夏朝的商品流通,结果一举灭夏。商朝建立后,伊尹辅佐五任商王以商立国,即按照轻重之术,开阖决塞,促进商品流通,结果出现了商初的繁荣局面。伊尹是最早采用"贸易战"颠覆一个腐朽王朝的人,被誉为"中华第一帝师"。

商朝末年,年过古稀的姜太公还在朝歌市场上屠牛贩牛,在孟津渡口摆饭摊开旅馆,可谓半生寒微。七十多岁后到渭水边垂钓,周文王尊之为"太公望",拜为"太师"。周文王死后,周武王尊之为"师尚父"。从此,贩夫走卒出身的姜太公不仅辅佐武王灭商,而且因首功分封到齐国。齐地靠海,都是盐碱地,人口稀少,一片荒凉。姜太公因地制宜,制定"工商立国"策略,利用濒海优势发展渔盐之业和海上贸易,同时避开农业劣势,发动妇女发展桑麻纺织业,使齐国生产的服装鞋帽畅销天下,由此奠定了齐国八百年江山。

春秋前期的鲍叔牙和管仲是淮河流域的颍上人,两人出身贫寒,他们合伙经商,创办了中国历史上第一家股份制企业。鲍叔牙慧眼识人,先是让利,委托管仲当股份公司的CEO;后又让贤,推荐管仲当上齐桓公的CEO。"管鲍之交"为中国商人确立了正确的义利观,成为千古美谈。管仲担任齐相四十年间,继承姜太公以来的"工商立国"和"轻重九府"传统,通过工商并举、招商引资、对外贸易和货币战争,辅佐齐桓公"九合诸侯,一匡天下",使齐国崛起成为春秋首霸。

卫国的宁戚、虞国的百里奚、郑国的弦高,都是饲养牛马、贩卖牛羊出身的。宁戚替人驱赶牛车,长途贩卖。一次,宁戚一路跋涉到了齐国都城临淄,在临淄城外敲击牛角,唱起了悲歌,被管仲、齐桓公发现后任命为大司田。

虞国的百里奚穷得把门板拆了当柴烧,先给周王子颓养牛,后来成了虞国大夫,不久晋灭虞,又成为晋国的奴隶,被作为晋献公之女伯姬的媵臣,在去往秦国的途中逃亡到楚国,被抓去为楚成王放牛,最后被秦穆公以五张羊皮赎回,拜为左相,使原本默默无闻的秦国走出关中,跨过函谷关,由此开始引领中华文明。

郑国商人弦高在赶牛去东周王城洛邑的路上,遇到秦国军队正驻扎在滑国,他准确判断秦军企图偷袭郑国。国难当头之际,弦高急中生智,假矫君命,以四张熟牛皮、十二头肥牛犒赏秦军将士,秦将百里奚之子孟视明等人以为军事机密已经泄露,便撤军而退,使郑国免遭一场灭顶之灾。郑穆公以"舍己为公、舍生忘死"的保国之功赐封弦高为军尉,弦高稽首谢绝,带着商队和家眷隐居东夷,终其一生没有再回郑国。

计然,即文子,宋研,是春秋末期宋国人,老子的弟子,是早期道家宋尹学派的代表人物,著有《文子》一书阐述道德之旨,唐玄宗时被赐封为"通玄真人"。计然在七国之间经商,富甲一方。后来越国大夫范蠡拜计然为师,并将他引荐给越王勾践,勾践尊之为国师。计然运用道家思想揭示商业发展规律,所谓"计然七策",越用其五而灭吴称霸,范蠡用之于家则三致千金。计然最早发现农业经济循环的周期律,首创农末俱利的"三八调控律",首倡"贵出如粪土、贱取如珠玉"的"积著之理",被誉为"中华商学之祖"。

范蠡是春秋末期楚国人,与文种一起离楚赴越,辅佐越王勾践灭吴称霸,官拜上将军。范蠡感觉大名之下难以久居,便泛舟五湖,浮海北上。在齐国海滨,改名"鸱夷子皮",以计然之策经商,成为千万富翁,齐人聘他为相。范蠡以为久受尊名不祥,谢归相印,尽散其财。裸捐之后,迁居"天下之中"的宋国陶地,自称"朱公",专心经营,很快又成为亿万富豪,号称"陶朱公"。范蠡富而好行其德,三致千金,三散其财,将经商致富提升为社会事业,被誉为中国最早的慈善家、中华商圣、道商鼻祖。

子贡是孔门十哲和孔子三大得意门生(颜回、子路、子贡)之一,先后在卫国、鲁国、齐国做外交官,在曹国和鲁国之间经商,最后为齐国大夫。由于子贡擅长预测市场趋势,家累千金,成为"孔门首富"。所到之处,堪与国君分庭抗礼。为使鲁国免遭齐国侵犯,子贡遵从师命游说齐、吴、越、晋四国诸侯,用连环计和纵横术全鲁、乱齐、灭吴、强晋、霸越,而他自己也从中赚得盆满钵满。"子贡全鲁"被誉为一个人导演的世界战争。子贡富而好礼,尊师重道,是孔子周游列国的首席赞助商,更是唯一一位为孔子守墓六年的弟子。子贡堪称"儒商鼻祖"。

白圭是战国时期东周王城洛邑人，洛邑作为东周王城所在地和全国商贸中心，使白圭的血脉里充满着商业基因。他先在魏国从政，魏国崛起为中原强国；后来也像范蠡一样辞官从商，按照"人弃我取、人取我与"的八字秘诀，成为"治生之祖"。他还收徒传授商道，宣称："我从事经商，就像伊尹、吕尚谋划，孙武、吴起用兵，商鞅行法。如果一个人的智慧够不上随机应变、勇气够不上果敢决断、仁德不能够正确取舍、强健不能够有所坚守，即使想跟我学习致富之术，我也不会传授他经商秘诀。"不少跟随他的弟子都在商业上获得巨大成功。有人说，孔子首创"儒学院"，白圭则首创"商学院"。

猗顿原本是鲁国穷士，曾专程跑到陶邑向陶朱公问富，陶朱公从他没有资本的实际出发，给了他八字致富秘诀："子欲速富，当畜五牸。"他遵从师命，跑到今山西临猗一带，从畜牧业起家，又以盐业发迹，最后成为珠宝界权威，富比王公，号称"陶猗之富"。猗顿居住的地方，招徕四方商客，最后使夏朝以来一座早已荒废的猗氏古城重新崛起，后人誉之"猗顿故城"。猗顿堪称中国历史上的第一个大盐商，被誉为"道商第二""晋商始祖"。

郭纵是战国晚期赵都邯郸人，他靠冶铁业发家，司马迁称他"与王者埒富"。战国时期，随着铁犁等铁制农具、工具、武器被广泛使用，冶铁业成为最先进的社会生产力，很多人靠冶铁业发家致富，如蜀地的卓王孙家族、程郑家族、南阳的孔仅家族、山东的曹邴氏家族，都是从事冶铁业而成为汉初全国头四大富豪。

吕不韦是战国晚期卫国濮阳人，出生于商人世家，在韩国经商时，已是阳翟大贾，但他不满足于农产品的十倍之利和珠宝业的百倍之利，迁居赵都邯郸。发现在赵国做质子的秦国王孙异人"奇货可居"，毅然一掷千金，结果成功当上大秦丞相，封邑洛阳十万户，更将自己的私生子嬴政推上大秦皇帝的宝座。吕不韦还像战国四公子一样养士三千，组织编写《吕氏春秋》。不料最后因赵姬与嫪毐在雍阳宫肆意淫乱并图谋作乱东窗事发，秦始皇车裂嫪毐，囚禁母后，并将推荐嫪毐入宫的始作俑者吕不韦贬居洛阳，不久又下令流放蜀地，吕不韦饮鸩而死。吕不韦堪称志在谋国的风险投资家。

乌氏倮是秦始皇时期西戎少数民族的畜牧场主，等到牲畜繁殖众多之时，他便全部卖掉，购买各种奇异之物和丝织品，暗中献给戎王。戎王以十倍于所献物品的牛羊偿还给他，短短几年间，乌氏倮的牛羊多到要以山谷为单位计数。秦始皇诏令乌氏倮的地位与封君同列，并与各位大臣一同进宫朝拜。

巴郡寡妇清是中国典籍记载的唯一一位女富豪。她的上代因为丹砂矿致富，家产多得不计其数。作为一位寡妇，寡妇清能守住先人留下的家业，且在只有四五万人口的巴郡即拥有员工上万人和一支数千人的私人武装，在"尽收天下之兵"的秦朝，堪称奇迹。据说她捐资长城以赞军兴，又为秦始皇陵提供上百吨丹砂和水银。醉心于长生不死之药的秦始皇特地邀请她到京都咸阳养老，赐封她为"贞妇"；她死后，秦始皇诏令巴郡为她修建"女怀清台"，可谓礼抗万乘，名显天下。

本书载录的先秦商家，从夏朝中期的商先公王亥到大秦帝国时期的巴寡妇清，共十七人，他们生活在距离我们三千八百年至两千两百年这段时间。之所以以秦为分界，是因为秦始皇统一中国后，中华民族进入了一个全新的中央集权统治阶段，先秦富豪与后代的类比性没有那样强烈了。

从时间来看，先秦商家主要集中在春秋战国时期。夏、商、西周三代各一人，王亥、伊尹、姜太公；春秋战国时期十二人，鲍叔牙、管仲、宁戚、百里奚、弦高、计然、范蠡、子贡、白圭、猗顿、郭纵、吕不韦；秦朝两人，乌氏倮、寡妇清。为什么先秦商家集中出现在春秋战国时期呢？这是时势造就英雄。春秋战国之交出现铁器、牛耕，生产力水平迅速提高，土地不断私有化，井田制遭到严重冲击，周天子王权旁落，宗法制、世卿世禄制、井田制、工商食官、学在官府等传统制度开始动摇，诸侯争霸，诸子争鸣，诸商争富。这样一个群雄割据、四分五裂的年代，对于工商阶层来说充满机会。战乱的时候，小到粮食、牛羊，大到车马、武器等军火，商人都可以从中获取暴利；

相对安宁的时刻，他们又可以经营布帛丝绸、珠宝饰品和日用品，在"礼崩乐坏"的浮躁年代这些都是发财的大买卖。春秋战国的乱世为商人提供了广阔的舞台，工商阶层迅速崛起成为一个新的社会群体。

从地域分布看，先秦商家主要集中在黄河中下游（今河南、河北、山东、山西地区），吴、越、秦、楚、韩、燕等地的富豪情况较少在古籍中出现。虽然这并不能说明当地没有富豪，但至少说明了两千多年前中华文明重心和区域经济分布情况。秦始皇统一中国后，将中原富豪集中到京都咸阳，或迁到西南偏远地区，大秦帝国的两位富豪就出现在偏远的西北（乌氏倮）和西南（寡妇清）地区。

从经营行业看，春秋之前的富豪主要从事畜牧业、粮农业、纺织业经营，战国后期的富豪主要集中在冶铁业；食盐和食粮一直是最大宗的生意，一些富商发迹后往往涉足暴利的珠宝业，如范蠡、子贡、猗顿、吕不韦。先秦商家除了王亥是世袭贵族、子贡和吕不韦出身商人世家、寡妇清是几代矿主外，大多为赤贫出身，白手起家。

从性别情况看，只有寡妇清一位女富豪，还出现在偏僻的西南巴地。巴郡包括今重庆市和四川、湖北两省的部分地区，这个区域能出现女富豪不是偶然现象，当地是少数民族聚居区域，或许这一区域在两千多年前，依然残留母系社会的习惯，所以才能够接受这位女性执掌这个已经经营了好几代的矿业企业。历来中国商界，几乎是清一色的男人天下，寡妇清可以说是中国商业史上的一个特例。

从职业生涯看，先秦商家自由度较大，大致可分四类：第一类是由商人跻身政界，然后又以工商立国，如伊尹、姜太公、鲍叔牙、管仲、宁戚、百里奚、吕不韦等，故称之为"政商"；第二类或弃商从政，或弃政从商，知进知退，适可而止，如计然、范蠡、白圭等，故称之为"道商"；第三类亦政亦商，富家治国，如弦高救郑、子贡全鲁，谓之"儒商"；第四类一生以商贾为业，步步为营，终致富可敌国，礼抗万乘，如猗顿、郭纵、乌氏倮、寡妇清等，谓之"豪商"。

先秦商家不仅致富有方，济世有功，更有人立言传世，成为先秦诸侯百家中善言货利、富民强国的重商学派——商家。如计然七策，堪称中华商学之祖；计然传范蠡，著有《陶朱公商训》；范蠡传猗顿，著有《箴言集》；子贡将儒学和商道有机结合，成为儒商鼻祖；白圭更集道、兵、儒、法于一身，以"智、勇、仁、强"四字箴言收徒讲学，堪称中国最早的商学院；战国后期，齐国稷下学宫假托管仲而著《管子》一书，其核心学说"轻重之家"强调宏观调控、对外贸易和货币战争；太史公司马迁引孔子称道子贡之言而将商贾称为"货殖家"，其《货殖列传》可谓集先秦商家思想之大成。

遗憾的是，自汉代以降，除了司马迁《史记·货殖列传》为先秦、汉初商贾立传外，司马谈《论六家要旨》只论及阴阳、儒、墨、法、名、道六家，班固《汉书·艺文志》也只载录儒、道、阴阳、法、名、墨、纵横、杂、农、小说等十家，均不见"商家"，且从《汉书》起，历代的《食货志》都是清一色的重农抑商之策。

这是由于秦末连年战争，社会经济遭到严重破坏，致使汉朝立国之初，物资奇缺，司马迁在《史记·平准书》里这样写道："自天子不能具钧驷，而将相或乘牛车，齐民无盖藏。"连皇帝都难以找到四匹颜色一样的马拉御驾，部长级以上的高官往往只能坐牛车，普通百姓更是一无所有。这种情况下，一些富商却囤积居奇，一匹马能卖到百金，相当于二十五公斤的黄金。汉高祖刘邦来气了：我当皇帝尚且这样穷，你们这些奸商竟然如此发国难财！于是采用娄敬建议，不仅强制迁徙田氏、昭氏、屈氏、景氏、怀氏五大家族等十万富商人口进入关中，而且颁布"贱商令"，规定商人不能穿绫罗绸缎，不能骑马坐车，不能佩带宝剑，子孙世代不能做官，还得征收重税。这样一来，困商、鄙商之风盛行，甚至有身份的士人都不愿与商人碰面，而让家仆到市场购买东西。原来"士农工商"只是社会行业分工的概称，现在却成为等级排序了，商人的法律地位被打入社会最底层，商业受到严重伤害。

刘邦死后，以窦太后、萧何、曹参为代表的西汉统治集团奉行"黄老之治"，认为大秦帝国只传了两代，主要原因是统治者过于强权，应该轻徭薄赋，与民休息。这种思想表现在工商业上就是自由放任，限制少了，像不准商人穿丝、坐车就慢慢消失了。汉文帝、汉景帝当朝时，国库里的大量铜钱多年不用，以至于穿钱的绳子都烂了，散钱多得无法计算，史称"文景之治"。

到汉武帝继位时，全国富豪比比皆是，如西蜀的卓王孙和程郑、南阳的孔仅、鲁地的曹邴氏、齐地的刁闲、洛阳的师史、宣曲的任氏、边塞的桥姚、长安的无盐氏、关中的诸田氏、韦家的栗氏、安陵的杜氏，这些商人家族都达到了富可敌国的程度。还有不少人专注一业而出奇制胜，如秦阳靠垦田富甲一州，田叔靠盗墓发家，桓发靠博彩致富，雍乐靠行贾发财，雍伯靠贩脂挣到千金，张氏靠卖浆赚了千万，郅氏靠磨刀列鼎而食，浊氏靠卖羊肚车马成行，张里靠当马医击钟佐食。所有这些富商大贾，没有高官厚禄，没有封地收入，但他们的富有和快乐程度与君王不相上下，号称"素封"。可见汉武帝初期商业是何等繁华，商人是何等荣耀！

国家富强了，汉武帝改变了清静无为的做法，发起了对匈奴的北伐战争，并一发而不可收，国库很快空虚。汉武帝不得不削减开支，甚至勒紧裤带，减少自己的饮食。钱从哪里来？当然还得向老百姓征收。可是天灾人祸，哀鸿遍野，老百姓流离失所，如果再加重负担，只会招致百姓造反。在这种情况下，汉武帝推出了两项措施：一是"盐铁专卖"制度，即盐、铁这两个产业收归官营，后来又推广到酒业，这项工作由商人世家出身的桑弘羊负责。盐铁官营专卖后，价格猛涨，质量差而贵，百姓不愿意买，许多地方官强买强卖，致使民怨沸腾。二是颁行"算缗令"，即根据财产征税，凡是土地、房屋、货物，统统都得纳税，原来的税率地主是1.2%，工商业是2%，这时提高到6%，手工业者是3%。汉武帝指使张汤发动这一场对富商的掠夺战。

可是事与愿违，算缗令一下，富豪争相隐瞒财产。张汤便推荐杨可来主持"算缗令"，杨可上任后，号召国人互相检举，凡有隐瞒不报的，一旦查实，将其一半家产奖励给检举者,这叫"告缗",结果声势浩大的告缗运动在全国展开。《史记·平准书》说当时"杨可告缗遍天下,中家以上,大抵皆遇告"。凡是中等以上的商贾之家因此倾家荡产,就连全国首富卓王孙也一蹶不振。

就这样,汉武帝政治上承袭秦制,中央集权;思想上罢黜百家,独尊儒术;经济上盐铁专卖,国家垄断。从汉高祖的"贱商令"到汉武帝的"算缗令""告缗令",商贾阶层被洗劫一空。此后中国历代富豪,多为豪强地主而少有商贾身影。

目 录

| 前 言 |
001·先秦百家中有一个"商家"

| 序 章 |
001·先秦商脉：富商大贾周流天下

| 第一章 |
031·王亥：服牛远贾的中华商祖

| 第二章 |
045·伊尹：用贸易战颠覆夏王朝

| 第三章 |
066·姜太公：工商立国奠定八百年江山

| 第四章 |
080·管鲍之交：合伙经营，图霸天下

| 第五章 |
103·宁戚、百里奚、弦高：三个"牛人"

| 第六章 |
125·计然：发现经济周期律的商学之祖

| 第七章 |

139 · 范蠡：三散其财的道商鼻祖

| 第八章 |

166 · 子贡：孔门首富导演"世界大战"

| 第九章 |

193 · 白圭：首创商学院的治生之祖

| 第十章 |

206 · 猗顿：中国最早的大盐商

| 第十一章 |

217 · 吕不韦：志在谋国的"期货"投资家

| 第十二章 |

243 · 寡妇清：大秦帝国的女首富

| 后　记 |

252 · 先秦商家的现代启示

| 附　录 |

256 · 先秦商家一览表

| 序　章 |

先秦商脉：富商大贾周流天下

关于中国商业的起源，有"神农说""祝融说""王亥说""殷民说"和"白圭说"等。

"神农说"见载于《易传·系辞下》："神农氏作……列廛于国，日中为市，致天下之民，聚天下之货，交易而退，各得其所。"

"祝融说"见载于《世本·作篇》："祝融作市。"祝融是黄帝之臣，或高辛氏帝喾的火正。

"王亥说"见载于《世本·作篇》："王亥服牛"；《周易·旅》："丧牛于易"；《周易·旅》："丧羊于易"。夏朝中后期商族第六代首领王亥发明牛车，并率领商队到黄河北岸的有易氏贸易，最后被有易氏杀死，牛羊被抢夺。

"殷民说"认为西周初年，周公平定武庚之乱后将殷商顽民集中迁到东都洛阳，让他们从事经商活动，即《尚书·酒诰》所说的"肇牵车牛远服贾，用孝养厥父母"。

"白圭说"认为战国时期东周洛阳人白圭按照"人弃我取，人取我与"八字秘诀，"欲长钱，取下谷"经营原则，"智、勇、仁、强"四字箴言授徒经商，司马迁《史记·货殖列传》载"天下言治生者祖白圭"。

那么，中国商人和商业到底起源于何时呢？

日中为市：神农时代的商业起源

商业源于交换，中国历史上最早的物品交换始于何时，已不确考。考古工作者在北京周口店一个距今大约三万年以前的山顶洞遗址里发现了作为装饰品用的海蚶壳和撒在原始人遗体上的赤铁矿碎片。这两种东西都不是山顶洞周围出产的。海蚶出产于渤海湾一带，离山顶洞有四百多里。那个时候从山顶洞钻出来，跑到渤海边，步行一个来回，少说也得十天半个月。离山顶洞最近的赤铁矿，也有二三百里远。总之，在三万年前的远古时代，山顶洞人自己东奔西跑，从出产地弄来这些东西，可能性不大。

那么，生活在山顶洞的原始人是怎么得到这些东西的？根据考古学家的推断，不是从其他部落抢来的，就是拿什么东西从别的部落换来的。根据这一考古发现，我们推测距今大约三万年以前，山顶洞人就可能有了物品交换。

现存史籍最早记载物品交换的是神农时代的"日中为市"。

包牺氏没，神农氏作，斫木为耜，揉木为耒，耒耨之利，以教天下……列廛于国，日中为市，致天下之民，聚天下之货，交易而退，各得其所。（《易传·系辞下》）

神农炎帝不仅是中国的农业始祖和医药始祖，同时也是农商之祖。当时，都城里建有一排排店铺，每天中午开市交易，四面八方的老百姓带着各自生产的多余的农牧渔猎等产品云集而来，在这些店铺里摆下摊位，互相交易，然后又带着各自需要的东西满意地回家。这种用自己所余，换自己所需的原始集市交易，既没有中介人——商人，也没有中介物——货币，仅仅是以物易物，这种"市"是商业的雏形。

《世本·作篇》载"祝融作市"，祝融是黄帝之臣或高辛氏帝喾时的火正，作为天文官的火正与"市"有什么关系还有待探讨；《淮南子·览冥训》说黄帝时"不豫价"，意思是说没有乱喊价钱的商业欺诈行为；《易传》

说黄帝尧舜五帝时期已经"服牛乘马,引重致远"。

> 神农氏没,黄帝、尧、舜氏作……刳木为舟,剡木为楫,舟楫之利,以济不通,致远以利天下……服牛乘马,引重致远,以利天下。(《易传·系辞下》)

黄帝、颛顼、帝喾、唐尧、虞舜五帝时期,人们已经学会挖凿树木打制成船,砍削木头制作成桨。船的发明者,是黄帝之臣巧倕、番禺、虞姁、共鼓、货狄等多人。有了舟楫之便,就可以载着货物渡河涉水。同时,传说黄帝时已经驯化牛马驾车,有了牛马和车具,就可以负载重物翻山越岭。舟车之便,可以引重致远,长途贩运货物,使原始贸易向更大的范围推进。据说黄帝时代还发明了指南车,虽然主要用来与蚩尤作战,但有了指南车,就不至于在引重致远的过程中迷失方向。

随着集市交易和舟车贩运的发展,出现了陶器、玉器等手工作坊。距今五千三百年至四千两百年前的新石器时代的代表——良渚文化遗址墓葬中出土大量做工精细的陶器和精美的玉器,如璧、琮、钺、璜、冠形器、三叉形玉器、玉镯、玉管、玉珠、玉坠、柱形玉器、锥形玉器、玉带及环等,其工艺水平已经颇高。即使这些玉器是供奉部落首领专用贡品,或是祭祀天地鬼神的祭品,无须集市交易,但也肯定有专业的玉器及陶器作坊。

尧舜禅让是儒家和墨家心目中少有的太平盛世。虞舜年轻时在历山耕过田,在雷泽捕过鱼,在黄河岸边做过陶器,在寿丘制造各种家用器物,并按照时令季节的变换在负夏等地跑过买卖。司马贞《史记索隐》引《尚书大传》说:"贩于顿丘,就时负夏。"虞舜根据季节不同和价格差异,带领人们在顿丘、负夏之间奔走贩卖。《帝王世纪》载:"帝有虞氏……始迁于负夏,贩于顿丘,债于传虚。"《尸子》的记载更为详细:"顿邱买贵,于是贩于顿邱;传虚卖贱,于是债于传虚。"虞舜按照贵卖贱买的原理,一旦发现顿丘一带物价较贵,便带领人们从物价相对便宜的传虚赊货到顿丘贩卖。虞舜每到一地,总有很多老百姓跟随他,异族人也都闻风来归,一年时间内居住在一起的人即成村落，两年内成为城邑，三年内成为都市。老百姓编了一首流行歌曲歌颂帝舜：

南风之熏兮，可以解吾民之愠兮；
南风之时兮，可以阜吾民之财兮！（《孔子家语·辨乐》）

目前，学界普遍认为商先公王亥是中华商祖，但也有学者将虞舜视为"中华商祖"，而称王亥为"豫商鼻祖"。

大禹因治水土有功，被帝舜举为天下共主。大禹将天下版图从黄帝以来的十二州重新勘定为九州，制定了治理天下的九大方略。《尚书·洪范》记载的大禹九畴中，第三项是"八政"，其第一条就是"食"，第二条就是"货"。所谓"食"，就是指农牧渔猎等可食之物；所谓"货"，就是布帛、器物、货币等可通之货。食足，货通，是人类生存的两大根本。后来从班固编撰《汉书》起，历代正史都把富民之策归入《食货志》。

大禹即位第十年，到百越等地巡视，并在那里召集万国诸侯，以确定九州的山川分布、田地等级及贡赋物品情况，史称"禹贡"。后来，这个地方就叫"会稽"。会稽，就是会计的意思。至今大禹之墓就在浙江绍兴会稽山，每年有不少人来参拜祭祀。大禹堪称中国会计学鼻祖。

十年，帝禹东巡狩，至于会稽而崩……自虞夏时，贡赋备矣。或言禹会诸侯江南，计功而崩，因葬焉，命曰会稽。会稽者，会计也。（《史记·夏本纪》）

《尚书·禹贡》记载，当时九州进贡的特产十分丰富：
冀州有夷岛进贡的皮服；
兖州有漆、丝、彩绸；
青州有盐、细葛布、海产、丝、大麻、铅、松、奇石；
徐州有五色土、大山鸡、桐木、磐石、蚌珠、鱼、黑绸、白绢；
扬州有金、银、铜、锡、美玉、美石、小竹、大竹、象牙、犀皮、鸟的羽毛、牦牛尾、木材、卉服、织具、橘、柚；

荆州有羽毛、牦牛尾、象牙、犀皮、金、银、铜、椿树、柘树、桧树、柏树、粗磨石、细磨石、造箭镞的石头、丹砂、美竹、楛木、杨梅、菁茅、彩色丝绸、珍珠、大龟；

豫州有漆、大麻、细葛、苎麻、绸、细棉、磬石；

梁州有美玉、铁、银、刚铁、作箭镞的石头、磬、熊、马熊、狐狸、野猫、织皮；

雍州有美玉、美石、珠宝。

这些物产跟司马迁《货殖列传》里描述的物产分布情况基本一致：

太行山以西富有木材、竹子、楮木、野麻、牦牛尾和玉石；

太行山以东多出鱼、盐、漆、丝；

江南盛产楠木、梓木、生姜、木犀、金、锡、铅矿石、丹砂、犀牛角、玳瑁、珠玑、象牙、皮革；

龙门山、碣石山以北多出产马、牛、羊、毛毡、毛皮和兽筋、兽角，铜、铁则往往在千里山峦中布满，如同摆满棋子的棋盘一般。

这些物产，有天然产物，也有人工制品，却都已经出现在中原地区，成为中原地区老百姓衣着饮食与养生送死必备的东西。

可以想见，九州物产必须经过长途贩运，才能汇集到中原地区。西汉《盐铁论》描述了夏商周三代贡赋的"均输"和官营"平准"情况。当时，九州郡国诸侯向朝廷进贡特产，往来转运非常繁杂，而且很多物品运到京都的时候，都已经变得不能食用了；即使可以食用，也由于长途贩运，货物的价值还抵不上运费。于是，在各国设置运输机构以加速运输和及时调剂，以便利远方进贡，这叫"转输"，同时在京都开设"委府"——国家仓储中心，以贮藏货物。价格低廉时，就买进；昂贵时，就卖出。

上古时期，商品只在经过关口或渡口时受官府检查，除对违禁品实行处罚外，对正常交易的物品并不征税。《礼记·王制》所谓"古者……关讥而不征"。关于民间商人和商税的起源，《孟子·公孙丑》有过形象的描述：

古之为市也，以其所有，易其所无者，有司者治之耳。有贱丈夫焉，必求垄断而登之，以左右望而罔市利。人缘以为贱，故从而征之。征商自此贱丈夫始矣。

上古时代的市场交易，本来不过是以物换物，互通有无，政府派有关部门管理秩序，也没有征收商税一说。但却有那么一个卑鄙的汉子，独个儿跑到一边的高地（垄）登上去，左边望望，右边望望，恨不得全市场的赚头都由他一个人捞去。别人都觉得这个人卑鄙，就要抽他的税。向商人抽税也就从这个卑鄙汉子的垄断行为开始了。

孟子的这种说法听起来像寓言故事，但据此我们知道当时的市场交易已有专门机构维持秩序，并不像今天要交营业税、增值税这税那费的。然而商人的内涵是唯利是图，身在商海容易见利忘义，必然会出现个别"贱丈夫"无视政府管理，不顾他人利益，企图垄断经营以牟取暴利。这种"登垄而断""以罔市利"的垄断行为从它诞生的那一天起，就被视为超越政府管制的不正当竞争行为，予以打击。

大禹时期就已经有税赋制度与国家财政关系的记载，《尚书·五子之歌》："关石和钧，王府则有。""关"就是关税、税赋。"石"有三方面含义：一是指容量单位，十斗为一石；二是指重量单位，一百二十市斤为一石；三是指地积单位，具体数量各地不一，有以十亩为一石的，也有以四亩为一石的。这是说赋税均平，国家财政才会充裕。

根据考古发掘，属于夏代文明的河南偃师"二里头文化"遗址中发现的贝类，专家认为是作为货币使用的。从孟子描述的商业垄断行为看，当时确已出现了从物物交换发展到以货币作中介物的交易市场。

服牛远贾：殷商时期职业商人的诞生

从出土的甲骨文、青铜器来看，商朝是中华文明史上的一个辉煌时代。

我们现在所说的"儒"和"商",都源于商朝。《汉书·艺文志》引刘歆《别录》说,儒家者流,最早可能出于"司徒之官",其工作职责是游文于"六经"(即《诗》《书》《礼》《乐》《易》《春秋》)之中,留意于仁义之际。商朝始祖契(又名阏伯),在唐尧时担任"火正",主管天文,相当于现在的科学院院长;在虞舜时因辅佐大禹治水有功又担任"司徒",相当于现在主管文化和宣传、教育的负责人,用五伦教化民众。商朝特别敬天尊祖,这种祭祀文化为中华礼仪之邦奠定了基础。作为商朝后裔的孔子集礼教之大成,创立儒教,可谓其源有自。同时,史籍记载"殷人重贾",学者普遍认为我国古代真正意义上的商业始于商代,"商人"一词即由"商国之人"演变而来。

商族人之所以称为"商",源于帝舜时期,封其始祖契于商地。东汉王充在《论衡》一书中指出:唐、虞、夏、殷、周,原本都是地名,后来成为王朝的名称。尧以唐侯嗣位,舜从虞地发迹,禹由夏地兴起,汤因商地强盛,周武王从周地崛起,秦国兴起于秦,刘邦兴起于汉中,等等,所有这些本来都是他们当初起家的地名,为了重本而不忘历史,所以都用来做国号。可见,朝代的名称一般多与发源地有关系。商朝在盘庚时迁都至殷,所以后世通常所说的"殷商",其实都是地名。

王国维也说,商作为国号本于地名,商汤拥有天下之后又作为朝代的名称,商朝建立前曾八次迁都,商朝建立后又五次迁都,但契始封于商,成汤建都于商(亳),所以在商族子孙后代的心目中,商地一直是"圣都",即先祖宗庙的永恒基地,故被称为"大邑商"或"天邑商"。可见,"商"最初是地名,后来不断演变为部族之名、邦国之名、王朝之名。

早在夏朝中期,商先民就已经是一个擅长经商的方国族群。史载商汤第十一世祖相土发明马车,第七世祖王亥发明牛车。王亥亲自带领商族人乘着牛车,驱赶牛群,与四周部落进行以物易物的贸易活动,远到黄河北岸的易水流域有易氏。在一次盛大的露天舞会上,王亥的优美舞姿和野性力量深深地吸引了有易国国君绵臣的妻子,不久就发生偷情事件。据说王亥的兄弟王恒此前已经跟那个女人勾搭成奸,见状心里吃醋,由此引发谋杀王亥的血案。

这事发生后，有易国国君绵臣就把王恒他们驱逐出境，并夺走了商国人的所有牛羊。四年后，王亥的儿子上甲微借助河伯的力量发动对有易氏的血腥复仇，绵臣被杀，有易被灭。这是有文字记录的最早的一场由跨国贸易和女色引发的战争。虞舜时期虽然有往返于负夏、顿丘、传虚的商业活动，但从贸易的专业化和商人的职业化程度来说，王亥无疑是真正的中华商祖。

商族人的建国与商业也有着密切的联系，史学界一般认为商汤以工商立国。《管子》一书在总结夏商的得失时指出：夏桀拥有天下，国家的财政却不够开支；商汤最初只有七十里的亳邑，财用却有余。上天应该不会是单单为商汤降下菽、粟等粮食，大地也不会是单单为商汤出产财物。这是由于商相伊尹善于变通，开辟山川，疏通江河，懂得轻重缓急的治国之道，懂得工商业对于国家富强的重要性。商汤重用伊尹，伊尹善于管理经济，认识到商品"重则至、轻则去"的流通规则，开阖决塞，促进商品流通，稳定市场，结果出现了社会生产发展、经济繁荣的局面。

据说当时夏王桀骄奢淫逸，仅女乐就有三万人，而且无不穿戴锦绣。为了削弱夏王的力量，商汤采用伊尹的贸易战策略，组织妇女加班加点，赶制了一批又一批高级锦绣卖给夏朝，一匹丝绸可以换得一百种粮食。还从各地采购来了各种珍宝奇玩，卖给夏朝。而交易时，不要别的，只要粮食。这种贸易战收到了很好的效果。不长时间，夏朝就被搞得粮食短缺，国库空虚，而商的物资充裕，部落强盛，最后一举灭掉了夏朝。

1990年，在乌兹别克斯坦南部的一个墓葬里发现了一些制作于公元前1700年至公元前1500年的丝绸衣物的碎片，考古界认为这是中国人生产的。这说明夏末商初之际，中国与中亚之间就已经存在一条古老的丝绸之路，或者说，丝绸之路早在距今四千年左右就已经开通了，并不是我们通常认为的是汉武帝派张骞出使西域以后才开通的。更重要的是，那些"丝路缣片"雄辩地证明，距今三四千年以前，中国商人的足迹已经迈进了欧亚大陆的深处。那里，可是我们即使坐火车从西安出发，也要花上好几天才能到达的地方啊！

随着商朝贸易的发展，"贝"成了比较通行的货币，海贝更是供不应求，于是就有了蚌贝、玉贝、骨贝、石贝、陶贝及铜贝。铜贝用青铜铸成，形状依照贝壳，其顶部铸有磨孔，说明商代已经有了金属铸造的货币。贝币的计量单位是"朋"。《周易》卦爻辞中多处出现"朋"字。如《坤》卦："利西南，得朋；东北，丧朋。"《咸》卦："憧憧往来，朋从尔思。""朋"的古字本义是指一串或两串相连的"贝"，后来逐渐演化成计量单位。"一朋"到底为多少只贝，一直未有定论，从两只到二十只各说不一，一般多认为两串五个的贝或两串十个的贝为"一朋"，这种朋贝历经夏、商、西周一直沿用到战国。由于贝有交换价值，在社会上就逐渐形成以贝作为财富的象征，如汉字中财、货、贿、赂、赏、贫、贾、账、贷、债，等等，这些从"贝"的字都与财富有关，说明贝所起的货币作用在社会经济中很早就占有重要的地位。

由于商贸的迅猛发展和货币的普遍使用，早期"日中为市"的乡间"市井"逐渐扩展为"城市"。这种早期城市渐渐成为一定地域的商品交换中心。

殷君善治宫室，大者百里，中有九市，行车酒，马行炙。（《六韬》）

商王喜欢建造都城和宫殿，都城有百里之广，城内设有九个市场，酒肆林立，车马声喧。

青铜器《己酉父丁彝》中也铸有"市"字，这些都说明商朝亳都，已设有专门用来交易的市肆，即专业市场，或者叫贸易区，其中有饭铺、肉肆、酒肆等，交易活跃，市场繁荣。商代城市中的市肆，已不同于夏代以前那种"日中为市"自发形成的集市，而是常设的特定交易场所。不难看出，尽管都市商业刚刚从农村转移而来，但其盛况已是原始集市所无法比拟的了。《诗经》所诵"商邑翼翼，四方之极。赫赫厥声，濯濯厥灵"，描绘的就是商朝都城的繁荣景象。

由于商品交换的发达和城市商品交换中心的形成，商代手工业也从原来依附于农业不断分化、独立出来，逐步形成专业作坊和专业队伍，并渐次进入城市，手工业作坊布局表现为由城郊向城缘移动的特征，最后成为早期城市的又一个基本要素。据湖北黄陂盘龙城和郑州二里冈遗址考古分析，这些早商城址的用地布局，手工业作坊都分布在郊区。如湖北黄陂盘龙城，在城墙和宫殿附近的文化层发现了大量的早期陶器和陶片。又如郑州商城,其手工业作坊也是按照一定的规律分布在商城外围,在西郊有成群的陶窑,南、北郊有多处规模较大的铸铜作坊和制骨作坊,而东南郊则为酿酒作坊分布地区等等。直到商朝晚期,各种手工业作坊才进入城市内部,如安阳殷墟就是如此。从考古资料看,在小屯东南约三市里处已分布有一片规模较大的铸铜作坊。《逸周书》记载,周武王攻陷纣王都城朝歌时,在王宫和贵族的府邸中搜出了宝玉一万四千块、佩玉十八万块,这些财宝与当时的工艺作坊及商业活动有一定的联系是显而易见的。

在商朝,人们已普遍认识到地区间的贩运贸易活动能够调剂余缺,促进生产。贝、玉、丝帛、皮毛、齿革、宝龟、珠宝等贵重物品被称为"宝货"。商朝的贵族能够得到西方的玉石、东方的鲸贝、南国的铜锡、北地的筋角等等宝货,反映了当时商业交流情况。与此相对应的是,运输工具也有了改进,陆地上用的车和水运用的船构造日益完善,并广泛应用于日常生产和生活。《周易·大有》卦描述了"大车以载"的盛况。人力车、马车、牛车、独木舟、木筏、竹筏、皮筏、木船等,汇通川谷,跨越山陆,同东南沿海和西北各地发展了贸易关系。

从商贸从业人员看,最初从事贩运贸易的都是商族的奴隶主贵族及其驱使的奴隶,很少有以经商为职业的平民。这些奴隶主驱使着大批商业奴隶,从事商业运输和货物售卖活动。他们顺着商王朝所开辟的驿道,从内地到海滨,从这个城市到那个城市,往来贩运各地的土特产品,交换的距离也不断延伸,有的出门贩运往返长达数年,可见贩运距离的遥远和贩运贸易盈利的丰厚。因此,商朝贵族对贩运贸易是十分重视的。现存上海博物馆里的一个商代饕餮纹鼎内部,刻有一个人挑着荷贝(货币)在船里,旁边有人以手划船的铭纹。一个人挑着货币,坐着船到别处去,显然是去做买卖。这图案就是商朝重视贸易的证明。

在货物交换过程中,奴隶主再也不像过去的部落首领那样亲自参与远距离的交易活动了,由奴隶管家"小臣"来具体实施。"小臣"是掌握政权的贵族直接任命的商业奴隶,可见商代的商品交易从开始成为一种专门行业时起就具有"官商"性质。这种"官商",就是各地大大小小的贵族,他们"不耕获,不菑畬,则利有攸往"(《周易·无妄》)。到后来,商代的平民中也有一些做小买卖的,都是自产自销一类的经营活动,如有些人煮盐、捕鱼,自己到市上出售;也有些人编竹筐、打草鞋、制作弓箭到市上叫卖;还有些人在市上屠宰、卖酒等等。协助周武王克商的姜太公,就曾在肉肆、酒肆上做过买卖。

商朝覆亡后,商族人从贵族变成了周王朝的种族奴隶。周武王先是将纣王之子武庚禄父留在商朝故都朝歌,以奉殷商之祀,管理殷商遗民,同时派三个弟弟管叔鲜、蔡叔度、霍叔处监视武庚。两年后,武王病逝,年幼的姬诵即周成王继位,由叔叔周公旦当摄政王,管、蔡、霍怀疑周公,串通武庚作乱,史称"武庚之乱",或"三监之乱"。周公奉成王之命一举平定武庚之乱,诛杀武庚和管叔,拘禁蔡叔,流放霍叔,重封纣王同母庶兄微子启于宋(商族故都商丘),同时派少弟康叔封驻守在黄河、淇水之间,即殷墟故地,以监管殷畿内的商族遗民,称为卫国,守卫之意。《尚书·酒诰》就是周公告诫年幼的卫康叔及其属地殷商遗民妹土人的禁酒令,其中说道:

小子惟一妹土,嗣尔股肱,纯其艺黍稷,奔走事厥考厥长;肇牵车牛,远服贾,用孝养厥父母。

妹土的商民们,你们要一心留在故土,用你们自己的手脚,专心致志地种好庄稼,勤勉地侍奉你们的父兄;或者努力牵牛赶车,到远方去从事贸易,以此来孝敬和赡养你们的父母亲!

与此同时,周公把殷商的顽民迁到成周洛邑,划出特定区域统一居住。1927年,徐中舒先生首次提出,周公迁殷民于成周,成周居四方之中,可耕之土田少,又压迫于异族之下,力耕不足资生存,故多转而为商贾。商贾之名,疑即由殷民而起。

此后,郭沫若、王毓铨、杨升南等史学家根据《尚书·酒诰》认为,在周初人的眼目中经商行为肇始于殷,且远远早于商人被征服之后。只是由于商朝人会做买卖，商朝灭亡后，西周最高统治者还鼓励他们从事这种活动。因此，在周人心目中，做买卖的就是商族人。

吴晗认为，殷遗民被强迫集中在洛阳，他们既无政治权力，又失去了土地，怎么过日子呢？只好东跑西跑做买卖。周的贵族不屑做这一行业，庶民种地不能做，而又为社会所需要，日子久了，商业成为殷遗民的主要行业了。

李亚农、林文益则认为，由于殷人善贾，周人重农，武王灭商后，周人贱视被征服的商族人，因此规定他们必须以经商作为主要谋生手段，足见周人鄙视商业。周人讥讽殷人经商为业，追逐商业利润是唯利是图，"荡而不静，胜而无耻"（《礼记·表记》）。正因为经营商业的人当时多是商族人，所以专门做买卖的人就被称为商人，这个行业就被称为商业。

周人是否鄙视商业、商人还有待商榷，但有一点是可以肯定的，随着商王朝的灭亡，"商"也从最初的地名、族名、国名、王朝名，最终演变为一个职业和阶层的称谓，即商业和商人。

从此，殷商浓重的商业文化随之播散四方。如《庄子·逍遥游》所载：一个宋国人背着鞋帽等货品到南方的百越贩卖，谁知百越人断发文身，赤脚光头，鞋帽没有销路。这说明作为商遗民的宋国商人已远足到江浙一带。

直到汉武帝时期还有不少商朝后裔在土地贫瘠、人口稠密的中山国一带仰仗投机取巧度日谋生：

中山地薄人众，犹有沙丘纣淫地余民，民俗懁急，仰机利而食。丈夫相聚游戏，悲歌慷慨，起则相随椎剽，休则掘冢作巧奸冶，多美物，为倡优。女子则鼓鸣瑟，跕屣，游媚贵富，入后宫，遍诸侯。（《史记·货殖列传》）

所谓"沙丘纣淫地余民"，就是来自沙丘的商纣王留下的殷商后裔。即使千年过去，纣王和殷商贵族的奢靡之风仍被带到中山一带，男子们常常相聚玩耍游戏，慷慨悲歌，白天纠合一起杀人抢劫，夜间挖坟盗墓、制作赝品、私铸钱币，许多美色男子去当歌舞艺人。女子们常常弹奏琴瑟，跐着鞋子，到处游走，向权贵富豪献媚讨好，有的被纳入后宫，遍及诸侯之家。

面朝后市：西周时期的"司市"制度

周人从其始祖后稷起，就是一个重农部族。唐尧时，后稷被任命为农师，这时商族始祖阏伯（契）担任火正。后稷"播时百谷""天下得其利"，被后世尊为农神。他的子孙后代在唐、虞、夏、商各朝一直担任农官，都有仁德和令名。公刘、古公亶父、文王、武王等，先后从最初的封地邰，迁到豳、岐、丰、镐，所到之处，都"复修后稷之业"，使得周邦不断强大，直到武王灭商，建立周朝。

周初，对宗族、功臣乃至商纣之子武庚、庶兄微子、伯父箕子等进行分封，从而建立了稳固的封建宗法制度，这是真正意义的"封建"。史家研究，西周分封的邦国，主要分布在七个地域：一，王朝首都的渭水流域；二，黄河汾水地区；三，洛阳—开封—安阳的三角地带，成周的近畿；四，山东半岛，由邹滕梁山以至济水流域；五，鲁南、苏北、豫东及皖北一带；六，豫南、鄂北；七，鄂南、湘赣以至浙江。总体来说，西周诸国主要分布在殷商以来黄河流域的主要农业地域。西周的东进，主要是以掌握农业生产地区为大目标。

封国之内，小者为邑，大者称都。一些小邑仅为《论语》中所说的"十室之邑"。《论语》记载春秋初期齐相管仲夺了大夫伯氏三百个邑，三百邑之数即是伯氏全部或大部分封邑。《左传》记载齐国崔杼之乱结束后，晏子与北郭佐分别由齐君赏赐六十个邑，这些邑是额外的赏赐，他们原有的邑数当多于此数。这种小型的聚落，当然还称不上城市。根据《左传》的记载：当时的邑，有宗庙的叫都，没有宗庙的叫邑，邑又叫筑，都又叫城。一个封君一般拥有两三百个封邑，封君自己居住的都邑则有城墙作为防御工事，且有象征宗法地位与权威的宗庙，这种邑称为"都"。当时除了周王朝两都——宗周镐京和成周洛邑是特大都城外，封国的都城至多一两万人，其下的旁邑，若是小封君的宗邑或都邑则只有一两千人。考古学家李济根据地方志书史料，找出五百八十五个周代城邑，另外还有两百三十三个不易确定年代的城邑。这些城邑在西周时集中于现在的陕、晋、豫、冀，到东周时才见于江、汉、淮、济诸处。

与都邑相应的是西周的交通路线,主要以镐京和洛邑两都之间的一条大路为主轴,然后由洛邑向四周辐射,延伸到黄河中下游平原上的诸侯国。《诗经》所诵的"周道如砥,其直如矢",应该是宗周镐京至成周洛邑的交通干道。由洛邑四出的交通网,既有殷代王畿的旧规模为基础,也可能远及淮、济之间的广大地区。西周都邑的扩张和交通网的拓展,无疑为工商业发展提供了运输和交易上的便利。

周室以农立国,并不意味着一定轻商。《周书》就曾说过"工不出则乏其事,商不出则三宝绝",肯定工商业都是社会生产和生活所必需。周文王时遇到大荒灾,就曾运用商业政策来解决困难。他发布的一篇《告四方旅游》诏书说:

告四方旅游:旁生忻通,津济道宿,所止如归。币租轻,乃作母以行其子,易资贵贱,以均旅游,使无滞。

谨告四方的游人商旅们:现在的交通已很通达便利,渡口有船,途中有店,所到之处宾至如归。交易的租税负担很轻,国家提供各种轻重不同的货币,以便流通,平抑贵贱,确保游人商旅畅通无阻,各种货品不致滞塞。

可见,周文王给各地商人运进的货品在运输、住所、货币、税收等方面予以种种便利。为了繁荣都市,周文王还曾给予乡村商人移居城市者以居住上的便利。

周朝分封使得都邑林立,交通发达,客观上也为工商业的发展创造了更好的环境,而工商业的发展又反过来促进西周都市的繁荣。当时市场分工就有了金属工、木工、玉石工、陶工、纺织工、皮革工、武器工等"百工"之说,凡是较大的都邑都有"市"。《周礼·考工记》记录了都城营建的标准:

匠人营国,方九里,旁三门;国中九经,九纬,经涂九轨;左祖右社,面朝后市,市朝一夫。(《逸周书·大匡》)

都城方方各九里，每面开三个城门；城内纵横街道各九条，通向每边的三个城门，每条街道宽为九轨（十六米左右）；都城的东侧为太庙，西侧为社稷坛，南面是朝会、议政之所，北侧是市场。市场的大小为一箭之地，即方百步，东西、南北各长一百四十米。这种"左祖右社、面朝后市"的城市布局，明显是根据阴阳五行原理设置的。

《周礼·地官司徒》记载，周王朝已将工商业作为一个重要的社会经济部门，已设立市场管理机构"司市"，掌管市场的治教、政刑、量度、禁令，具体的职责是经市、平市、均市、行布、征值、止讼、除诈、去盗、敛赊。司市下面分别设有质人、廛人、胥师、贾师、司虣、司稽、胥、肆长、泉府等专职人员，分别负责市场秩序、税收、安全等，同时制定了详尽的规章制度，对商品种类、规格等都做了严格的限制。为维护封建礼制和贵贱等级秩序，规定体现贵族身份的礼品，如代表王权的圭璧金璋、命服命车，用于祭天祭祖的宗庙之器、牺牲等都不得"鬻于市"，即不得在市场上买卖。此外，还有"司门""司关"负责管理进出口和关税。可见当时的工商管理机构和各项制度已十分完备。

西周时市场交易已相当繁荣。当时的集市，针对不同人群分三类：第一类是大市，每天中午开市，经营对象是来自各个封国的"百族"巨商大贾；第二类是朝市，即早市，每天早晨开市，经营人员以本国商贾为主；第三类是夕市，即夜市，每天夜晚开市，以贩夫贩妇为主。

周初交易的商品，除了比较珍贵的"宝货"和兵器、牛马、丝帛等各种物资外，还有奴隶。也就是说，商周时期奴隶是可以买卖的。西周的一件青铜鼎上记载着一个奴隶主向另一个奴隶主买五名奴隶，标价是"一匹马加一束丝"。直到春秋初期，秦穆公仍用五张羊皮从楚国赎回逃亡的"媵人"百里奚。

西周的商人隶属于官府，大多来自外族，身份比一般"自由人"低，但并非奴隶。当时已有自由商业的萌芽，周宣王时有制造"檿弧箕服"自行出卖的夫妻二人，正是他们在逃亡的路上抱养了后来导致西周灭亡的褒姒。他们应该是当时的小自由商人兼手工业者，就是所谓的"贩夫贩妇"。

周初封国中，齐国是以工商立国的典范。当初，周武王把老丈人"父师"姜太公封到遥远的东方海边的营丘，屠贩出身的姜太公很清楚，那里是一望无际的盐碱地。姜太公从齐国地处海滨的实际出发，发动男人从事捕鱼晒盐，妇女从事女红纺织，靠水吃水，发展工商业，不久就使得齐国服装鞋帽畅销天下，渤海以南、黄海以西、泰山南北，各地民众纷纷襁负而至，各诸侯国也纷纷敛袂而朝。

据《汉书·食货志》记载，西周立国之初，姜太公为周朝建立了"九府圜法"。所谓"九府"，就是周朝设置九个掌管财政的大府、王府、内府、外府、泉府、天府、职内、职金、职币等九个职能部门（《周礼·天官冢宰》）；所谓"圜法"，就是当时的货币政策，除贝外，同时铸造金币、铜钱。黄金一寸见方，重一斤；铜钱外圆内孔方，以铢为单位，二十四铢为一两。后来姜太公、管仲在齐国也推行"九府圜法"。金属货币的通行，使货畅其流、物尽其用。《诗经》记载"氓之蚩蚩，抱布贸丝"，说明普通百姓普遍使用布币（一种金属铲除币）从事丝绸贸易。"

通商惠工：春秋战国时期的商业繁荣

公元前770年，周平王继位。由于周厉王的暴虐和周幽王的昏庸，加上连年天灾，周都镐京又被犬戎劫掠一空，关中地区一片荒凉，都城又面临被犬戎随时侵扰的威胁，于是周平王在贵族、诸侯的扶拥下东迁洛邑。从公元前770年周平王东迁到公元前221年秦始皇统一六国的五百五十年间，史称东周，即春秋战国时期。

春秋战国是社会大动荡、大变革时代，传统制度如宗法制、世卿世禄、井田制、工商食官、学在官府在动摇，周天子王权旁落，诸侯纷争，合纵连横，出现春秋五霸，战国七雄。而诸侯割据造成经济发展的失衡，给商品流通留下了广阔的空间。特别是春秋末期，出现铁器和牛耕，生产力的发展导致土地私有化，井田制遭到破坏，出现自耕农小土地所有制；贵族阶级的分化，也使一部分贵族下降为自耕农。农奴大量出现，其称呼隐民、私属徒、宾萌、族属等。战国初期，军功贵族通过赐予和买卖取得土地；同时，商人、货币持有人也通过买卖取得土地，他们和军功贵族一起成为新兴大土地所有者。

随着农业、手工业生产的发展，社会分工的扩大，农夫要"以粟易械器"，手工业工人要"以械器易粟"，都要通过市场进行交换。贵族、官僚、地主的剥削所得主要是农副产品，他们也要通过商人的手换取大量的奢侈品。由于商品交换的需要，于是，民间商业冲破官营商业的藩篱而发展起来。当时到处都有不合法的市场，为了增加财政收入，列国也承认私商的合法存在而征收商税，商人纳过税就可以在城里的市场上进行贸易了。春秋末期已有很多人成为拥有不同生产资料和资金的个体工商业者，其中还有少数人成了大手工业作坊主和大商人。

随着诸侯宗族的不断分化、新兴地主阶层和工商阶层的崛起，春秋战国时期出现了很多新城邑。一位史家绘制了一张春秋城邑分布图，标有四百六十六个分布点，比西周的分布图多出三百七十五个点，反映了春秋时代极为活跃的都市化扩张过程。春秋时期每国的卿大夫就有十余家，每家世袭的贵族至少有一个城邑，这三百七十五个新增的城邑，很可能绝大多数是新贵族的城邑。旧的大一统局面已经结束，新的统一局面尚未形成，商业的约束力很小，商业活动的自由空间很大。

更为主要的是，各诸侯国为了巩固统治和争霸称雄，普遍注重发展经济，推行重商政策。虽然春秋战国时期主要的财政收入是田税，但源源不断的商业税收无疑也是各诸侯国财政收入的重要组成部分，对巩固统治和称霸战争发挥着重要作用。春秋初期，齐相管仲就已经把开发潜在资源、流通积压产品、修筑水陆通道、开征关市税赋作为"输之以财"的重要方式之一。战国后期，魏国准备与秦国联合攻打韩国，信陵君魏无忌向魏王论述了"存韩安魏"之策：

夫存韩安魏而利天下，此亦王之大时已。通韩之上党于共、莫，使道已通，因而关之，出入者赋之。是魏重质韩以其上党也。共有其赋，足以富国，韩

必德魏、爱魏、重魏、畏魏，韩必不敢反魏，韩是魏之县也。(《战国策·魏策》)

信陵君对魏王说，若想能够保全韩国而又能使魏国安全，取决于大王您能不能抓住机遇。如果开通韩国上党到魏国共、莫两地的道路，然后征收关税，对进进出出的商旅收取关税，韩、魏双方共同享有这笔关税，那么就足以使两个国家都富强起来。这里就把征收关税作为"富国""存韩安魏"的一个重要途径，说明关税收入是相当可观的。由此可以看出跨国贸易带来的关税收入对于诸侯国的重要性。

《孟子·滕文公》记载了宋国大夫戴盈之与孟子讨论关税税率的事，孟子建议免征关税，戴盈之脸有难色：

戴盈之曰："什一，去关市之征，今兹未能，请轻之，以待来年，然后已，何如？"

孟子曰："今有人日攘其邻之鸡者，或告之曰：是非君子之道！'曰：'请损之，月攘一鸡，以待来年，然后已。'如知其非义，斯速已矣，何待来年？"

戴盈之说："按照常规税率都是百分之十，先生您希望我国取消关税，今年内还真不能实行呢。如果先减轻一些，也许还可以；要完全免税，大概还得等到明年才能勉强。您看怎么样？"

孟子说："现在有一个人每天偷邻居家的一只鸡，有人告诫他说：'这不是正派人的行为！'他便说：'请让我先减少一些，每月偷一只，等到明年再彻底洗手不干。'如果知道这种行为不合于道义，就应该赶快停止，为什么要等到明年呢？"

虽然孟子善辩，但在戴盈之看来，你孟老夫子没有当家，自然不知柴米贵，如果免征关税或降低税率，小而言之，影响到国家的财政收入，大而言之，则影响到国家安全。

当时各诸侯国的重商政策主要表现为三个方面：

一是"通商惠工"。晋文公重耳即位之初，就下令"轻关易道，通商宽农,懋穑劝分,省用足财"(《国语·晋语四》),使晋国很快摆脱了窘境,政平民阜,财用不匮。公元前658年,卫国被狄人侵略而迁都楚丘,卫文公制定了"务材训农、通商惠工"(《左传·闵公二年》)等政策,使卫国很快富强起来,当年只有革车三十乘,第三年就达到三百乘,大大维护了列国之间的正常商业贸易。在春秋时期的诸侯会盟上,也都把维护正常商业交往,作为重要的内容写入盟约。如公元前651年齐桓公主持的葵丘之盟即有"毋忘宾旅"(不要怠慢外国的客商)、"毋遏籴"(不要垄断粮食买卖)的条约,即要保护客商,不阻碍粮食流通(《左传·僖公九年》);公元前562年以晋国为首的亳之盟,也有"毋蕴年"(不要囤积粮食)、"毋壅利"(不要垄断利益)的规定(《左传·襄公十一年》)。这表明各诸侯国都很重视商业活动。

二是"轻关易道"。《左传·文公十一年》载:"宋公于是以门赏耏班,使食其征,谓之耏门。"门,就是"关"。这是说,公元前616年,宋国的"耏班"在长丘大败狄人,宋武公就把城门的关税赐给耏班,就像将土地赐给功臣"食邑"一样,让耏班征收城门的关税供给支出。关税税率的轻重直接关系到商人的利润,进而影响一个国家商品经济的发展。《逸周书》上说:"关市平,商贾归之。"因此,各诸侯国普遍实行了"轻关易道"的政策。齐桓公即位后,采纳管仲的建议,免征盐业关税,各诸侯国的商贾纷纷到齐国经商创业,使齐国很快富强起来。晋文公即位之初,为加强国力,发展经济,下令"轻关易道""以厚民性",重视发展商业。这些政策的实行,降低了关税税率,减轻了关税负担,保障了交通畅通,有利于吸引商人进入本国市场,促进了商品经济的发展,增强了实力,为他们称霸诸侯提供了坚强有力的物质保障。

三是"政商互信"。春秋战国时期,小国林立,普遍存在贸易争端和贸易壁垒,也像今天世界各国为国际贸易而斗争或者合作一样,诸国也多次召开国际会议,以降低各国贸易壁垒,促进天下经济一体化的发展。如葵丘会盟、亳之盟,都规定了有利于商品正常流通于各诸侯国之间的条款。《管子·幼官》记载"(齐桓公)三会诸侯,令曰:'田租百取五,市赋百取二,关赋百取一'";《管子·大匡》又载"桓公践位十九年,弛关市之征,五十而取一"。当时诸侯间达成的协议是关税降到百分之一(关赋百取一),实际上执行起来有困难,即便是齐国自己,也只执行了百分之二这样的关税(弛关市之征,五十而取一)。但从这里可以看出,当时国际经济已达到高度一体化,其一体化程度不低于今日之世界。

郑国从建国之初就一直和商人保持着密切联系。郑桓公在西周末年,听从史伯建议,率领族属与商人东迁于虢、郐之间,并与商人一起,并肩比耦,艰苦创业,和谐共处,商人在郑国创业奠基中发挥了重要作用,取得了郑国统治者的政治支持。由此,郑国统治者与商人订立了互信盟约:

尔无我叛,我无强贾,毋或匄夺。尔有利市宝贿,我勿与知。(《左传·昭公十六年》)

只要商人不背叛国家,国家就不强买或夺取商人的货物,不干涉商人的经营,双方"恃此质誓,故能相保"。既然商人与政府之间订阅盟约,说明当时郑国已出现某种商会或协会性质的组织。后来,当晋国大夫韩宣子向郑国一位珠宝商购买玉环时,这个商人就回答说"必告诸有司",这事必须向政府职能部门汇报。可见,郑国商人和政府之间的互信一直很牢固。弦高犒师却秦救郑一事,也证明了这一点。说明郑国商人在经商活动中,紧紧地把自己和国家的命运联系在一起,以自己的实际行动,捍卫国家的利益。而作为回报,统治者也就给予商人一定的特权,提高了商人的政治地位,有利于商业活动的正常开展,促进了商品经济的发展繁荣。

《国语·晋语》和《左传·成公五年》都记载了这样一件事:晋国梁山崩塌,晋景公派驿车急召伯宗,伯宗在路上遇见一辆载重的运输车,伯宗的驿车要求他让道,这位驾着重车的人说:"你要是等我把这么重的车挪开,还不如绕一下道,抄小路更快呢。"大路上重载的车辆不易转动让路,官家的驿马以绕行为速,足见民间车辆在大道上行驶,官方还得开路以方便商业。

春秋战国时期的商业活动,实行"工商食官"制度,即必须由政府来垄断市场，掌握物价。据《左传》载，郑、卫、宋国都有褚师（《左传》襄公二十年、昭公二十年），鲁国有贾正（《左传》昭公二十五年）等官吏管理市场。当然，诸侯争霸称雄，客观上也为商贾提供了宽松自由的政治环境，加之鳞次栉比的新城邑，重商惠工的政治环境，都促进了工商业前所未有的繁荣。

主要表现在以下四个方面：

一是水陆交通纵横交错。各诸侯国，或为征伐兼并，或为朝聘会盟，或为商贸往来，辎重往返，聘币运输，纷纷修筑道路，各国之间自然出现几条常走的大道。中原平畴，一直四通八达。东部平原，齐鲁宋卫与周王室之间午道交叉。横越中原的东西道路，有齐晋大道、秦晋大道、秦齐大道。纵贯南北的道路，从中原北上，太行山东西，各有齐、晋北伐大道；从中原南下，则是分别直达江、汉的大道。东南沿海，吴国先后开通邗沟、黄沟等运河，打通江、淮、济、泗，舟楫穿梭；吴楚相争，战场一直以淮水流域为主；吴人舟师溯海入齐，越人沿海溯淮拦截夫差归途，走的是海上交通线。史载当时的吴、越已有专设的造船工场——船宫。诸侯国之间经常使用船只往来贸易或战争。《左传·襄公二十四年》载："夏，楚子为舟师以伐吴。"这是公元前549年，说明当时长江流域的吴、楚已经有了"舟师"。吴国舟师是当时最有名的，是伍子胥在太湖里打造的。《越绝书》记载，伍子胥著有《水战法》，规定舟船尺寸、水军编制和船队战法。吴国舟师拥有大翼、中翼、小翼、艅艎、突冒、楼船、桥舡等多种舰艇，最大的战舰大翼长十丈，阔一点五丈，可以载九十多人，有较快的航行速度。吴国就是凭借这些战船先后在汉水和太湖大败楚、越两国。如果说伍子胥在太湖打造舟师，主要用于长江、淮河、太湖等内河水军作战，那么越国的范蠡则直接在海上打造水师。公元前490年左右，范蠡在北海（今杭州湾）避风港修船坞，造战船，训水师。公元前482年，拥有三百多艘战船、两万多名水兵的越国舰队从北海出发，破浪鱼贯而出，浩浩荡荡，犹如长龙，由海上北伐吴国。可以想见当时船业和海上贸易之发达。战国时期道路网更加畅通，当时的行旅往返可以说明这一点。孟子以一个并无特殊职务的学者，可以后车数十乘，传食于列国之间；游说之士虞卿也可以挑着担子单独旅行，地居中原的大梁则有民众驾车来往

序　章　先秦商脉：富商大贾周流天下

日夜不休如三军之众。

二是跨国商贸往来如织。春秋时期,"市"的数量明显增加,各诸侯国的都城都设有市。一个城市之中,有政府官署,宫室台榭,附近即有工匠作坊。如《左传》中记载的周"王城之市",《左传·宣公十二年》载的楚国的"蒲胥之市",《战国策·东周策》追述"齐桓公宫中七市",据说齐桓公的这种行为还遭到了国人的非议。城市中店铺林立,如《列子·说符》描述的"鬻金者之所",这是早期的银行;《吕氏春秋·召类》所载的宋国都城睢阳南郊就有经营鞋业者;《韩非子·说林下》记载睢阳城内各角落到处都有"县帜甚高"的酤酒者,即高高地树起旗帜招引客商。都城以外的其他城邑和城乡之间也都普遍设有市场。街市朝聚暮散,即孟尝君所说的"市,朝则满,夕则虚"(《战国策·齐策四》)。这种贸易区大约是集中百业的市场,街市上面,大而珠宝银楼,小而卖卜的小摊子,无所不有。市井之徒更是可在酒楼赌场中与朋辈饮食流连,酒色征逐。市中招徕了任侠奸人,也集中了高谈阔论的学者名流,特别是地处中原四通八达的宋、郑、卫等国,汇聚了东西南北的商旅。当时除商贾外,一些使者、士人为其政治需要,也奔走于各国,使得中原各国旅馆业非常发达,《庄子·山水》所载的"阳子之旅,宿于逆旅"便是明证。翻开《左传》,随处可见"跨国经营"的"国际商人"。

譬如"楚材晋用"。公元前638年,晋文公重耳逃难到楚国,楚成王以诸侯之礼隆重接待了这个流亡公子,并问他将来得国后将用什么来报答,重耳说:

子女、玉帛,则君有之;羽毛、齿革,则君地生焉;其波及晋国者,君之余也。其何以报君?(《左传·僖公二十三年》)

美女、玉帛,大王您楚国都有了;孔雀、凤凰等名贵鸟类,象牙、皮革等名贵兽产品,也是大王您楚国出产的;至于这些宝物流到我们晋国来,也都是大王您楚国用不完的物品啊!我真想不出,还能拿什么来报答君王啊!

公元前547年，蔡国大夫声子出访晋国后又到访楚国，楚国令尹子木问他：晋、楚两国的大夫哪一方更优秀？声子认为晋国的大夫更胜一筹，都是卿相之才，而这些大夫很多是从楚国逃离而被晋国起用的，就像杞、梓等木料，皮革等皮货，虽然原产于楚地，但最终输入到晋国为之所用。可见，当时楚国的杞、梓、孔雀、象牙、皮革、玉石、珠宝、绸缎等物品早已外销晋国了。

公元前627年，秦国军队准备偷袭郑国，经过东周北门，到达滑国时，大军遇上了赴洛阳贩牛的郑国商人弦高。仓促之际，弦高以四张熟牛皮和十二头牛犒师秦军。若这些牛均由弦高的商队提供，则这支商队规模可观。

公元前623年，晋国荀䓨被俘拘楚，一位郑国商人打算把他藏在褚中走私出境，事情未成，荀䓨被释放。后来这位郑国商人到晋国经商，又遇见了已成为重要人物的荀䓨，荀䓨厚礼相待，他不愿居功受禄，便转赴齐国。可见这郑国商人的足迹，南到楚，北到晋，东到齐，遍及黄河、长江流域。

到了战国时期，"市"的建立更为普遍，商品种类更为丰富，所有"被服、饮食、奉生、送死之具"，以及东西南北的土特产在中原市场上都可以买到，商品交换的地域范围更广。

> 北海则有走马吠犬焉，然而中国得而畜使之；南海则有羽翮、齿革、曾青、丹干焉，然而中国得而财之；东海则有紫紶、鱼盐焉，然而中国得而衣食之；西海则有皮革、文旄焉，然而中国得而用之。故泽人足乎木，山人足乎鱼，农夫不斲削、不陶冶而足械用，工贾不耕田而足菽粟。（《荀子·王制》）

北狄的牛羊马犬，南方荆楚的鸟兽齿革，东方燕齐的紫紶、鱼盐，西戎的皮革文旄，都从四面八方汇集到中原市场。当时商贸之发达，由此可见一斑。

李斯在向秦始皇呈奏的《谏逐客书》中指出，秦王宫中使用的珍宝玩好尽出自四方各地：

> 今陛下致昆山之玉，有随和之宝，垂明月之珠，服太阿之剑，乘纤离之

马,建翠凤之旗,树灵鼍之鼓。此数宝者,秦不生一焉,而陛下说之,何也?必秦国之所生然后可,则是夜光之璧,不饰朝廷;犀象之器,不为玩好;郑、卫之女不充后宫,而骏良駃騠不实外厩,江南金锡不为用,西蜀丹青不为采。所以饰后宫,充下陈,娱心意,说耳目者,必出于秦然后可,则是宛珠之簪,傅玑之珥,阿缟之衣,锦绣之饰不进于前……(《史记·李斯列传》)

昆山之玉、随和之宝、明月之珠、太阿之剑、纤离之马、翠凤之旗、灵鼍之鼓、夜光之璧、犀象之器、骏良駃騠、江南金锡、西蜀丹青、宛珠之簪、傅玑之珥、阿缟之衣、锦绣之饰等等,所有这些工艺水平极高的宝物均非秦国土产而辐辏于秦庭。

不仅如此,当时已有规模巨大的专业生产工场。山西侯马铸铜工场的内范数以万计,兴隆冶铁工场的农具铸范重数百斤,可见生产规模和数量都相当庞大。侯马的三处铸铜工场,都有专门的产品,也足见生产已有专业分工的趋向,且达到很高的工艺水平。公元前589年,楚军侵犯到鲁国的阳桥,鲁国送给楚国一百名工匠、一百名裁缝、一百名织工,才换得和平,足见鲁国的纺织工艺有其特长。鲁昭公二十年,鲁国季孙氏的家臣,贿赂齐国大臣高龁两匹极薄的细锦,卷缚如瑱,只有小小一把,其工艺精细程度可想而知。战国时期楚国的漆器工艺已十分精美,宋人的玉石雕刻技术达到以假乱真的程度。《列子》《庄子》《韩非子》都记载了一个宋国人为国君雕玉,三年时间雕出一片像楮叶一样的玉器,"丰杀茎柯,毫芒繁泽",把它与一片真的楮叶放在一起,人们辨别不出哪片是楮叶,哪片是玉叶。

三是金属货币推广使用。东周王朝和各储候国纷纷铸币以适应贸易需要。《国语·周语》载,公元前524年,周景王废除小钱而铸造大钱,使老百姓手中的小钱成为无用之物,其目的在于"绝民用以实王府",搜刮民众的财产来充实王室。这是我国文献中关于铸钱的最早记录,表明当时不仅有了货币,而且已用通货膨胀的方法来调剂财政,就像现在人们担心国家发行一千元面额的人民币一样,如果真的发行,国民手中五十元、一百元面额货币就大大贬值了。

春秋战国时期的铜贝分化成黄河流域的无文铜贝和江淮流域的有文铜贝（即楚国的蚁鼻钱）两大体系。由于诸侯割据和各地经济、文化、环境的差异，又形成了具有相对固定形态和流通区域的先秦四大货币体系，即布币、刀币、圜钱和蚁鼻钱不同形态的金属铸币。

1. 布币是由古代农具"镈"演变而来的。早期布币形状像铲，亦称铲币。按形制与时间先后，分空首布、平首布两大类。空首布保留着装柄的空首，是春秋至战国初期周王室及晋、卫、郑、宋等国的铸币。后来布首变薄平，发展成平首布，有方肩、圆肩、方足、尖足、方袴、圆袴等种，是战国时期韩、赵、魏以及燕、楚等国的铸币。

2. 刀币是由工具刀削演变来的，刀上有铭文，柄身有一或两道平行的斜纹，下端有圆环，是春秋战国时期燕、齐地区的主要铸币，后来赵也有铸行。齐国铸行的刀币称为"齐刀"，铭文有"齐之法化"，俗称"四字刀"，意思是齐国法定的货币，主要在齐国的都城临淄铸造发行。"即墨之法化"，即墨是当年齐国的大城市，还有"安阳之法化"都俗称"五字刀"。公元前386年，齐国国势达到强盛，齐国境内的刀币以"齐法化"的形式趋向统一，即"三字刀"。"齐法化"上不再有各城邑的名称，反映了王权的集中和加强。进入战国时期，刀币的流通区域逐渐扩大，燕、赵等国也铸了自己的刀币与布币并行。燕国最早铸造的刀币是"针首刀"和"尖首刀"，得名于刀刃上端特别尖长。战国中晚期，燕国的重要货币为"明刀"。"明刀"之称，来源于刀币上铭文，一般认为是由"日"和"月"组成，故称"明刀"。赵国与燕齐接壤，为了商业交往的需要，在战国中期也开始铸造刀币，赵刀的刀身较为平直，俗称"直刀"，当时也铸过"明刀"。

3. 圜钱又称"圜化"，简称"环钱"，可能起源于商周时代的生产工具纺轮，也有人认为是由玉璧、玉环演变而来，与其他形态的铸币相比，圆形钱更便于携带和流通，是更为进步的铸币形式。周初由姜太公实施九府圜法，最早铸造外圆内方的圜钱。战国时期"垣"字钱数量最多，垣是魏国的地名，说明魏国普遍使用圜钱。齐国和燕国以及秦国等晚期的圆形钱，采用了外圆内方的形制，有的还铸有钱郭。

4.蚁鼻钱是战国时期楚国铸行的有文铜贝,由商周的无文铜贝发展而来。其共同的特征是上宽下窄,呈椭圆形,下端略尖,面凸起背平素,面上铸阴文。蚁鼻钱的名称,有人认为来源于文字的形状,有的字形像蚂蚁,又像人的鼻子,有的学者认为"蚁鼻"的本意是细小,形容它是一种狭小的钱。由于钱上文字形状又像鬼脸,故也称为"鬼脸钱"。

商周乃至春秋时期,黄金一般只作为珍贵的装饰品为贵族所用,虽然周初已铸造金币,但作为重要的货币进入流通领域,还是战国以后的事,主要用于贵族、巨商间的贵重物品交易或赏赐。在河南的战国墓中,曾出土过许多包金铜贝。楚国的金铸币是金版和金饼。金版是铸成不规则的方形或圆形的扁平金块,上有印模打出的文字和框格,常见的文字有"郢爰",其成色极佳,含金量大多在96%以上。迁都陈以后铸的金币叫"陈爰",是一种根据重量定其价值的称量货币。

当时的金属货币多有铸造地点、货币单位及价值,如刀布有"梁正尚全尚寽""垣釿""齐夻化""齐建邦造夻化",秦圜钱"重一两十二朱"之类。据杨宽《战国史》记载:当时魏国的蒲阪、山阳、晋阳、共、虞、垂、垣、平周、皮氏、高都、宅阳、长垣;赵国的柏人、蔺、离石、晋阳、武安、中阳、武平、安平、中都;韩国的平阳、高都、安留、长子、涅、卢氏;齐国的即墨等都邑,都曾经铸造过货币。从古代窖藏出土的一个容器中有多种货币的情况来看,货币已没有国界;又如源于齐国的刀币已进入燕国,说明齐国经济实力已影响到北邻;而赵国兼用刀币,足知刀币的力量已侵入布币流通的三晋范围了。

秦始皇统一中国后,货币分为两等:黄金以镒为单位,是上等货币;铜钱的形质像周朝的圜钱,外圆内方,正面文字为"半两",号为秦圜钱,作为钦定货币通行全国。而珠玉龟贝银锡之类就作为器物装饰和宝藏,不作为货币,但各自随时改变,轻重没有常规。

随着金属货币的通行,出现金融高利贷。《管子·轻重丁》记载,管仲派宾须无、隰朋、宁戚、鲍叔牙分别到齐国的四方调查富商放高利贷的情况,统计的结果,放高利贷者共放债三千万钱、数千万钟粮食,借债度日的贫民有三千多家。《国语·晋语》中已有栾桓子"假贷居贿"的记录,即栾桓子以放贷为名行受贿之实。《战国策·齐策》更记载孟尝君担任齐相时,封万户于薛,门下食客三千人,由于开销太大,俸禄和邑赋收入不足以供给,于是派门下在其封地薛邑放贷。一年多过去,放出去的钱大多数没能收到利息,派去收贷的人都空手而回。门下开销快要入不敷出了,孟尝君为此而发愁。这时门客总管推荐冯谖去讨债,冯谖一去,很快得息十万,但他杀牛置酒,邀请那些剩下来的负债者:有能力偿还的,约定还债日期;真正没有能力偿还的,"取其券而烧之"。孟尝君闻而大怒。

四是商业都市鳞次栉比。春秋战国时期,伴随着工商业的发展,出现了一批繁荣的商业城市,"千丈之城、万家之邑相望"(《战国策·赵策三》)"三里之城、七里之郭"(《孟子·公孙丑下》)已成为普遍现象。

春秋前期,鲁、梁两国城市人口之多,竟使路上尘土飞扬,十步之内互相看不见,走路拖着鞋不能举踵,坐车的车轮相碰,骑马的排队而行。

鲁、梁郭中之民道路扬尘,十步不相见,绁繑而踵相随,车毂齰,骑连伍而行。(《管子·轻重戊》)

根据西汉桓宽《盐铁论·通有》的追述,战国时期的商业大都市有:

燕之涿蓟,赵之邯郸,魏之温轵,韩之荥阳,齐之临淄,楚之宛丘,郑之阳翟,三川之两周,富冠海内,皆为天下名都,非有助之耕其野而田其地者也,居五储之衢,跨街冲之路也。

这些城市都因位居交通枢纽而成为名都,其中只有小部分同时具有政治功能,如赵都邯郸、齐都临淄。如果把周室洛邑和各国都城,如宋都安邑、韩都宜阳、梁都大梁、楚都郢和寿春、秦都雍和咸阳等城,再加上陶、邓、宛、濮阳、宜阳、吴会,大约战国时代的中国有二三十个商业大都会。这些商业都会都处于水陆交通枢纽,最典型的要数陶和濮阳。

陶在今山东定陶附近,春秋为曹地,籍籍无名,春秋末年,陶忽然成为繁荣的都会,范蠡卜居于陶,原因是"陶为天下之中",终成亿万富豪,号称"陶朱公"。吴国和魏国先后开凿邗沟、黄沟、鸿沟等运河,更使陶居于江、淮、泗、济水网的中心。由于陶是"天下之中,诸侯四通,货物所交易"的地方,一直成为齐、秦、赵三国激烈争夺的目标,最后秦国权臣魏冉竟掠取陶作为自己的封邑。

卫国的濮阳地居河、济之间,近经济水,与陶联络;由秦经安邑向东通往定陶的北道,非经过濮阳不可;魏迁大梁和赵都邯郸之间的交通,也当经过濮阳。其他如获水、睢水之间的睢阳,获水、泗水之间的彭城,楚、夏之间的寿春,都因水道纵横而成为新兴的商业都市。

因陆路交通发达而成为商业都市主要位于中原和黄河流域一带,"东贾齐鲁、南买梁楚"的洛邑,"西通武关、东受江淮"的宛丘,"西贾上党、北贾赵中山"的温轵,"南邻巴蜀、北接胡苑"的关中,"北却戎翟、东通三晋"的栎阳,居关中中心的咸阳。其他如邯郸居冀北,西通强秦,东达燕齐;郢居江汉,上接巴蜀,下通吴会。

特别是齐都临淄,竟达七万户二十一万人口。苏秦有一段十分传神的描述:

临淄甚富而实,其民无不吹竽鼓瑟,弹琴击筑,斗鸡走狗,六博蹋鞠者,临淄之涂,车毂击,人肩摩,连衽成帷,举袂成幕,挥汗成雨,家殷人足,趾高气扬。(《史记·苏秦列传》)

又如楚都郢,街道上经常交通阻塞,车碰车,人挤人,早上穿的新衣服,到晚上就挤破了,其商业发达和繁荣景象跃然纸上。

楚之郢都,车挂毂,民摩肩,市路相交,号为"朝衣鲜而暮衣敝"。(汉桓谭《新论》)

五是商贾阶层迅速崛起。春秋战国时期,诸侯争霸,诸子争鸣,诸商争富。

随着井田制的逐渐解体，土地私有制渐成气候，新兴的私商阶层日益活跃，出现了"天下熙熙，皆为利来；天下攘攘，皆为利往"（《史记·货殖列传》）的景象。《墨子·贵义》说："商人之四方，市贾倍蓰，虽有关梁之难，盗贼之危，必为之。"《管子·权修》说："利之所在，虽千仞之山，无所不上；深源之下，无所不入焉。"《吕氏春秋·节丧》更说："民之于利也，犯流矢，蹈白刃，涉血抽肝以求之。"因而，"万乘之国必有万金之贾，千乘之国必有千金之贾，百乘之国必有百金之贾。"（《管子·轻重甲》）这些商人，"长袖善舞，多钱善贾。"（《韩非子·五蠹》）西汉前期，更是"富商大贾周流天下。"（《史记·货殖列传》）

春秋时期，商人已被列为四民之一。《左传》称"商、农、工、贾，不败其业"（宣公十二年），又称"商工皂隶，不知迁业"（襄公九年）。《国语·齐语》载，齐桓公问管仲怎样使士、农、工、商四民各就其业，管仲回答说，士、农、工、商，这四个阶层的民众不能杂处，而应分业居住：过去圣王把士人的住处安排在清静的地方，把工匠的住处安排在靠近官府的地方，把商人的住处安排在市场，把农民的住处安排在田野。让手工业者和商贾聚集在一起居住，使他们的子女从小就受到工商的熏陶，这种职业教育的结果，使得工匠和商贾世代传承。在这里，士、农、工、商只有职业的分工，而没有轻商、抑商迹象。

透过《国语·晋语》叔向的话语，可以窥见当时晋商"金玉其车，文错其服"的富裕程度：

夫绛之富商，韦藩木楗以过于朝，唯其功庸少也，而能金玉其车，文错其服，能行诸侯之贿，而无寻尺之禄，无大绩于民故也。

晋平公时，晋都绛城的富商大贾，虽然对人民没什么大的功劳，也没有得到官府的半点俸禄，按官方规定还只能乘坐用皮革遮蔽木制的车子来往于闹市，但凭他们的财富足以用黄金宝玉来装饰车子，穿戴刺绣花纹的衣服，用丰厚的礼物与诸侯交往。这些富商大贾，显然已非官商，而是"无寻尺之禄"

的私商，但其势力已相当可观。

从战国到秦朝，商贾的富裕程度可"与王者埒富"，其社会地位更已"礼抗万乘"。如《史记·货殖列传》里提到的中国历史上第一个在盐商猗顿、赵国邯郸靠冶铁起家的郭纵，都富比王侯；秦朝的乌氏倮，放牧的牛羊多得要以山谷计数，秦始皇让位比封君，与大臣同进宫廷朝拜；巴郡的寡妇清世代垄断丹砂资源，成为秦始皇的座上宾。这些富商大贾没有高官厚禄，没有封地收入，但他们的富有和快乐程度与君王不相上下，被称为"素封"。

| 第一章 |

王亥：服牛远贾的中华商祖

王亥，夏朝中期夏帝芒、泄时人，商族始祖契的六世孙，商朝开国帝王成汤的七世祖，商朝人最尊崇的三位"高祖"之一，十四位商先公中唯一称"王"的人。

那是公元前19世纪中后期，身为商族首领的王亥驯服野牛，使商族牛羊成群，漫山遍野，因此被誉为"中国畜牧业的创始人"。王亥还发明了牛车，并率领商族人赶着牛车，驱着牛羊，载着毛皮、布匹、黍粟，以商丘为中心，在黄河中下游各方国之间往来贸易，使商成为中原第一个车轮上的方国。所到之处，来自商国的车队被称为"商人"，运去的货物称"商品"，所从事的行业称"商业"。王亥开创了专业贸易的先河，被誉为"中华民族的商业始祖"。

夏后泄十二年，约公元前1810年，王亥率领牛车商队再次来到黄河北岸的有易氏，就是后来荆轲送别的那条著名的易水，"风萧萧兮易水寒，壮士一去兮不复返。"居住在易水两岸的有易氏部落首领绵臣杀害了王亥，并碎尸八块，抛尸荒野。有人说是因为王亥与绵臣之妻偷情而引发的血案，有人说是因为商族的壮大对有易氏构成了威胁而产生的仇恨，反正绵臣将随同王亥去的所有商人都杀了，牛羊也被劫掠一空。四年后，王亥之子上甲微兴师北伐，杀了绵臣，灭了有易氏。商部落与有易氏的这场战争，是我国历史上最早有记录的因为贸易而引起的战争。

从中华商祖王亥身上，我们就看到了商业、女色和战争的某种内在关联。

王亥其人,先商高祖

从帝舜始封契于商,到成汤建立商朝,史称"先商"。先商时期,父子相承共历十四代:契、昭明、相土、昌若、曹圉、冥、振(王亥)、微(上甲微)、报丁、报乙、报丙、主壬、主癸、天乙(成汤)。先商十四世与夏朝从禹到桀十七代基本同时。

商族始祖契,又名阏伯,是高辛氏帝喾之子。相传帝喾其次妃有娀氏之女简狄吞玄鸟之卵而生契,《诗·商颂·玄鸟》所谓"天命玄鸟,降而生商"。《左传·襄公九年》说:"陶唐氏之火正阏伯居商丘,祀大火,而火纪时焉。"这是说,帝尧时任命阏伯为火正(天文官),掌管对大火星的祭祀,即每年大火星出现时,阏伯在商地天文台上举行隆重的祭祀,同时根据火星运行规律记载农时、农事及气候变化,编制历法,颁行全国。帝舜时,契因辅佐大禹治水有功,被任命为司徒,掌管教育和祭祀之礼,同时封邑于商,赐姓子氏。所以后世称大火星为"商星",同时将阏伯祭祀大火星的天文台称为"商丘"。启代禹建立夏朝后,商成为夏朝的侯国,商先公成为夏王的属臣,从昭明、相土、昌若、曹圉到冥,连续五代都担任夏朝的司空,掌管天文和水土。

在十四代商先公中,文献记载和已经出土的甲骨卜辞中提到最多的,除了商族始祖契和商朝创立者成汤外,当属相土、冥、王亥、上甲微四人。

相土是第三代商先公,《左传·襄公九年》记载相土继承商族始祖契的火正之职:"相土因之,故商主大火。"相土的另一业绩就是《世本·作篇》所说的"相土作乘马",发明马车。《诗·商颂·长发》说:"相土烈烈,海外有截。"这里的海外,有人认为指今东海、渤海之外,也有人认为此海指巨野泽(古时山东西南的兖州地区),说明相土时期商族的活动空间得到了很大的拓展。

冥、王亥、上甲微是祖孙三代。王亥的父亲冥是夏朝的水官,因治水而溺死,属于因公殉职,是一位对商族有大功的人,因而被列入重要的祀典之中。

《国语·鲁语上》说"冥勤其官而水死";《国语·鲁语上》有"郊冥而宗汤"的记载,即商人"郊冥";《礼记·祭法》也说商人"郊冥"。这是说,商朝人用郊祀之礼纪念冥。郊祀是一种祭天之礼,这意味着将冥配祀上帝。上甲微的出名主要是因为他是王亥的儿子,替父报仇,消灭有易国,又是商代第一个以十天干来命名的祖先。

最重要的是王亥,他是契的六世孙、汤的七世祖。众多古籍都记载了王亥的事迹,但名字纷纭:甲骨卜辞作"王亥""高且亥""高且王亥",《山海经·大荒东经》作"王亥",《山海经·海内北经》作"王子夜",《竹书纪年》作"殷王子亥"或"殷侯子亥",《世本》之《作篇》作"胲",《帝系篇》作"核",《楚辞·天问》和《左传·昭公二十七年》作"该"或"眩",《吕氏春秋·勿躬》作"王冰",《史记》之《殷本纪》和《三代世表》作"振",《汉书·古今人表》作"垓"。王国维认为,"亥"为其正宗,其他都是通假字或形近而讹。

王亥当商族首领时,正是夏朝中期,夏帝芒、泄之际,他是推进商族从部族社会向邦国过渡的关键人物,在先商历史上具有重要地位。

王亥是卜辞中所称的三位"高祖"之一

在甲骨卜辞中,有三位商先公被商朝人称为高祖,分别是契、王亥、成汤。契是商部落最早的首领,成汤是商王朝的建立者,能和契、汤并称高祖,足见王亥在商人心目中的地位,说明王亥作为商族首领时,所开创的事业及活动对商族历史产生了重大影响。

王亥是商先公中唯一被称为"王"的人

从商族始祖契到成汤建立商朝,商族的发展经历部落、邦国、王国三个阶段。从契到冥当属于部落阶段,王亥、上甲微父子应是部落向邦国的过渡期,是先商历史的重要转折时期,最后到成汤时期推翻夏朝建立商朝,实现由邦国向王国的转变。在商先公中,只有亥称王,名王亥。此"王"虽与成汤建立商王朝之后的商王之"王"有所不同,但也和此前作为部落首领的"酋长"有区别。"王"的称号是权力的象征,说明他已经拥有王权并给人们留下了深刻的印象。

王亥是殷商卜辞所记"祭礼之最隆者"

在商人世世代代香火祭奠的四个祖先中，除了首封的契和开国的成汤，王亥和上甲微父子就占了两席。王亥的"亥"字从"隹"，"隹"即鸟，商部落以鸟为图腾，说明王亥已经成为商族人心中的神明。《殷墟卜辞综类》所收祭祀王亥的卜辞就有九十六条之多，并多次出现"王亥崇我"的记载。崇，神威之意。王亥崇我，意思是说王亥在商朝人的心目中具有极大的神威。商朝人求雨、告秋、祈年时，往往祭祀王亥，所用的牺牲多到三十牛、四十牛、五十牛，乃至三百牛，有时甚至用祭天的礼节来祭祀王亥。夫贵妻荣，连他的配偶"河"也极为罕见地一起被祭祀，这是上甲微以前商先公中绝无仅有的现象。

为什么王亥会受到商朝人如此隆重的尊奉和祭祀呢？

王亥之功，服牛远贾

王亥之所以受到商人的隆重祭祀，被商人怀念和崇拜，除了他作为商先公的地位以外，更在于他为人类做出的突出贡献，即王国维所说的他与大禹、后稷一样，也是"制作之圣人"：

盖古之有天下者，其先皆有大功德于天下：禹抑洪水，稷降嘉种，爰启夏、周；商之相土、王亥，盖亦其俦。然则王亥祀典之隆，亦以其为制作之圣人，非徒以其为先祖。周、秦间王亥之传说，胥由是起也。（王国维《殷卜辞中所见先公先王考》）

王亥最突出的贡献是"服牛"，即驯服野牛，发明牛车。

《山海经·大荒东经》和《楚辞·天问》中都提到王亥"仆牛"；《世本·作篇》《吕氏春秋·勿躬》作"服牛"；《楚辞·天问》作"牧夫牛羊"。仆、服、牧都是一声之转，都是指王亥牧牛羊。

王亥驯服野牛，成为中国畜牧业的创始人；发明牛车，又成为中国商业的创始人。

《太平御览》卷八百九十九引《世本》在注释"胲作服牛"时，引用三国时期南阳人宋衷所做的注说"胲，黄帝臣也，能驾牛"，又说"少昊时人，始驾牛"。这里认为王亥是黄帝之臣或少昊时人，王国维认为，这是"汉人说，不足据"。

那么，为什么商族首领王亥会驯服野牛，发明牛车呢？

原来，这跟商族人从事畜牧的传统有关。

商族是夏朝东方的一个方国，从始祖契始封于商到成汤建立商朝，曾有过八次迁都：一迁，契从商迁居蕃（今山东滕县）；二迁，昭明迁居砥石（今河北省泜水一带）；三迁，昭明归商；四迁，相土迁蕃；五迁，相土复归于商；六迁，上甲微迁于殷（今河南安阳）；七迁，上甲微复归于商；八迁，成汤灭夏定都于亳。先商公八迁，其地点大多在今河南、山东、河北境内。商朝建立后，又有过五次迁都：一迁，仲丁迁于隞（一作嚣，今河南郑州）；二迁，河亶甲迁于相（今河南内黄东南）；三迁，祖乙迁于邢（一作耿，今山西河津县境，一说今河南温县东）；四迁，南庚迁于奄（今山东曲阜）；五迁，盘庚最后定都于殷（今河南安阳）。这五次迁徙，其范围也多在今河南、山东境内，部分涉及山西、河北境内，但总不外黄河南北、距黄河不太远的地方。

商都屡迁的主要动因据说是商族畜牧业"逐水草而居"的需要，因而在黄河中下游广阔的平原上频频迁徙。只是商先公虽有八迁之多，但都很快回到商丘，自契至汤十四世中，只有契、昭明、相土、上甲微四世有过迁徙，并且，从相土归商到上甲微迁殷，中经昌若、曹圉、冥、王亥，这一段较长的时间内，商人的活动中心一直在商丘。说明从相土到王亥，商族处于从游牧部落到邦国发展的阶段。

商族人在畜牧业的发展和频繁迁徙的过程中，掌握了役使畜力的方法，即"相土作乘马，王亥服牛"。虽然早在黄帝时期（一说夏朝初年），奚仲就已经发明车，但那时的车要靠人力推拉，如同今天我们看到的板车或独轮车。由于商族畜牧业发达，到了商先公相土时期，开始把马训练成可以骑着跑的代步工具。在这基础上，相土还发明了马车，用马来驮东西跑运输，以至于马车跑遍天下。相土也因此被后世尊为"马社"（即马神），每到秋高马肥的时候，人们都会祭祀他。

王亥担任商族首领时，在相土发明骑马和马车的基础上，驯服了比马更难驯服的野牛，用牛拉车。现在看来牛似乎很温驯，但几千年前它们还是野牛的时候，可是很倔强、凶猛的。看一看非洲大草原上野牛狂飙的场面，如同飓风卷起的沙尘暴，遮天蔽日；看一看西班牙斗牛的场面，牛要是发起了脾气，斗红了眼，就连百兽之王的狮子也得退避三舍；战国时期齐将田单的火牛阵，那角缠红布尾巴着火的几千头火牛，最终冲溃了燕国几十万大军！可以想见，几千年前的王亥让野牛驯服实在不是一件容易的事。当然，服牛是个技术活，这其中应该有集体智慧的参与，但王亥的作用一定是决定性的，因为人们都团结在他的周围，应该就是他找到了牵牛鼻子的诀窍，使牛可以驾车负重远行。

驯服了马和牛，让它们拉车、跑运输，今天看来似乎没有什么大不了的，但在上古时期，这可是非常伟大的发明。有人说，它的革命性意义或许不亚于英国人瓦特发明蒸汽机！用马克思主义的理论来说，王亥服牛标志着人类历史上第一次社会大分工，即畜牧业从农业中分离出来。

从出土文物看，中国先人养牛的历史可追溯到新石器时代早期，如在山东大汶口遗址和兖州王国遗址中，都发现作为家畜的黄牛和水牛骨骼；在浙江河姆渡遗址曾出土水牛头骨十六个。华夏祖先神农炎帝就是以牛为氏族图腾的"牛族"，所谓"牛首人身"。炎帝部落的蚩尤好战，也崇拜野牛图腾，成了中国的战神。先商时期，养牛的规模已相当可观，先商文化遗址中就出土了很多牛、羊、猪、鹿、狗等动物遗骸。在距今三千多年前的殷墟妇好墓中，曾出土四件玉牛，两件石牛；在商朝遗址中，还出土了青铜牛鼎、司辛石牛。在中国古代畜牧业中，养牛业最为发达，牛文化也最为兴盛。这从《汉语大字典》收录的三百多个与牛有关的汉字上就可见一斑。譬如"牺牲"二字从牛，表明牛最早用作祭品；畜牧业之"牧"字，最初就是指牧牛；事物的"物"字，原本是一种牛的名称；"特"字，原指公牛；"牢"字，就是圈养牛的栏舍。先商时期，牛已被列为"六畜"之一，主要用于肉食、祭祀、殉葬。作为"牺牲"，牛被列为"牛羊豕"三牲之首，称为"太牢"。据卜辞记载，祭祀时用大量的牛做"牺牲"，动辄宰杀十数百头，甚至多达两千五百六十二头牛。有人做过估算，按照一头牛出肉一百公斤计算，一次性全部吃掉祭神的二十六吨牛肉，在今天也属一大奇迹。商朝的"牛市"已有牛类交易经纪人，即"牛牙"；《周礼·地官》更有掌管牛政的"牧人""牛人"和"充人"。商末周初的姜子牙，就曾在商朝首都朝歌以屠牛为生，兼做牛牙。先秦商贾，有多少是靠养牛贩牛起家的，就更甭提战国时期庄子笔下的庖丁解牛了。

王亥的"亥"字，为"豕"，"豕"即猪，甲骨卜辞中祭祀王亥都在亥时，十二地支中"亥"的属相也是猪，说明王亥重视畜牧业，饲养"猪"等家畜。《管子·轻重戊》说："殷人之王，立皂（帛字之误）牢，服牛马，以为民利，而天下化之。""皂"以养马，"牢"以养牛。说明王亥不仅饲养猪，也饲养牛、马、羊等六畜，特别是他的服牛技术普及后，使得牛羊成群，漫山遍野，商族人的生活得到了极大的改善，王亥被推崇至极。这就是王国维所说的王亥"为制作之圣人"，胡厚宣《殷商史》说："王亥是中国畜牧业的创始人。"

王亥的贡献还不止于此，他掀起了一场更为深刻的经济革命，这就是商业贸易。王亥发明牛车，使牛除了用于肉食、祭祀外，更用于货物运输。马跑的速度快，可以"致远"；但牛比马堪负重，可以"引重"，更适合拉车运货。在当时，牛可算是第一生产力，是大规模经商必不可少的运载工具，它使得长途运输进行大批量的部落交易成为可能（后来发展为用牛耕田）。有了牛车，商人不怕远征之难，一举克服了地域的限制，拉得重，跑得远，赚得多，省人力。

从此，中原古道上经常可以见到王亥率领商族部落成员赶着牛车的壮观景象：一辆辆载满毛皮、布帛、黍粟的牛车吱呀吱呀地响着，一群群洁白的绵羊咩咩地叫着，一个个袒胸露背的赤脚壮汉吼吼地吆喝着——这绵延的牛车队伍一路跋山涉水，风雨兼程，从一个部落奔波到另一个部落⋯⋯诚如《周易·大有》所说的"大车以载，利有攸往"，又如《管子·小匡》描述的"服牛车辂马,以周四方"。

牛车远贾使王亥为首的商族崛起成为富裕而强大的夏朝方国,也标志着中国商业的专业化和职业化商人的诞生。

王亥之死,丧于有易

随着商族畜牧业滚雪球般壮大,王亥和他的弟弟王恒率领商队,赶着牛车和牛羊向北越过黄河,来到了有易族高爽的地方去畜牧,并和那里的人进行交易。

有易氏是北方狄族的一个部落,商族与有易氏中间隔着一条黄河,那是属河伯冯夷管辖的地盘。河伯和南北两族都很友善,时常给双方以济度的方便。这一回王亥赶了牛羊到有易,也是靠了河伯冯夷的帮忙,才平安渡过了波涛汹涌的黄河。

有易国君绵臣听说最富有的商族首领王亥带着兄弟和牛车队伍远道而来,大老远地就去迎接这帮阔佬邻邦,又一次为他们举办了丰盛的歌舞晚宴。在那曼妙的歌舞晚会上,稍有醉意的王亥也手持盾牌跳起了当时草原部落最为流行的"万舞"。

万舞是古代流行的一种舞蹈,又称"干舞"。"干"是古代军人作战时所用的一种防身武器盾牌,所以古人往往手执盾牌而跳万舞。万舞既是一种武舞,也是一种性舞。按《左传·庄公二十八年》记载,楚令尹子元为了引诱文夫人,就跳万舞。《墨子·非乐》也引先王之书说:"启乃淫溢康乐……万舞翼翼。"

王亥正值壮年,舞起长戈和盾牌来,忽忽作声,虎虎生风。他那癫狂霸气的王者风姿,犹如一只花枝招展的雄性动物,把身边的雌性迷得晕头转向。有易氏的女人个个丰腴性感,细腻而多情,她们像蜜蜂闻到了花香那样吸附着这对富豪兄弟,久久不舍离去。特别是绵臣那年轻而美丽的妻子,更深深地陷入了痴迷状态。而正在酒头儿上的王亥看着面前这女人年轻俊俏、体态丰腴、肌肤润泽，也迷糊了，全身的荷尔蒙在骚动。后来屈原在《楚辞·天问》中发问道："干协时舞，何以怀之？平胁曼肤，何以肥之？"意为：王亥手持盾牌跳起"万舞"，有易氏的女人为何就迷恋上他呢？那有易氏的女人身材丰满、皮肤细腻，她为何长得如此丰腴呢？王亥与那女人很快就缠绵上了。

有易国君绵臣如此隆重款待，王亥哥俩干脆将牛羊一手托给绵臣和河伯冯夷放牧、买卖。因为此前他们三方有过多次贸易往来，彼此都讲信用。自己乐得坐享那轻歌曼舞，美女如云，所以一住就是好几个月。异国的舒适生活，把他们养得肥胖胖的，连胸脯两边的肋骨都隐没在肥肉当中看不见了。

健壮的王亥更是大快朵颐，常两手捧着一只烤得半熟的野鸟，津津有味地吃着它的头。《山海经·大荒东经》说："有人曰王亥，两手操鸟，方食其头。"王亥一边吃着，一边美滋滋地淫思着绵臣身边那女人，只是他不知道那妖女此前就和自己的弟弟王恒有染。更有甚者，在王恒之前，那女人还和绵臣老王的贴身卫士有了暧昧。

一天深夜，王亥去赴绵臣妻子的幽会，王恒觑了个实在，便暗中把这消息告诉了青年卫士。翻了醋缸正憋着闷气的青年卫士立马将这情报报告给老王绵臣，绵臣一听，勃然大怒，当即带上卫士，一个腰佩宝剑，一个手持利斧，气势汹汹地直奔后宫。到了绵臣老婆的闺房外，就听见里面的动静。绵臣气得要吐血，抽出佩剑，破门而入，上去就是一剑，王亥来不及躲闪，正中背部，一声惨叫倒在血泊之中。妖女吓得尖叫，翻身就逃。绵臣一个箭步，一剑将这女子砍死。卫士抡起利斧，砍下王亥四肢，致其身躯断为两截，头劈成两半，才方罢手。《山海经·海内北经》说"王子夜（亥）之尸，两手、两股、胸、首齿，皆断异处"。王亥被碎尸八段，惨不忍睹。

闻声赶到的侍卫们被这一景象吓得目瞪口呆，绵臣厉声下令将两人的尸体丢到荒郊刨坑埋了，还令手下立刻将王亥带来的随从一并诛杀，其牛羊财物一概没收。下完令，绵臣才缓过神，又过了一会儿才去换了衣服并洗净血迹。

侍卫和牧民领命前去，将不知何故的随从们绑了，拉到帐外统统砍了脑袋。才一会儿，这支商国使节团被全灭，只剩那批牛羊算是活物，也全被没收了。

杀掉王亥后,绵臣将"立功"的王恒驱逐出境。

《山海经·大荒东经》说:

王亥托于有易、河伯仆牛;有易杀王亥,取仆牛。

郭璞注《山海经》时引古本《竹书纪年》说:

殷王子亥,宾于有易而淫焉,有易之君绵臣杀而放之。

今本《竹书纪年》更记载了具体时间:

(夏帝泄)十二年,殷侯子亥宾于有易,有易杀而放之。

"托"于有易或"宾"于有易,都是指王亥从事商业活动,暂居或客居于有易这个地方;"杀而放之",是指杀掉贪淫的王亥并籍没他们的牛羊。

关于王亥到有易贩卖牛羊最后被杀一事,最早见载于《周易》。

《周易·大壮》六五爻辞说:

丧羊于易,无悔。

这是说王亥去有易国贩卖牛羊,羊都丢失了,对王亥来说这还不算是倒霉的事。

《周易》旅卦,说的是王亥率领商人从事商旅一事,其九四爻辞说:

旅于处,得其资斧,我心不快。

这是说王亥在商旅途中久居,虽然赚得一定的财富,但遇到了各种风险,历尽了艰辛困苦。

上九爻辞说：

鸟焚其巢，旅人先笑后号啕，丧牛于易，凶。

"鸟"是商人的图腾，"鸟焚其巢"，商队的营地失火；"先笑后号啕"，开始王亥他们在有易国受到盛情款待，肆意狂欢，后来引火烧身，人财两亡，不号啕大哭还能怎样？

为什么丧羊无悔而丧牛为凶呢？原因或许有二：一是羊基本用于食用，而牛除了食用外还是当时依赖的运载工具，更是祭祀最厚重的牺牲，所以"丧牛"比"丧羊"损失惨痛；二是王亥服牛极大满足了畜牧业的发展和频繁的迁徙需要，假如"丧牛于易"，牛车既然丧失，车上的人员岂可安然无恙？所以这里的"凶"，不仅指牛，而主要是指包括王亥在内的商旅团队遭遇到凶险。从《大壮》六五爻"丧羊于易"看，商人与有易部落早有冲突，只是当时王亥这边处于"大壮"态势，又居六五君位，所以能化险为夷而"无悔"；然而盛极必衰，到了《旅》卦形势下，旅人漂泊在外，无可依靠，又至于《旅》卦终极之上九爻，再与有易部落冲突，就凶险了。

然而王亥被杀，仅仅是因为他"淫"吗？史家普遍认为，因两性关系致祸不符合远古的道德规范和婚姻关系，即使是王亥、王恒俩兄弟如屈原《天问》所说的"眩（亥）弟并淫"，即同淫一女，在当时也不是什么大问题，所谓的贞节牌坊，那杀人的礼教只是王亥之后三千多年的宋朝才有的枷锁。那么，是有易国王绵臣见财起意而杀人越货吗？既然目的是越货，也没必要杀人，即使杀人也不至于还要碎尸吧？绵臣一定清楚，既然王亥能服牛远贾，杀而且是残杀一定会惹来复仇之祸。既知道后果的严重性，而绵臣还要做，这里头定有因果。所以有学者认为，真正的原因可能来自政治方面，有易氏感到了王亥的危险，这种危险就是商族的强大，利益的冲突引起了战争，战争导致王亥被杀。从这个意义上讲，"淫"应理解为"浸浸"，即蚕食、扩张之意。王亥宾于有易，以通商为手段，以蚕食、扩张为目的，于是发生了冲突，导致有易氏不仅杀掉王亥，还夺走了他的牛羊。这样一来，商与有易两族的仇恨就公开化了,并由此导致王亥之子上甲微替父报复的征伐战争。

王恒被绵臣驱逐出境后回到商丘,把王亥被杀的经过作了歪曲报道,商族人个个义愤填膺,痛恨有易氏的残暴无礼,于是按照"兄终弟及"的传统,当即拥戴王恒做了新王。王恒拥有了王亥原先委托河伯看管的那一批牛羊,同时到有易国"往营班禄",追索牛羊。这个阴谋篡权的王恒到了有易国后,大概是害怕露了马脚,一去不返。

商族人迟迟不见王恒归来,以为王恒又遭不测,便拥立王亥的儿子上甲微为王。王亥被杀四年后,即夏帝泄十六年,上甲微兴师北伐,沿途经过河伯冯夷的领地,便向河伯申明大义,并向他借兵。河伯对有易杀死王亥抢夺其牛羊的做法亦甚为不满,故为上甲微提供军事援助。上甲微率领商、河联军浩浩荡荡攻入有易,杀掉了绵臣,又进行了一番烧杀,有易国几乎被灭。这就是《楚辞·天问》所说的"昏微遵迹,有狄不宁"。

今本《竹书纪年》说:

(夏帝泄)十六年,殷侯微以河伯之师伐有易,杀其君绵臣。

郭璞《山海经》注引古本《竹书纪年》说:

殷主甲微假师于河伯以伐有易,灭之,遂杀其君绵臣也。

清华简《保训》周文王说:

昔微假中于河,以复有易,有易服厥罪。微无害,迺归中于河。

上甲微灭了有易,意气扬扬,奏凯班师,同时犒赏河伯援军。

上甲微撤兵后,河伯悄悄地去看他那个失败的老朋友。一看之下,景象果然教人伤心:田野里长满了杂草和荆棘,繁华的都城早已经成了一片瓦砾,只有几个半死不活的老弱妇孺还在废墟里艰难地生活着。

郭璞《山海经》注又说：

有易本与河伯友善。上甲微，殷之贤王，假师以义伐罪，故河伯不得不助灭之。继而哀念有易，使得潜化而出，化为摇民国。

河伯冯夷与有易国君绵臣本是故交，双方睦邻友好。在他看来，王亥虽淫，但罪不至死，绵臣杀死王亥应该受到惩罚，所以上甲微替父复仇，以义伐罪，他不得不出兵援助；但是话说回来，这事王亥本身也有过错，上甲微杀了绵臣后还将有易国灭了就太过分了。河伯觉得起先没有制止绵臣的行为，后来又没有制止上甲微的行为，两次成为帮凶，两面讨好，到头来里外不是人。他不忍心看到有易氏就这样绝祀，于是偷偷地把有易氏的孑遗集合起来，迁往西北，重新组建成一个国家。这就是《山海经》所说的"困民国"，《竹书纪年》称之为"摇民国"，或叫"嬴民国"，据说这就是后来秦国的祖先。

商部落和有易氏的这场战争，当是我国历史上最早有记录的因为贸易而引起的战争，因女色而引起的血案。从中我们可以看到，商业、商人，从诞生的那一天起就和女色胶着在一起，直到后世的集市狂欢、上海滩的纵情故事，乃至港澳的豪门恩怨，金钱和美女，哪一天不像一对孪生兄妹相伴相生、形影不离呢？后世不少商人一方面特别会创造财富，另一方面又摆脱不了对女色的沉迷，是不是注定走不出其鼻祖王亥的命运怪圈？对人类社会有过巨大贡献的王亥最终却是"英雄难过美人关"则留给后人极大的反思和无限的感慨。或许，这就是商业、商人的宿命？

无论如何，王亥是我国历史上有文字记录以来最早的有名有姓的商业领军人物。在他身上，我们看到了商人的两大特质：一是创新，二是勇敢。所谓创新，就是"服牛"，驯服了牛，发明了牛车，这是中国四大发明之前的一个伟大创举，足以与瓦特发明蒸汽机的功绩相媲美。所谓勇敢，就是"远贾"，敢于尝试前人没有做过的事情，敢于冒着风险，亲自赶着新式的牛车出去经商，这就好比冯如试飞自己新制造的飞机一样。可以想见，王亥带领商队跋山涉水，沿途遭遇一定惊心动魄、险象环生。正如《墨子·贵义》所说的："商人之四方，市贾倍徙，虽有关梁之难，盗贼之危，必为之。"王亥最后身死他乡，身首异处。或许，这就是财富背后的代价？

从王亥之死于有易氏的灭亡，我们还看到了商族人的悄然崛起和夏王朝的日渐衰落。在夏王朝的势力范围内发生了大规模的方国互相征伐的事件，夏后泄竟不能加以制止，事后也没有进行惩戒，说明夏王朝的统治在少康中兴之后又衰落了，到了夏后孔甲时更是"好鬼神，事淫乱，夏后氏德衰，诸侯畔之"（《史记·夏本纪》）。与此相反，商族却凭着马车和牛车，在与黄河中下游诸方国的贸易中迅速崛起，以至王亥的七世孙商汤用自己部族制作的文绣换空夏朝的粮库，使商族国力勃兴，最终消灭夏朝，创建商朝，乃至"商邑翼翼，四方之极"（《诗经·商颂·殷武》）。直到五百多年后周武王灭商，周公将殷商顽民迁到洛阳，告诫妹土的殷商遗民说："纯其艺黍稷，奔走事厥考厥长；肇牵牛车，远服贾，用孝养厥父母。"（《尚书·酒诰》）你们在勤劳种田养家糊口的同时，努力驱赶牛车从事长途贩运，用来孝养你们的父母。从此，这些以经商为业的"商人"，成了天下生意人的统称；而作为最早服牛远贾的商先公王亥，被尊为中国商业和商人的始祖。

| 第二章 |

伊尹：用贸易战颠覆夏王朝

伊尹，伊氏，名挚，又名尹，号阿衡，金文称"伊小臣"。夏朝末年生于伊水之滨，初为有莘氏女庖正和师仆，后为有莘氏女陪嫁的媵臣，以烹饪厨艺游说成汤倾夏兴商；一说伊尹耕于有莘郊野，告诉成汤以尧舜之道治理天下。曾"五就桀，五就汤"，被成汤举为尹（右相），尊为阿衡（师保之官），协助成汤灭夏立商，辅佐成汤、外丙、仲壬、太甲、沃丁五帝五十余年，后人奉祀为"商元圣"；特别是流放太甲，又归政太甲，匡扶危局，堪称"第一名相""第一帝师"。后世多与周公、姜太公并称"伊周之臣""伊吕之谋"。

伊尹精通烹饪技艺，与彭祖、吕尚、易牙被誉为"中国四大厨神"，而伊尹更被尊为"中华厨祖"。他以"汤鼎火候论""五味调和论""天下至味论"说服成汤谋取天下，后来老子将其归结为"治大国若烹小鲜"。伊尹还将烹饪技术用于陶鼎煎药，发明中药汤剂，著有《汤液经法》三十二卷，被誉为"中医汤液方剂学之祖"。后世所谓"不为良相，即为良医""药食同源"概源于伊尹。

伊尹本人没有从商经历，严格来说不能归入先秦商贾，但在灭夏兴商过程中，他一手策划通过"以丝换粟"的贸易战争挖空了夏朝国库，增强了商国实力；灭夏立商后，又通过货币发行和价格机制调节市场和生产，促进了商品流通。其"和平演变"和"轻重之术"后来被管仲发挥得淋漓尽致，使齐国崛起，成为春秋首霸。

伊尹一生在政治、经济、军事、厨艺、医学、道德等领域都有重大贡献，是百家共尊的人物。《汉书·艺文志》载道家古籍，列第一的就是《伊尹》

五十一篇。中国黄老道家自黄帝到老子的两千五百年间,伊尹是承前启后、继往开来者,谓之"伊尹学派"。此外,还有小说家《伊尹说》二十七篇,今本《尚书》有《伊训》、《太甲》上中下、《咸有一德》等五篇,马王堆汉墓出土的帛书也有《伊尹篇》。孔子弟子子夏说:"汤有天下,选于众,举伊尹,不仁者远矣!"亚圣孟子更称伊尹是先知先觉的"圣之任者"。

伊水弃婴,有莘媵臣

关于伊尹的身世,据《吕氏春秋·本味》记载,是夏朝末年伊水流域一场洪灾中幸存的弃婴:

有侁氏女采桑,得婴儿于空桑之中,献之其君。其君令烰人养之,察其所以然。曰:"其母居伊水之上,孕,梦有神告之曰:'臼出水而东走,毋顾。'明日,视臼出水,告其邻,东走十里而顾,其邑尽为水,身因化为空桑。"故命之曰伊尹。(《吕氏春秋·本味》)

在距今三千六百多年前的夏朝末年,伊水流域有一个古老的方国叫有侁氏,即有莘国。一天,有莘氏的一个养蚕女奴提着篮子到桑林里采摘桑叶,听到桑林中有婴儿的啼哭声,循声寻去,发现一棵老桑树的树洞中有个婴儿,便将他抱回去,交给了国君。国君让烰人(厨师)收养了这个弃婴,并让他调查弃婴的来历。原来,婴儿的母亲住在伊水之滨,怀了孕,一天晚上梦见天神告诉她:"如果石臼出水,就向东跑,不要回头看。"第二天,她看到石臼真的涌出水来,就赶紧通知邻居们离开家园。大家向东跑了十里,来到一片桑林边,她忍不住回头望了一眼,发现原来居住的村庄已被洪水淹没。由于这一回头违背了天神的告诫,她的身子瞬间变成一株空心桑树。

伊母化为空桑,显然是神话。但笔者小时候在农村,记得父辈们说,石臼出水预示着下霖雨,发大水。所以,"东走十里而顾,其邑尽为水"明白无误地告知我们，这是一场大洪水，居住在伊水之滨的孕妇被洪水向东冲了十里远，婴儿却要出生了，情急之下，这位伟大的母亲奋力抓住洪水中的一棵桑树，将刚刚出生的婴儿安放于桑树空洞中，产妇身疲力竭，不幸被洪水席卷而去。洪水退后，有莘女采桑叶时发现了空桑中的婴儿，并非婴儿的母亲变成空桑树。

由于其母居于伊水之上，故以伊为氏；后来商汤任他为尹（右相），故史称"伊尹"。伊尹得姓还有一种说法，即伊尹是帝尧伊祁氏的裔孙。《元和姓纂》说："帝尧伊祁氏之胤，裔孙伊尹，名挚，相汤，生陟、奋。"《三辅相事》说："尧初生时，其母在三河之阿，寄于伊水，其后有伊姓。"如此说来，伊尹得姓于尧，尧得姓于伊水，伊水是伊尹的得姓祖地。

不知生父是谁，其母又被洪水淹死，由此伊尹成了水滨弃婴。对于水滨弃婴这个母题，在中外神话传说中并不鲜见。如作为犹太人先知的摩西，便是埃及法老的女儿在河边洗澡时从芦苇丛中捞出的孩子；周人始祖后稷，又名弃，就是因为出世后也曾被弃置于"渠中冰上"。这些神话英豪历经苦难，终究得以存活并有大功于世，昭示其身世的不凡。

汲冢书《古文琐语》还记载了伊尹的相貌。周武王灭商后封纣王的庶兄微子为宋，以保留宗庙，祭祀祖先。到了春秋时期，诸侯纷争，互相兼并。齐国想要灭掉宋国，进军途中齐景公梦见有个人怒斥自己，景公把宰相晏子叫来圆梦，告诉晏子此人的长相后，晏子说那个人就是商朝的开国皇帝商汤的军师伊尹。因为景公伐宋，必将覆灭商朝开国君王成汤的太庙，于是伊尹前来申斥。从中我们可以了解伊尹的形象。

齐景公伐宋，至曲陵，梦见有短丈夫宾于前。晏子曰，"君所梦何如哉？"公曰，"其宾者甚短，大上小下，其言甚怒，好俯。"晏子曰，"如是，则伊尹也。伊尹甚大而短，大上小下，赤色而髯，其言好俯而下声。"公曰，"是矣。"晏子曰，"是怒君师，不如违之。"遂不果伐宋。（汲郡书《古文琐语》）

据此记载，伊尹应该身材粗壮而个子矮小，头大，脸红，络腮胡子，说话时喜欢弯腰，有点儿驼背，但语音铿锵有力，好用四声。

关于伊尹的族属，传统的说法是有莘氏人。但从伊尹被献给有莘氏国君，国君并不知其详情看，伊尹不像是有莘氏人。因为上古时代一个方国活动的地域并不很大，本国范围内发生导致家破人亡的特大洪灾，其国君竟一无所知，只因得到伊尹才派人前往灾区查验，这恐怕是说不过去的。另据《左传·昭公元年》赵孟说："虞有三苗，夏有观、扈，商有姺、邳，周有徐、奄。"这是说虞、夏、商、周即使王道盛明之时，仍有诸侯反叛；商时的姺、邳亦为其例。杨伯峻《春秋左传注》认为："姺亦作侁，即《吕氏春秋·本味篇》之有侁氏。"可见有莘氏一度有过反对商族的敌对行为。而从出土的甲骨文看，伊尹一直受到殷人隆重的祭祀。伊尹如果出自有莘氏，而有莘氏又发生过如此严重的反叛事件，他作为有莘氏贵族还能安坐在殷人的神殿之上，一直保持备受尊崇的神圣地位，这也是不可想象的。因此有学者认为，伊尹是与殷氏王族同姓的支族——伊氏领袖。如果仅仅是一个普通的弃婴和奴仆，想必伊尹不会有那么高的智商和智慧。而商汤之所以与有莘氏联姻，之所以千方百计得到伊尹，目的就是为了构建商族、有莘氏、伊氏三国政治联盟，树立反夏阵营。（杜勇《清华简与伊尹传说之谜》）

伊尹被有莘国君寄养在庖人之家，从小跟着养父，耳濡目染，长大后成为精通烹饪的大师，有莘国君让他担任宫廷厨师长，即"庖正"。

同时，由于伊尹聪明好学，德才兼备，深通尧舜之道，有莘国君又让他担任女儿的"师仆"，即诸侯、贵族子弟的家庭教师。这样一来，伊尹既是有莘氏的"高级营养师"，又是她女儿的"精神导师"。

当时夏桀昏庸，残暴无道，商汤正准备灭夏，求贤若渴。听说有莘氏的庖正伊尹很有贤德，就派使节到有莘国去聘请伊尹，遭到有莘国君的拒绝。

许是派使节不够诚心？于是商汤亲自出马。据《墨子·贵义》记载，一天，商汤让彭家之子驾车去见伊尹。

彭家儿子半路上问："君侯这是要去哪里？"

商汤答道："我要去见伊尹。"

彭家儿子说："伊尹不过是一个普普通通的平民百姓，君侯若要见他，下一道命令召他来，已经是赏赐他了！"

商汤说："这不是你能理解的。如果现在这里有一味药，吃了它，耳朵会变得更加灵敏，眼睛会变得更加明亮，那么我一定会很高兴并努力吃掉这药。现在伊尹对于我商国来说，就好像良医好药，而你却不想让我见伊尹，这是你不想让我好啊！"

商汤叫彭家儿子下去，不让他驾车。

伊尹听说商汤求贤若渴，想到自己满腹经纶，胸怀天下，却只能寄附有莘氏当个庖正和师仆，所以也想归附商汤。只因有莘国君不同意，他也没有办法。传说伊尹见汤以前，曾梦到乘舟过日月之边。"日月"在古代常喻帝王，所以此梦又可作君臣遇合之征。李白有诗曰"闲来垂钓碧溪上，忽复乘舟梦日边"，表达的就是希望像姜太公和伊尹那样能够有统治者赏识自己，从而建立一番功业。

有莘国国君不同意，商汤就来个曲线求才，聘娶有莘氏的女儿为妻。相对于商来说，有莘氏是一个小国。大国主动向小国求婚，对小国来说是一件无比荣耀的事。大概有莘国君的女儿对自己的庖正和师仆伊尹比较依赖，而有莘国君也知道商汤就是冲着伊尹来的，就很高兴地答应了商汤缔结秦晋之好，并将伊尹作为媵臣送给了商汤。这样，伊尹就来到了商汤的身边。

（伊尹）长而贤，汤闻伊尹，使人请之有氏，有氏不可。伊尹亦欲归汤，汤于是请取妇为婚。有氏喜，以伊尹媵女。（《吕氏春秋·本味》）

《墨子·尚贤上》说："汤举伊尹于庖厨之中，授之政，其谋得。"《尚贤中》说："伊挚，有莘氏女之私臣，亲为庖人，汤得之，举以为己相，与接天下之政，治天下之民。"《尚贤下》说："昔伊尹为莘氏女师仆，使为庖人，汤得而举之，立为三公。"墨家这些说法归结起来，就是《墨子·贵义》中商汤的车夫彭氏之子所说的："伊尹，天下之贱人也。"这里说的"贱人"和"媵臣"，后世普遍将伊尹误解为地位卑贱的奴仆。实际上，伊尹是有莘氏的家臣，当有莘氏嫁女于商汤时，伊尹作为护送的官员随行，其后服事于商汤。

《吕氏春秋·本味》有感于伊尹归汤一事评论道：贤明的君主为求有道之士，没有什么办法不用的；有道之士为求贤明的君主，没有什么事情不做的。各如其愿，彼此快乐，不谋划就能亲密无间，不约定就能恪守信用，共同尽心竭力，承担危难劳苦，内心以此为乐。这就是作为人君的商汤和作为人臣的伊尹功名大成的原因。

中华厨祖，以味说汤

司马迁在《史记·殷本纪》中说，伊尹想求见成汤而苦于没有门路，于是就去给有莘氏做陪嫁的媵臣，背着饭锅砧板来见商汤，借着谈论烹调滋味的机会向商汤进言，劝说他实行王道。

伊尹名阿衡。阿衡欲干汤而无由，乃为有莘氏媵臣，负鼎俎，以滋味说汤，致于王道。（《史记·殷本纪》）

作为随行的媵臣，庖正、师仆出身的伊尹刚到商汤那里时，自然在商汤的宫廷里担任御厨。按照韩非子的说法，伊尹曾先后七十次向商汤提案，商汤都没有听从，最后只得拿自己的本行，即屠宰和烹饪技术伺候商汤，并用天下至味阐明治国之道，商汤这才发现身边这个厨师原来胸怀圣贤之道，于是委以国政。

上古有汤，至圣也；伊尹，至智也。夫至智说至圣，然且七十说而不受，身执鼎俎为庖宰，昵近习亲，而汤乃仅知其贤而用之。（《韩非子·说难》）

这是说，伊尹先用可口的饭菜抓住了商汤的胃，后用高明的治世之道抓住了商汤的心。

《吕氏春秋·本味》则说，商汤得到伊尹之后非常兴奋，在宗庙里举行了盛大的除灾祛邪仪式，点燃苇草以驱除不祥，杀牲涂血以消灾辟邪。

汤得伊尹，祓之于庙，爝以爟，衅以牺猳。明日，设朝而见之。说汤以至味。（《吕氏春秋·本味》）

第二天上朝，商汤以礼接见伊尹，伊尹知道这第一次见面相当于"面试"，就从自己最擅长的厨艺讲起。他告诉成汤："我知道怎么做出天下最好吃的美味。"

伊尹绘声绘色地描述天下至味，听得商汤垂涎三尺，问伊尹："可以按照你说的方法来制作天下美味吗？"

伊尹回答说："君侯的国家小，不可能都具备；只有当上天子，才能做到。"

商汤只得咽了咽口水。伊尹吊起了商汤的欲望，滔滔不绝。

第一是食料。伊尹说，先要认识原料的自然属性，天地间的动物，水生动物味腥，食肉动物味臊，食草动物味膻，这些动物腥臊难闻，但都能做出美味佳肴来，只是各有烹饪的方法。

商汤问："那第二呢？"

伊尹顿了顿说，第二是用水。"凡味之本，水最为始。"调味的根本，第一位是用水。最好的水是取自三危山的露水、昆仑山的泉水、沮江边山丘上名叫"摇水"的井泉、白山的水，以及冀水源头的涌泉。

第三是火候。伊尹说，依照酸、甜、苦、辣、咸五种味道和水、木、火三种材料进行烹饪，九沸九变，都是用火来控制调节的。时而猛火炽烈，时而文火温煮，除去腥味、臊味、膻味，关键在于掌握火候，不能违背它的规律。

第四是调味。伊尹说，调和味道这件事，一定要用甜、酸、苦、辣、咸五味，先放后放、放多放少、剂量大小都有规定。这鼎中味道的变化，精妙而细微，难以用语言表达，只能悉心领会。就像射箭、驭马一样得心应手，又像阴阳二气化生万物，春夏秋冬四时变化一样自然，这样才会使食物久而不坏，熟而不烂，甜而不浓，酸而不酷，咸而不苦，辛而不烈，淡而不薄，肥而不腻。

随后,伊尹如数家珍般向商汤列举了天下美味。

一是肉之美者,肉类佳品:猩猩的嘴唇,獾獾的脚掌,火鸡的尾肉,述荡这种野兽的手腕肉,弯曲的旄牛的尾巴肉,大象的鼻子,流沙之西、丹山之南、沃国人吃的凤凰蛋。

二是鱼之美者,鱼类佳品:洞庭湖的鳙鱼、东海的鲕鱼,醴水有一种鱼,名叫朱鳖,六只脚,能从口中吐出青色珠子。雚水有一种鱼叫鳐,样子像鲤鱼而有翅膀,常在夜间从西海飞游到东海。

三是菜之美者,蔬菜类佳品:昆仑山的菰茶,寿木(传说中的不死树)的花,指姑山(传说中的仙山)东边的中容国里红树黑树的叶子;余瞀山的极南面山崖上有一种菜叫嘉树,颜色碧绿;华阳山的芸菜,云梦泽的芹菜,太湖的菁菜,浸渊里的士英草。

四是和之美者,调料中的佳品:四川阳朴的生姜,桂阳招摇山的桂皮,越骆国(古国)的香菌,鲤鱼和鲔鱼肉做的酱;大夏国(古国)的盐,宰揭山颜色如玉的甘露,以及长泽产的鱼子。

五是饭之美者,粮食佳品:玄山的禾谷,不周山的小米,阳山的青稞,南海的黑黍。

六是果之美者,水果佳品:沙棠树的果实,常山北边投渊上面先帝们享用的各种果实,箕山东边青鸟栖息的甜橙,大江两岸的橘子,云梦泽畔的柚子,汉水两岸山上的石耳。

罢罢罢,坐在一旁的商汤早已直流口水。

伊尹的确是个名不虚传的烹饪高手,只是关于伊尹烹饪实践的具体记载,除他献给商汤的一道鹄羹(天鹅羹)外,并不多见。但是,从《吕氏春秋·本味篇》中的记载来看,他的烹饪理论水平绝对是一流的。

在先秦历史上,出现过许多技艺高超的名厨,如帝尧时的彭铿、周初的姜太公吕望、春秋时的易牙等,对中国烹饪技术的发展都起到了很大的推动作用,但伊尹在烹饪技术及烹饪理论方面的成就远胜于他们。这四人被誉为"中华四大厨神",而伊尹更被誉为"中国烹饪之圣""中华厨祖"。如今,除中国大陆外,中国香港、台湾等地区以及新加坡等国家的华人烹饪界也都奉伊尹为"厨圣"。

伊尹讲了天下美味,勾起了成汤的食欲。但是,他接着对成汤说:"可惜,这些美味你现在吃不着,因为你统治的地盘太小了,材料备不齐啊!"

这让成汤的自尊心受到了打击。于是,他问伊尹:"既然如此,我该怎么办?"

伊尹顺水推舟,讲出了自己真正要讲的道理。他告诉成汤:"要吃到这些美味也不难,不过你要有良马,如青龙马、遗风马。如果不能先当天子,就不能得到天下良马,上述美味佳品也无法得到。"

怎样才能成为天子呢?

伊尹说:"天子不是勉强可以去当的,必先懂得帝王仁义之道。帝王之道,不在他人,而在自己。自己具备并实践了帝王之道,就能成为天子。当了天子,那各种美味佳品自会完全具备。"

最后,伊尹对商汤说:

故审近所以知远也,成己所以成人也。圣人之道要矣,岂越越多业哉!(《吕氏春秋·本味》)

审察身边的事物,就可以了解至远至大的道理;自己具备了仁义之道,就可以教化天下所有人。这就是圣人之道的精要,哪用费力去做许多琐事呢?道存之于己身而用之于天下,这就是道家伊尹学派的核心思想,伊尹思想被老子概括为"治大国若烹小鲜"。

伊尹从烹饪说到为政之道,为成汤分析了"伐桀救民"的形势,使成汤茅塞顿开。商汤感到伊尹果真有经天纬地之才,便去其媵臣身份,将他奉为智者、贤者,任其为"阿衡",意为辅政之师保。伊尹成了商汤的最高执政大臣,实现了由厨师到宰相的飞跃。

如果说伊尹"以滋味说汤"是道家之言,那么以孟子为代表的儒家则认为伊尹"以尧舜之道要汤"。

万章问曰:"人有言'伊尹以割烹要汤',有诸?"孟子曰:"否,不然。伊尹耕于有莘之野,而乐尧舜之道焉……吾闻其以尧舜之道要汤,未闻以割烹也。"(《孟子·万章上》)

弟子万章问孟老夫子:"有人说'伊尹用屠宰和烹调技术来求取商汤',有这事吗?"

孟子说:"不,不是这样的。伊尹在莘国的郊野种田,而赞赏尧舜之道。如果不是尧、舜的行为方式,不是尧、舜的仁义之道,即使把全天下的财富都作为俸禄给他,他也不屑一顾。即使给他一千辆马车,他也不看一眼。如果不是尧、舜的行为方式,不是尧、舜的仁义之道,他一点小东西也不会拿给别人,也不会向别人要一点小东西。"

商汤几次派人用皮币帛礼聘请伊尹,伊尹都"嚣嚣然",很傲慢地说:"我要汤的财物干什么呢?这些东西怎么能比得上我安于田野之中,在此以尧、舜之道为乐呢?"

商汤接连三次派人去聘请伊尹,伊尹才"幡然"改变了想法,说:"我虽身居田野之中,以尧、舜之道自乐,但我怎么能使现在的君主成为尧、舜一样的君王呢?我怎么能使现在的老百姓成为尧、舜治下的百姓呢?我为什么不在有生之年亲眼看到这些呢?"

至此,伊尹道出了"先知先觉,舍我其谁"豪言壮语:

天之生此民也,使先知觉后知,使先觉觉后觉也。予,天民之先觉者也。予将以斯道觉斯民也,非予觉之而谁也?(《孟子·万章上》)

伊尹说:"上天生育这些民众,使先知的人启发后知的人,使先觉悟的人启发后觉悟的人。我伊尹,是上天生育这些民众中先觉悟的人,我要用尧、舜之道来启发上天所生的民众。不是我伊尹去启发他们觉醒,还能有谁呢?"

伊尹是甘愿把天下的重担挑在肩头的人,一想到天下的百姓,如果有没受到尧、舜之道恩惠的,就好像是自己将他们推进水沟中一样,所以他归附商汤而游说其征伐夏桀，拯救人民。

孟子感慨道："我没有听说过有自身屈曲而能矫正别人、有屈辱自己而能够匡正天下的人——我只听说伊尹以尧、舜之道求取商汤的信任，却没有听说用屠宰和烹调技术来博取汤王。"

在孟子看来，伊尹绝不是甘做媵臣、以庖进身而曲学阿世的人，而是以天下为己任的先知先觉者。

司马迁在《史记·殷本纪》在记载了伊尹为媵臣以滋味说汤的同时，也载录了孟子这种说法：

或曰，伊尹处士，汤使人聘迎之，五反然后肯往从汤，言素王及九主之事。汤举任以国政。（《史记·殷本纪》）

司马贞《史记索隐》按："素王者，太素上皇，其道质素，故称素王。九主者，三皇、五帝及夏禹也。"

有人说，伊尹是一个有才德而不肯做官的隐士，商汤曾派人去聘迎他，前后不惜五顾茅庐，伊尹才答应前来归从。归汤后，伊尹向商汤阐述了太素上皇和三皇、五帝、大禹等九个圣王的所作所为，商汤于是委任他管理国政。

笔者认为，不管伊尹是"以滋味说汤"的媵臣，还是"以尧舜之道要汤"的隐士，两者并不矛盾。做庖人和媵臣不一定就是曲学阿世，自古"身在江湖、心在魏阙"者有之；做隐士也不一定非得"耕于有莘之野"，"大隐隐于朝"者有之。对伊尹来说，做媵臣庖厨，或耕于有莘之野，最后都要"致于王道"。正是这种以天下为己任的担当精神，才有后来的"五就汤，五就桀"（《孟子·告子下》）。就连孟老夫子也承认："伊尹曰：'何事非君，何使非民？'治亦进，乱亦进。"（《孟子·万章下》）在伊尹看来，哪个君主不可以侍奉？哪个百姓不可以使唤？所以，他是天下太平去做官，天下混乱也做官。当然，不是做那种不讲原则的不倒翁，无论在哪里，他做官的原则只有一个——"救民"（《孟子·万章上》）。

贸易谍战，灭夏兴商

夏王朝到了桀当政时，"不务德而武伤百姓，百姓弗堪"（《史记·夏本纪》），很多诸侯已经不来朝贺了。但桀依然骄奢淫逸，仅后宫女乐就多达三万人，所谓"桀骜不驯"。《竹书纪年》记载，桀"筑倾宫、饰瑶台、作琼室、立玉门"，为烂漫之乐，设奇伟之戏，纵靡靡之音，日夜与妹喜及宫女饮酒作乐，还经常在大庭广众之下将妹喜抱坐膝上。妹喜爱听撕裂绸缎的声音，他便让人搬来绸缎撕裂；为博取妹喜的欢心，他甚至将饿虎放到街市上，欣赏人们惊恐逃命的样子。如果说，后来的周幽王为博取褒姒一笑而戏点烽火台，仅仅是昏庸，那么，夏桀就是昏庸加残暴了。他命人兴造了一个酒池，里面可以行船，只要大鼓一擂，三千多人同时牛饮，不时有人醉酒溺水而亡；还命人造了一个大池，号称"夜宫"，一众男女裸体杂处，有时一个月都不上朝。

太史令终古看到桀这样荒淫奢靡，向桀哭谏，桀听了很不耐烦，斥责终古多管闲事，终古知道夏桀已不可救药，心想夏很快会灭亡，就投奔了商汤。宰相关龙逢屡次劝谏桀，说他如此奢侈无度，嗜杀成性，弄得百姓都盼望他早日灭亡。桀听了非常生气，下令杀了关龙逢。

当时伊尹也在夏朝廷，目睹桀召集三千多人天天在瑶台击鼓作乐，沉湎于酒池肉林，群臣一个个喝得恍恍惚惚，一路摇摇晃晃相和而歌：

江水沛兮，舟楫败兮，我王废兮！
趣归于薄，薄亦大兮，乐兮乐兮！
四牡骄兮，六辔沃兮，
去不善而从善，何不乐兮！（《韩诗外传》）

薄，就是亳，商国的都城，这里代表商。群臣们相和唱道："江水滔滔啊，舟楫摇摇，我王荒淫啊！赶快投奔商汤去吧，亳都是多么宽广，那里才是我们向往的乐土呵！车队多么雄壮，马儿多么温驯，离开暴君归附仁德，我心怎不快乐呵！"

伊尹听着，举杯向桀敬酒，并进谏道："大命至矣，夏无日矣！"桀拍案鼓掌，嗑然而笑："你又说什么妖言了！我有天下，就像天有太阳一样。天上的太阳完了，我的国家才会灭亡。"

伊尹听桀这么一说，三步并作两步，边唱边跑，投奔商汤而去：

觉兮较兮，吾大命格兮！
去不善而就善，何乐兮！（《尚书大传》）

天象已经昭然若揭啊，夏朝的大限到了！离开暴君归附仁善，此心多么快乐啊！

伊尹到了亳都告诉商汤桀说自己是"不落的太阳"，商汤将这句话转告给夏民，没想到夏民竟指着天上的太阳恶毒地诅咒道："时日曷丧？予及汝皆亡！"（《尚书·汤誓》）这个太阳啊，你什么时候灭亡，我们愿意和你一起灭亡！老百姓对夏桀的怨恨由此可窥一斑。

《孟子·告子下》记载，伊尹曾"五就汤，五就桀"。《孙子兵法·用间》则说："昔殷之兴也，伊挚在夏。"这是说，伊尹为了"伐夏救民"，曾经多次受商汤指派，去夏朝充当高级间谍，所获情报对灭夏兴商发挥了重要作用。

笔者认为，商汤最初将伊尹推荐给夏朝廷，或许只是尽诸侯国向宗主国荐才的义务，伊尹到夏朝廷之初也像太史令终古和宰相关龙逄一样劝谏桀，我们不能将伊尹多次往返夏商视为朝秦暮楚的投机行为或特务活动。正像伊尹自己所说的："何事非君？何使非民？"他的宗旨在于"救民"，如果夏桀能"救民"，为什么非要侍候商汤呢？只是到了后来，伊尹发现夏桀实在不可救药，才与商汤制定"伐夏救民"策略，并在夏朝廷"卧底"策反。《史记·殷本纪》所谓："伊尹去汤适夏，既丑有夏，复归于亳。"

《国语·晋语一》说，当年桀攻打有施氏，有施氏献上美女妹喜，深得夏桀宠幸。伊尹或许也因精湛的厨艺担任夏王御厨，由此进入夏朝廷的核心。这里说妹喜"与伊尹比而亡夏"，这个"比"字，是妹喜与伊尹"朋比为奸"吗？作为宠妃，除非她扮演的是西施的角色，否则她会与伊尹窜通卖国吗？只能说，伊尹与妹喜，一个是有心栽花，即伊尹从妹喜身上开始策反工作；一个是无意插柳，即妹喜在不知不觉中帮了伊尹的忙。

古本《竹书纪年》则说，后来桀征伐岷山（有缗氏），掠得琬、琰两位美女。从此，夏桀宠幸二女，并将其芳名刻在璧玉上，号称"苕华之玉"，苕代表琬，华代表琰。而元妃妹喜被遗弃于洛水之畔。夏桀此举，在政治上带来了严重后果。《左传·昭公十一年》说："桀克有缗，以丧其国。"《韩非子·难四》也说："是以桀索崏山之女，纣求比干之心而天下离。"原因就是《竹书纪年》据说的："妹喜氏以与伊尹交，遂以间夏。"这个失宠的女人失落、怨怼之余与伊尹勾结，甚或结为秦晋之好。女人的嫉妒心促使她报复卖国？如果说妹喜遭到冷落，并与伊尹一道卖国，那为什么夏桀最后逃往南巢时陪伴他的还是妹喜呢？

《吕氏春秋·慎大》说，商汤曾两次派伊尹到夏朝去刺探情报。第一次，为了消除夏桀的疑心，商汤和伊尹故意制造了君臣不和的假象，演出了一出苦肉计。商汤亲自拿箭射伤伊尹，又虚张声势，派兵到处缉拿他。苦肉计很成功，伊尹"逃"到夏都斟鄩，卧底三年，不仅收买了被桀迫害的大臣，离间了桀和几个大臣的关系，更"交"上了夏桀的枕边人妹喜。三年后，伊尹回到亳都向商汤汇报：夏桀迷惑于妹喜，宠幸琬、琰，不管百姓死活。上下离心，民怨沸腾，都说："上天就要降灾了，夏朝的气数尽了！"说明夏桀掠得琬、琰二女后，妹喜没有被打入冷宫。

近出的清华简《尹至》也说，伊尹从夏都至亳邑走了十天路程，报告成汤说：夏桀宠幸琬、琰二女，全然不顾民生疾苦，这里也没有遗弃妹喜之事，只说夏朝民怨沸腾，恨不能与桀同归于尽，而人心向商，有如大旱之望云霓。

与夏桀相反，商汤大施德政，他说："人视水见形，视民知治不。"（《史记·殷本纪》）一个人以水为镜，可以照见美丑；一个社会只要听听老百姓的呼声，就可以知道治乱。

一天，商汤外出打猎，侍从四面张网，祈祷说："从天下四方来的禽兽都进我的网！"商汤说："呵，你们这是一网打尽啊！"便让侍从去掉三面，只留下一面网，并且把祈祷词改为"禽兽们，往左，往右，都有活路，那些命中注定该死的就进网来吧"。诸侯们听说商汤"网开一面"，纷纷传颂："商汤是至德之君啊，爱及禽兽！"

夏桀的残暴无道与商汤的仁义之举构成了鲜明的对照。人心向背是衡量国家兴亡的一个重要尺度，伊尹和商汤将这一思想用于指导灭夏战争。

有了人心向背，还得有物质保障。伊尹建议商汤趁夏桀荒淫无度，投其所好，通过贸易战争掏空夏朝国库，增强商族国力。

> 昔者桀之时，女乐三万人，端噪晨乐闻于三衢，是无不服文绣衣裳者。伊尹以薄之游女工文绣纂组，一纯得粟百钟于桀之国……故伊尹得其粟而夺之流，此之谓来天下之财。（《管子·轻重甲》）

夏桀时宫中歌伎有三万人，端门的歌声与清晨的音乐，大路上都能听到；她们无不穿着华丽的丝绸。伊尹便组织亳地没有固定职业的妇女，织出各种华美的彩色丝绸，一匹织物可以从夏桀那里换来百钟粮食。这种"以绣易粟"的办法，既可不露痕迹地削弱夏王国的经济实力，进而操纵夏朝市场的商品流通，又能充分利用本国的剩余劳动力，扩大就业，增加粮食储备。这样一来，夏朝国库日见空虚而商国仓廪殷实，财用丰裕，饥者得食，寒者得衣，死者得到安葬，穷者得到救济，水旱之灾可防，战时之费可供，为灭夏战争提供了必备的物质基础。

《管子·地数》说：从前夏桀霸有全部天下，而财用不足；商汤只有亳地七十里，而财用有余。并不是上天专为商汤降下粮食，也不是大地专为商汤长出财物，而是由于伊尹善于经营交换、善于轻重之术、善于掌握开闭与决塞，且精通物价高低和号令缓急的措施来操纵财富。这里所说伊尹"通移轻重"，用现在流行的话来说，就是通过宏观调控和货币战争增强国家财力。实际上，这是当时通过官方渠道的一种交易，未必全是通过市场流通来实现的,但仍可收到弱夏强商之效。伊尹的"和平演变"和"轻重之术"后来被姜太公和管仲发扬光大,使齐国成为春秋首霸。

至此,商国已经在战略上取得成功,但商是夏的属国,只有七十里大小的地盘,在政治上、军事上处于劣势。如何转弱为强?这是摆在商汤和伊尹面前的现实课题。

商汤和伊尹并未采取直接兴兵灭夏的军事方略,而是利用商为夏方伯,有征伐诸侯的特殊权力,采取军事打击与政治争取相结合的策略,结交和兼并夏王朝的属国,剪灭其羽翼,扩展自己的实力。当时,居于夏商之间的葛、韦、顾、昆吾都是夏的属国,是夏桀亲近的依靠力量。因而,吞并四国成为商军事兼并的当务之急,伊尹采取由近及远、先弱后强、各个击破的方略,剪除夏朝羽翼,使夏处于正面受敌的地位。

商都亳附近的葛(今河南宁陵北),力量较弱,统治不稳,成为商兼并战争的突破口。然而,商并不是以直接的军事行动来征葛。他们先是抓住葛伯不祭祀祖先的非礼过错,发动政治攻势,使商的征伐具有合法性。尔后,商又以助祭为名派人助耕,供给老弱者以酒食,以争取民心。葛伯不仅不改不祭祖先的非礼行为,反而掠夺商汤送来的酒食,杀死不交出酒食的儿童,其凶残大失民心。商汤与伊尹抓住这个机会,兴师问罪,灭掉葛国。

伐葛不过是序曲,继之是频繁的征伐战争,汤"十一征"而灭韦(今河南滑县东南)、顾(今河南范县东南)、昆吾(今河南许昌东部)三国,《诗·商颂·长发》所谓"韦顾既伐,昆吾夏桀",不仅剪灭了亲夏的方国,扩大了统治区域,实力大增,灭夏的准备工作业已完成。

当时夏王朝已呈现出分崩离析之势,商汤认为向夏发起最后总攻的时机已经成熟,伊尹为确保战争的胜利,考虑到夏虽然已近末日,然而它为中原之主历时四百余年,其声威余绪不可忽视;再者商为夏之方国,商伐夏有犯上作乱之嫌,没有十分的把握不可轻动,因此认为一定要等大多数方国都不支持夏桀时方可进攻。为试探各方国诸侯的人心向背,伊尹建议商汤停止向夏进贡,以观反应,桀怒而起九夷之师,准备大举伐商。伊尹见九夷等方国仍听从夏桀的调遣,认为决战时机还没有完全成熟,遂与商汤复朝贡谢罪,假意忠诚以伺时机。第二年,伊尹建议再次绝贡,桀又召诸侯在有仍(山东济宁南)会盟,准备伐商,此次不仅九夷之师不奉夏命(《说苑·权谋》),而且有缗氏(今山东金乡南)首先反叛(《左传·昭公四年》)。伊尹看到形势已发生巨大变化,夏桀已完全陷入孤立,认为时机已经成熟,便对商汤说:"可以伐桀了!"

伊尹不仅在战机选择上立了大功,在决战方向的确定上,也有高超的智略。此前,商汤第二次派伊尹到夏朝,妹喜对伊尹说,夏桀做了一个梦,梦见东、西有两个太阳相斗,西日胜而东日败。伊尹据此确定了自西伐桀的战略,即不是按照夏商所处自然地理位置,由东向西发动对夏都的正面进攻,而是"令师从东方出于国而以进",实行战略迂回,绕到夏都西面,出其不意发动进攻。

出师之前,全军举行祈祷盟誓,因为这毕竟是尧舜禅让、夏禹传子以来第一次属臣推翻君王的行动,于理于法必须有据。商汤在祭祀上帝和宗庙的时候,发布了战争总动员令,打出了"奉天承命"的旗号,宣称"有夏多罪,天命殛之""予畏上帝,不敢不正",商人伐夏是"致天之罚"(《尚书·汤誓》)。后世的陈胜、吴广大泽乡起义,不也是借狐狸口、鱼腹中的书,来昭示天命,鼓舞士气吗?估计伊尹和成汤做的场面更隆重,规模更可观。

结果,夏军仓促应战,商军势如破竹,大败夏朝的三夷之师,夏桀败走鸣条,自焚南巢,夏朝灭亡。由于商汤以武力灭夏,打破自古以来的禅让制和世袭制,因而史称"商汤革命"。

第一帝师,匡扶政权

作为商朝的开国元勋,伊尹不仅擅长攻战谋略,更是一位治国贤相、匡君帝师。《孟子·万章》说:"汤之于伊尹,学焉而后臣之,故不劳而王。"这是说成汤拜伊尹为师,然后委以国政,不费多大力气就统一了天下。伊尹更"以尧舜之道要汤",教导成汤效法尧舜,以德治天下。于是君臣同心,佐治新邦,改正朔,易服色,商朝作为天下共主的地位日益巩固,成汤也过上了伊尹所说的"可享天下美味"的好日子。

成汤在位十三年驾崩,因太子太丁先于父王而死,按照当时"兄终弟及"的继承法,由太丁之弟外丙即位;外丙在位三年而死,又由其弟仲壬即位;仲壬在位四年而死,伊尹扶立商汤嫡长孙、即太丁之子太甲即位。这样,商初二十年间连换四帝,伊尹辅佐成汤灭夏立商,又担任外丙、仲壬、太甲三帝的右相尹兼师保阿衡,国家倒很太平。

可是,太甲即位后,商朝政权一度出现危机。这个太甲,从小娇生惯养,不明居丧之礼,整日饮酒作乐。作为师保,伊尹一连写了《伊训》《肆命》《徂后》三篇文章,陈述祖上创业艰难,阐明君道与国家兴衰的休戚与共。在《伊训》一文中,伊尹对太甲说:五百年前大禹立夏,施行仁政,天不降灾,万物安宁;到了夏桀,背弃禹训,轻慢神灵,虐待人民,皇天便不再保佑夏朝,被我汤帝攻灭于鸣条,此乃历史教训。汤帝统一天下,施行仁政,宽以待民。如今大王有幸继承帝位,万事开头难,一定要做到"立爱惟亲,立敬惟长,始于家邦,终于四海";一定要做到"高居上位而能圣心如镜,施行仁政而能善始善终"。千万不能兴此三风:一是"恒舞于宫、酣歌于室"的巫风,二是"殉于货色、恒于游畋"的淫风,三是"轻侮圣言、残害忠良、远离耆德、亲昵小人"的乱风。这三种歪风邪气、十种罪恶行为,当大夫的只要染上一种,就会使家庭败落;当君王的只要染上一种,就会导致国家灭亡。诚望大王念兹在兹,不忘先王创业维艰。谨记苍天在上,行一善,老天爷就会降下百祥奖励你;作一恶,老天爷就会降下百殃惩罚你。但愿大王光大汤祖伟业,而不致社稷不保啊!

为了教导太甲,伊尹煞费苦心,可是都不奏效。太甲即位三年,"不明,暴虐,不遵汤法"(《史记·殷本纪》),一味沉湎于歌舞酒色,不理朝政,不守祖父成汤制定的法则,滥施暴虐,乱德败俗,人民怨声载道。眼看太甲执迷不悟,愈演愈烈,伊尹深感"兹乃不义,习于性成"(《尚书·太甲上》),如果让太甲这种不义行为长此以往,习以为常,必将成为夏桀第二,于是伊尹决定在桐地(今河南省偃师县西南)商汤的陵墓旁建造行宫,将太甲送往那里"劳动改造"。在那里,太甲既能为先王服丧,又能体会先王的训诫和执政方针。这就是历史上有名的"伊尹放太甲"事件。在此期间,伊尹一面继续履行"师保"职责,规训太甲,一面摄国当政,以朝诸侯。

太甲在桐宫居忧三年,体会民间疾苦,进行深刻反省,灵魂深处终于爆发了革命,认识到自己以前犯下的过错。伊尹见太甲悔过自省,便率文武大臣,携带君王的冠冕服饰,去桐宫将太甲迎回都城,归政太甲,自己仍作阿衡。《孟子·万章上》:"太甲悔过,自怨自艾,于桐处仁迁义,三年,以听伊尹之训己也,复归于亳。"

太甲被接回来时,非常谦恭诚恳。《尚书·太甲》记载了当时的情景,太甲跪在地上,对伊尹拱行大礼,忏悔道:"我这个君王昏庸无能,不明白德行所在,自甘堕落,以致让个人的私欲败坏了国家的法度。我肆意放纵破坏了国家的礼仪制度,并很快使自己遭受了惩罚。"接着,他说了一句沿用至今的成语:"天作孽,犹可违;自作孽,不可逭。"上天落下的祸患,还可以逃避;自己造成的恶果,却无法逃脱。太甲说:"过去违背您的教训,没有做好,希望今后在您的匡扶补救之下,能够有个好结果。"

伊尹以大臣之礼稽首回敬说:"能搞好自身修养,又用诚信的美德对待臣民,就是明君。先王成汤注重为穷困百姓造福,所以天下臣民无不爱戴他……大王,你要努力做个有德之人,效法先祖,不可放逸懈怠。对待先人要有孝心,对待臣民要有平等心……"又说,"上天对人没有亲疏之分,只有恭敬者才为上天所亲信;百姓所向往并归附的君主并非固定不变,百姓只向往并归附施行仁政的君主……所以大王不要轻视百姓之事,事事怀有警畏心;不要安居高位,时时怀有危机感。而且,要做到慎终如始,善始善终。"

你别说,这个太甲还真争气,他以祖父成汤为榜样,在伊尹的帮助下,勤修德政,善待民众,把国家治理得井然有序,使商朝进入一个稳定繁荣期,"诸侯咸归殷,百姓以宁"。于是伊尹又作了《太甲训》三篇、《咸有一德》一篇褒扬太甲。太甲终成为有为之君,被其后代尊称为"太宗"。

太甲驾崩后,子沃丁即位,不久伊尹逝世,终年一百岁,一说八十一岁。伊尹死时,大雾三日。作为商初"五朝元老"和"第一帝师",沃丁以天子之礼将他安葬于亳地汤祖的陵寝旁,以表彰他的功业。

关于"伊尹放太甲而复立"一事,《左传》《孟子》《史记》均有记载,在成汤下世后的十多年时间里,商王三易其人,实际执掌国政的无疑是这位"伊小臣"了,如果没有伊尹的辅政摄政,苦撑危局,一手维系新造商邦于不堕,商王朝不堪设想,更不要说四海安宁了。

伊尹是历史上与周公齐名的一代贤臣。后来周武王灭商兴周,两年后驾崩,即位的周成王年幼,由叔父周公旦担任摄政王,这时就连周公的兄弟管叔、蔡叔、霍叔也都怀疑周公篡位,终致发生"三监之乱"。伊尹作为商朝的顾命大臣,放太甲而自行摄政,很容易被怀疑是僭越行为。所以《孟子·尽心上》指出:"有伊尹之志,则可;无伊尹之志,则篡也。"

孟子的担忧并非空穴来风。西晋武帝司马炎太康年间,在汲郡的战国墓中发现了一部古籍《竹书纪年》,其中就有这样的记载:

元年辛巳,王即位,居亳,命卿士伊尹。伊尹放太甲于桐,乃自立。七年,王潜出自桐,杀伊尹,天大雾三日,乃立其子伊陟、伊奋,命复其父之田宅而中分之。

这是说,伊尹篡位自立,七年后太甲自桐宫潜出,杀伊尹,复帝位。这一下掀起了轩然大波。一些人认为,伊尹是篡位被杀的乱臣贼子,改造太甲、归还国政只是儒家崇古之言。

对于"太甲杀伊尹"一说,南朝沈约、唐朝孔颖达、清朝崔述等人多予辩驳。其实,最早记载伊尹放太甲的《左传·襄公二十一年》就说:"伊尹放太甲而相之,卒无怨声。"不论是"放"还是"相",伊尹始终坦坦荡荡,而太甲到最后都无怨愤之辞,那么战国晚期的《竹书纪年》何来"太甲杀伊尹"?

如果伊尹放太甲是僭越之举,还会复立他的儿子吗?孔颖达《礼记正义》说:"若伊尹放君自立,太甲起而杀之,则伊尹死有余罪,义当污官灭族,太甲何所感德而复立其子,还其田宅乎?"

如果伊尹真是乱臣贼子,沃丁不可能以天子之礼将他安葬在成汤陵墓旁,更不可能让大臣咎单撰写《沃丁》一文歌颂伊尹的生平功绩(《史记·殷本纪》)。

《竹书纪年》也有"沃丁八年，祠阿衡"的记载，也证明了沃丁对伊尹的崇敬。

如果伊尹是乱臣贼子，殷人祀谱中也不会有伊尹崇高的地位。现存甲骨卜辞中有近四十条是关于伊尹的，内容主要有两项：一是历代商王都把伊尹与先公先王一同祭祀，二是把伊尹作为主宰风雨的神向他祈雨。

事实上，伊尹死后，沃丁也重用伊尹的儿子伊陟。伊陟继承了父亲爵位封号，并与父亲一样，历任沃丁、沃丁之弟太庚、太庚之子小甲、小甲之弟雍己、雍己之弟太戊等两代五任商王的宰相。雍己在位时，商朝一度衰落，许多诸侯不来朝贡。太戊当政时，亳都出现了桑树和楮树合生在朝堂上的怪异现象，一夜之间就长得有一抱粗。太戊帝很害怕，就去问伊陟。伊陟说："我曾经听说，妖异不能战胜有德行的人，会不会是您的政治有什么失误啊？希望您进一步修养德行。"太戊听从了伊陟的规谏，那怪树就枯死而消失了。太戊帝在太庙中称赞伊陟，说不能像对待其他臣下那样对待他。伊陟谦让不从，写下《原命》，为的是重新解释太戊之命。就这样，商朝的国势再度兴盛，诸侯又来归服，史称太戊为"中宗"。

伊尹、伊陟父子同为商朝宰相，同为五朝元老，史所罕见。终殷商一朝，伊氏历为国老、商朝贵族。

| 第三章 |

姜太公：工商立国奠定八百年江山

姜太公（约公元前1156年~前1017年），商末周初人，姜姓，吕氏，名尚，又名涓，字子牙。七十岁前，一直在商朝都城朝歌以宰牛、贩牛或在孟津做小买卖为生，可谓半生寒微。七十多岁后在渭水垂钓，被周文王发现，尊之为"太公望"，奉为国师，后来周武王又尊之为"师尚父"。年逾古稀的姜太公遇到周文王后，成就了两件大事：一是辅佐周文王、周武王父子兴周灭商；二是因首功被分封到齐国，成为齐国的开国之君，从此齐国在周朝八百年间一直是东部地区最发达最繁荣的诸侯国，史称"齐太公"。

姜太公是中国古代影响久远的韬略家、军事家和政治家，道、法、兵、纵横诸家都誉他为本家人物，被誉为"百家宗师"。然而太史公在《史记·货殖列传》中第一个提到的商家竟然也是姜太公！姜太公怎么会出现在司马迁专门为工商业者所写的传记中呢？姜太公和工商业有什么关系呢？又有哪些商业智慧呢？

屠牛朝歌，垂钓渭水

姜太公的先祖伯夷是神农炎帝、共工之后，姜姓，唐尧时期担任四岳之官，虞舜时为掌管礼仪的秩宗，后又辅佐夏禹平治水土有功，为大禹"心吕之臣"（心腹之臣），故封其为吕侯，也作甫侯（《尚书》有《吕刑》，亦作《甫刑》），封地在今河南南阳西。夏、商、周三代，均为诸侯国。公元前680年，吕国被楚国所灭，其后，子孙以国为氏，并尊伯夷为吕姓始祖，散居于韩、魏、齐、鲁之地。可见，姜太公为姜姓，吕氏。

关于姜太公的籍贯，有两种说法：一是东海说。《孟子》的《离娄上》和《尽心上》两章都提到姜太公为了躲避商纣暴虐而"居东海之滨"；《史记·齐太公世家》也说是"东海上人""隐海滨"；《吕氏春秋·首时》说是"东夷之士"。东夷指当时东方各少数民族，东夷之土，即泛指淮河中下游这些少数民族居住之地。据此，一般认为姜太公的出生地在今山东东部黄海之滨的日照、莒县一带。二是河内说。东汉史家高诱注《吕氏春秋·首时》和《淮南子·氾论》时两度把姜太公注释为"河内汲人"，西晋汲郡出土的《竹书纪年》也载录姜太公为"魏之汲邑人"，北魏郦道元《水经注》据当时庙碑载为"河内汲人"。据此，有人认为姜太公是今河南卫辉市汲县太公泉镇吕村人。笔者推测，姜太公或出生于古吕国之境的河内汲县，后来为了逃避商纣暴政，隐居东方海滨。

姜太公有着显赫的家世，但到他这一代家境已经败落。很多历史文献中都提到他遇周文王之前一直不得志，直到古稀之年还在商朝都城朝歌屠宰牛羊，在盟津摆饭摊。《尉缭子》说"太公望年七十，屠牛朝歌，卖食棘津"；《韩诗外传》说"吕望行年五十，卖食棘津，年七十，屠于朝歌"；刘向《说苑·尊贤》说"太公望，朝歌之屠佐也，棘津迎客之舍人也"。

殷商时期"牛市"发达，已有牛类交易经纪人，即牛牙人；西周时期，养牛业空前繁荣，有人养九十头牛还嫌太少。《诗经·无羊》："谁谓尔无牛，九十其牛犉。"《周礼·地官》有"牛人"一职，掌管供应各种肉牛和军需所用的役牛，分为宾客之牛、积膳之牛、膳羞之牛、军事用的犒牛、丧事用的奠牛及军旅行役的兵车之牛。姜太公是以牛为图腾的神农炎帝的后裔，长期在商朝都城朝歌开店杀牛卖肉，兼做牛牙人，所以又名"姜牙""姜子牙"。这个牛牙出身的姜太公，满腹经纶，纵论天下，在时人看来，似乎精神不正常，谓之"狂夫"。

还有一种说法，姜太公曾经是一个赘婿，因为不擅生计而被老妇逐出家门。《战国策·秦五》说："太公望，齐之逐夫，朝歌之废屠。"刘向《说苑·杂言》

说:"太公田不足以偿种,渔不足以偿网",《说苑·尊贤》又说:"太公望,故老妇之出夫也。"东汉高诱注《战国策》"齐之逐夫"时说,姜太公作为赘婿,因谋生乏力,最后被老妇逐出。笔者认为,这兴许是刘向、高诱之辈的文学想象,如明代神话小说《封神演义》里塑造了一个七十多岁的老道士姜太牙,下山经商,无事不败,卖面粉被风吹,卖布匹被雨淋,老婆还吵闹着离婚。在我看来,"逐夫"应该是指姜太公是奔走四方的商贩,即逐利之徒。

为什么姜太公满腹经纶,到七十多岁却还如此受穷呢?

客观上,当时是奴隶社会,手工业生产和商业都控制在奴隶主手中,叫作"工商食官"。普通百姓要想从事工商业,得投靠他们充当他们赚钱的工具,或者是从事奴隶主不屑于干的。他虽然有本事,但没办法改变社会制度,所以只能干点小事。主观上,他有远大的政治抱负,想干的是大事,但是当时朝政黑暗,他不愿意跟这些人同流合污,只好当百姓,当然只能穷。《史记·齐太公世家》说,姜太公曾经在商朝做官,因目睹商纣王暴虐无道,就离开了。从此,他四处游说列国诸侯推翻商纣,却一直未得知遇之君,于是隐居东方海滨。

姜太公的命运转机出现在遇到周文王之后。《离骚》说:"吕望之鼓刀兮,遭周文王而得举。"姜太公在朝歌当屠夫时,遇到周文王,对其说:"下屠屠牛,上屠屠国。"言外之意,推翻商朝与宰杀牛羊是一个道理,得乎其手,应乎其心,游刃而有余!周文王惊叹他的抱负和韬略,就任命他为太师。

更普遍的说法则是,隐居在海滨的姜太公听说周文王求贤若渴,广揽天下贤士,正做着灭商梦,于是不顾自己年逾古稀,驱赶牛车,一路西行,到了渭河北岸,隐居磻溪,天天垂钓,风雨无阻。

姜太公身在钓鱼,心却不在钓鱼上,钓钩是直的,钩上没有鱼饵,又不放到水里,就举着,一边念叨:"负命者上钩来!"当地人看到这个情景,觉得滑稽,这事就流传开来了。这就是后世所说的:"姜太公钓鱼,愿者上钩。"原来这是姜太公策划的一场秀:渔翁之意不在鱼,而是别有所钓!

姜太公直钩钓鱼的故事大概也传到了周文王那里。一天,周文王准备外出狩猎,让卜官占一卦,卦辞说:"所得猎物,非龙非螭,非虎非熊,所得乃是成就霸王之业的辅臣。"于是，周文王率一班人马到渭河两岸狩猎，在磻溪遇到姜太公，与他一聊，果然谈吐不凡，见识高远，不禁大悦，说："我古公太王就说，'一定有圣人来到我们周国，周国从此将兴旺发达。'莫非说的就是您吧？我们太公盼望您已经很久了！"说罢，就尊他为"太公望"，当即请他乘坐自己的驷车，二人同车而归，并拜他为太师。

笔者推测，或许周文王当年到商都朝拜纣王时，就慕名拜访过朝歌市场上屠牛的"狂夫"姜太公。因有朝歌的一面之交，才有了多年之后的渭水之遇。

那么姜太公投奔周文王，为什么非要跑到渭水边呢？中国政法大学商学院李晓先生这样分析：一是因为他是普通老百姓，来到周部落时，谁也不认识，没途径见周文王，是想吸引人们眼球，进而引起注意，这是商业营销的技艺，他深谙此道。今天这样的营销手段也是常用的。二是他想试探周文王。当时传周文王贤能，是不是果真如此？所以要试探一下。这是双向选择，这个过程跟做买卖一样。良臣择主而侍，良臣是有本事、有道德、有抱负、讲原则的人，对自己的领导有要求，不会随便贱卖自己，一定得卖出好价钱。要得到重用，明君才是他们的首选。对于明君，懂得尊重人才，是必不可少的条件。要考验要试探，所以他跑到渭水边钓鱼，实际是边打广告边讨价还价。这样的讨价还价，不是说多要个三块五毛的，而是试探一下这个周文王是不是真正懂得人才价值，是不是自己心目中的理想买主，值不值得把自己"卖"给他。这充分体现了商人的智慧。

这种试探有没有风险呢？当然有，假定周文王读不懂这背后的台词，此举就会失灵。再比如，周文王不是自己去，而是坐等，这样的招数也可谓失算。因为信息传递不到，就钓不到周文王。他是商业经验丰富的人，这一招不行会换招。市场形势从来有好有坏，低迷时，好东西就卖不出好价钱，所有招数用尽，没找到好客户时，只能说明市场形势糟糕。人生不逢时，难尽其用，这种情况，只能知难而退，大隐何尝不是明智的选择呢？姜太公运气算不错，立志投身政治，碰上的客户还是不错的——周文王识货。

不过，即使周文王识货，周国那些王公大臣认不认账呢？据《庄子·田子方》记载，周文王在臧地遇到姜太公，想把国事交他办理，又担心大臣和父兄辈族人不能悦服,凭什么让一个无功于周邦的老朽对我们指手画脚呢?于是文王假托先君王季托梦于己,就在早朝时对大夫们说:"昨天夜里我梦见一位好人,面黑两颊长满长须,骑的杂色马有一只蹄子是赤色的,他命令我说:'将你的国事托付给臧地老者,天下百姓就可以解除痛苦了!'"诸位大夫惊惧不安地说:"这不就是先君季历吗!"文王说:"让我们占卜一下吧,可不可以将国事托付给那个臧地老者。"诸位大夫说:"先君的命令,大王无可怀疑,又何必占卜呢?"于是就迎接臧地老者,授予国事。

从此,姜太公追随周文王,共商灭商大计。

兴周灭商,首封齐国

还有一种说法。姜太公原本是一个隐士,隐居在东方海滨。周文王被商纣王囚禁在羑里时,文王之臣散宜生、闳夭二人久闻姜太公之名而千里迢迢专程到海滨召请他。姜太公也说:"我听说姬昌贤德,又一贯尊重关心老年人,何不前往?"于是三人为了营救文王,就设法找来有莘氏的美女,骊戎地区出产的红鬃白身、目如黄金的骏马,有熊国出产的三十六匹好马,还有其他一些珍奇宝物,通过纣王的宠臣费仲献给纣王。纣王见了这些非常高兴,说:"这些东西中,只要有一件就可以释放西伯了,何况这么多呢!"于是赦免了西伯姬昌,还赐给他弓箭斧钺,赋予他征讨邻近诸侯的权力。

周文王从羑里脱身归国后,姜太公与他暗中策划如何推行德政以推翻商纣政权。第一步是"对上",献出洛水以西的土地,请求纣王废除"炮烙之刑",这种刑罚就是在铜柱上涂上油,下面烧起炭火,让受罚者爬铜柱,爬不动了就落在炭火里活活烧死。纣王答应了西伯的请求,天下诸侯都知道这是西伯姬昌做的好事。第二步是"对内",定爱民之策,行惠民之事,提倡生产,训练兵马。第三步是"对外",积极联络对纣王不太满意的其他诸侯国,让他们向纣王及时纳贡,使纣王放松警惕。

周文王暗中做善事,诸侯都来请他裁决争端。当时,虞国人和芮国人为了一块边界土地发生争执，就一块儿到周国来，请求西伯给予决断。进入周国之境后，发现种田的人都互让田界，人们都有谦让长者的习惯。虞、芮两国发生争执的人，还没有见到西伯，就觉得惭愧了，都说："我们所争的，正是人家周国人以为羞耻的，我们还找西伯干什么？只会自讨耻辱罢了！"于是各自返回，都把田地让出然后离去。诸侯听说这件事后都说："西伯恐怕就是承受天命的君王吧！"

被天下诸侯尊为"受命之王"后，周文王先后征伐了犬戎、密须、耆国。商朝宰相祖伊听说了，非常害怕，把这些情况报告给纣王。纣王说："我不是承奉天命的人吗？他这个人能干成什么！"紧接着，周文王又征伐了邘国、崇国，同时大规模营建丰邑，并将周都从岐山迁都到丰京。至此，天下三分之二的诸侯都归心向周，其中多半是姜太公谋划筹策的结果。

西伯姬昌在位五十年而崩，谥号文王；太子姬发即位，是为周武王。周武王的正妃正是姜太公的女儿邑姜，尊称姜太公为"师尚父"，令其继续担任太师，同时让弟弟周公旦担任辅相，还有召公、毕公等人辅佐。

武王九年，想继续完成文王大业，于是东征商纣，察看诸侯是否云集响应。出师之际，师尚父左手拄持黄钺，右手握秉白旄誓师，说："各位掌管舟楫的官兵，统领好你们的兵众，把好船桨，赶不上队列的一律斩杀。"于是兵至盟津，各国诸侯不召自来有八百之多。诸侯都说："可以征伐商纣了！"武王说："你们不了解天命，现在还不是时候。"于是班师而还，与太公共同写下了讨伐商纣的《太誓》檄文。

又过了两年，纣王荒淫暴虐到了极点，杀死了屡次上谏的伯父比干，囚禁了装疯卖傻的叔父箕子，太师疵、少师强也抱着乐器逃奔到周国来了。姜太公见时机成熟，就向武王提出伐纣建议。武王于是通告诸侯共同征伐。姜太公精选兵车三百辆，勇士三千人，甲士四万五千人，组成伐纣大军。出征前，武王占卜了一卦，龟兆显示不吉利，狂风暴雨突然降临，周朝群臣恐惧万分，只有姜太公强力劝告武王进军，武王于是出兵。十二月戊午日，东征军全部渡过盟津，诸侯都来会合。十二年二月甲子日拂晓时分，周军到达商都朝歌郊外七十里处的牧野，各诸侯率兵车四千乘会合。纣王慌忙从征伐东夷的部队中紧急调回七十万（一说十七万）兵马赶到牧野。战幕一揭开，姜太公亲率少部精锐为先锋在前面挑战，随后周武王率领大队人马攻击商纣王的军队。商军人多势众，但士卒与商纣王离心离德，纷纷倒戈。纣王见大势已去，急忙逃回朝歌，登上鹿台，自焚而死。

第二天，姜太公引武王进入商都朝歌，武王立于社坛之上，群臣手捧明水，卫康叔封铺好彩席，师尚父牵来祭祀之牲，史佚按照策书祈祷，向神祇禀告讨伐罪恶商纣之事，诏告天下商朝灭亡，周王朝诞生。同时散发商纣积聚在鹿台的钱币，拓开商纣囤积在钜桥的粮仓，用来赈济贫民；培筑加高比干的坟墓，释放被囚禁的箕子；把象征天下最高权力的九鼎迁往周国，修治周朝政务，与天下之人共同开始创造新时代。上述诸事，太史公《齐太公世家》说"师尚父谋居多"，即多半是采用师尚父的谋议。

姜太公半生寒微，择主不遇，因而屠牛朝歌，卖食盟津，但他能动心忍性，观察风云，静待时机，终遇明主，辅佐文王，修德振武，以求兴周。而周国从古公亶父起，就盼望能得到一位武能安邦、文能治国的贤才，来辅助周国实现灭商兴周的任务，所以周文王尊姜太公为"太公望"，任命为"太师"。这是西周王朝"三公"中的最高长官，既主军，也问政。太史公《齐太公世家》称"天下三分，其二归周者，太公之谋计居多"，足见姜太公在周朝中的地位之重。到周武王执政时，又以"师尚父"相称，其尊崇权贵无以复加。牧野之战，灭商盛周，姜太公立下首功。《齐太公世家》又说："后世之言兵及周之阴权，皆宗太公为本谋。"这是说，后世谈论用兵之道和周朝的隐秘权术的，都尊法姜太公的基本策略。相传姜太公著有《六韬》，又称《太公六韬》《太公兵法》《素书》，是一部集先秦军事思想之大成的著作，北宋神宗元丰年间，被列为《武经七书》之一，为武学必读之书。姜太公被誉为兵家权谋类的鼻祖。

推翻了殷商的统治之后，周武王将都城从丰京迁到镐京，但他日夜操劳，寝食不安，因为他知道"打江山难，坐江山更难"。殷商贵族会不会伺机反叛？中原大地那无数的方国，是否愿意臣服于西周的统治？尤其是东夷族内方国林立，殷商王朝建立数百年都未能彻底让他们臣服，以至于拖垮了自身，更何况刚刚取代殷商的西周了。

种种的内忧外患使得周武王想出了一个新计策：分封制，即将自己部族的贵族和朝中大臣分封各地，既能牵制各地方国，又能充当周朝统治中心的屏障，所谓"封建亲戚，以藩屏周"。当然，周武王分封诸侯是颇有一番讲究的，由疏及亲、自远而近分四个层次：

第一个把商朝故地赐封给纣王的儿子武庚禄父，此举为了安抚商朝遗民，稳定天下人心；同时派弟弟管叔鲜、蔡叔度、霍叔处辅佐武庚禄父治理殷国，名义上是协助，实际上是监控，史称"三监"。

第二个层次是分封历代圣王的后裔，如赐封神农氏的后代于焦国，黄帝的后代于祝国，尧帝的后代于蓟国，舜帝的后代于陈国，大禹的后代于杞国。此举让人感觉周王朝慎终追远，可使民德归厚。

第三个层次是分封功臣谋士。因姜太公功勋卓著，第一个被赐封到营丘，国号为齐。

第四个层次是分封姬姓亲族，如把弟弟周公旦封于鲁，封召公奭于燕，封弟弟叔鲜于管，封弟弟叔度于蔡。其他人各自依次受封。

据《史记·货殖列传》记载："太公望封于营丘，地潟卤，人民寡。"当时的营丘是一个僻远荒凉之地，都是盐碱地，不适于种植庄稼，所以人口稀少，其实还没有真正纳入周王朝的势力范围，只是周天子发的一张委任状，告诉他这儿将来叫齐国，你就是那儿的国君了，如此而已。名义上把这儿分封给了齐国，剩下的还得姜太公自己去搞定。中国政法大学李晓先生说，为什么姜太公身为功臣，却被分封到这样一个不理想的荒凉海隅呢？原因是周朝分封，以亲屏周，近亲分封到不错的地方，有的条件好，有的战略要地，姜太公属于外人，只好往后排了。

笔者不认同这种说法。恰恰相反，周武王"以亲屏周"，就要把最亲近的人分封到事关周朝存亡的战略要地去。当时周朝的重心在关中，中原地区原属商朝领土，所以周武王派三兄弟到殷商故地集中监督武庚禄父，这是对殷商遗民恩威并施。特别是东夷一带方国林立，尚未稳定，所以他将最偏远的东方海隅分封给自己身边两个最重要的人：泰山以南封给胞弟周公旦建立鲁国，泰山以北封给岳父兼太师姜太公建立齐国。这样一来，自己坐镇西边的镐京，师尚父和周公旦这两个左臂右膀控制东方的齐、鲁，这样东进西联，遥相呼应，周朝的江山就稳固了。周武王临死前还想营建东都洛阳，其目的也是为了控制东方。由此可见，把姜太公分封到齐国，并不因为他是外人，恰恰相反，这是周武王委以岳父保护周朝江山的重任！当然，把齐地封给姜太公还有一个因素，即姜太公本身就是东夷人，熟知东夷各国的山川地理和风土人情，可以起到"以夷制夷"的效果。

按人之常情，姜太公在灭商立周过程中立下首功，周武王这个女婿怎么也得封他在三百里沃野的关中平原，怎么会撵到僻远荒凉的东方海滨去呢？从《齐太公世家》的记载看，"东就国，道宿行迟。"说是姜太公在东去封国就任的路上，走走停停，速度很慢，快到时，干脆住下来。有人推测，姜太公对自己的封邑不满意。笔者认为，姜太公"道宿行迟"或许另有原因。周武王灭商后，因操劳过度，体弱多病。或许姜太公不是当年就到封地去就任，而灭商第二年，周武王就病逝了，年幼的太子姬诵即周成王继位。在这种情况下，周公旦就没有去鲁国就国，而是派他的儿子伯禽去，自己留在镐京辅佐周成王，担任摄政王。那么，作为武王岳父、成王外公的姜太公，是不是也担心周朝廷出现动荡呢？当时很多人都有这种担心，年幼的周成王会被周公旦这个摄政王架空甚至篡位，如不久的"三监之乱"就是打着保卫周成王的旗帜。那么作为外公的姜太公是不是也会有这种顾虑呢？

不论是什么原因，反正连旅馆的老板也看出来了，说："吾闻时难得而易失，客寝甚安，殆非就国者也！"意为：我听说机不可失时不再来，你们这些客人睡起觉来如此香甜安逸，哪像赴国建都的样子！姜太公听闻此言，突然惊醒，急命整顿人马披星戴月赶赴营丘。

黎明时分到达淄河西岸，不料莱侯正率军气势汹汹涉水奔营丘而来。原来莱国与营丘离得很近，是商纣王的属国，莱侯想趁姜太公立足未稳之际抢占营丘。两军在淄河西岸展开对垒，姜太公指挥镇定自若，士兵作战英勇顽强，莱军被杀得丢盔弃甲，悻悻而回。齐国就这样正式建立起来。

尊贤尚功，工商立国

对于姜太公赴齐国上任一事，《史记》等文献有着比较详细的记载，但也有学者质疑姜太公是否真的到了齐国就任。因为当时周公旦虽然被册封于鲁国，但他一直留在中央辅佐武王和成王，所以只得派儿子伯禽替自己前往鲁国就任。那么，同样是周朝廷举足轻重的姜太公，是否也与周公一样留在中央，而派他的儿子吕伋前往齐国就任呢？据史料记载，姜太公过世后并未埋葬在齐国，而是埋在了周朝国都附近，时至今日，考古学家们仍未发现其墓地。笔者认为，受封伊始，姜太公到齐国就任，后来出现"三监之乱"，姜太公或许奉命领军平叛，在平叛之后，鉴于形势需要，就留在镐京，与周公一起辅佐成王。因为各种史籍显示，姜太公确曾到齐国就任，一方面入乡随俗、尊贤尚功，以法治国；一方面以工商立国，大力发展渔盐业和纺织业，为齐国此后八百年的统治打下了坚实的基础。

姜太公治齐，先从文化入手，入乡随俗，赢得民族认同，然后在政治上举贤尚功，经济上工商并举，使得偏远荒凉的海滨之国很快崛起成为东方大国。

姜太公治理齐国的总体方针是："因其俗，简其礼。""俗"，指"夷俗"，即当时东夷人的生活方式；"礼"，指"夷礼"，即当时东夷人的礼仪制度。姜太公认为，如果在齐地强力推行"尊尊亲亲"那套周礼，容易产生民族矛盾，不利于治国安邦。经过再三斟酌，他决定从齐地实际出发，简化君臣之礼，顺从当地习俗，不强迫当地人去接受周礼，而是务实地创造了既让齐民乐于接受又不太悖周礼的新制，循循善诱地让当地人逐渐接受。关于治理人民，太史公在《史记·货殖列传》中这样说："善者因之，其次利道之，其次教诲之，其次整齐之，最下者与之争。"意思是，最好的办法是顺其自然，其次是随势引导，其次是加以教诲，再次是制定法律规章以约束，最坏的做法是与民争利。姜太公这种因俗简礼的做法，堪称道家"无为而治"的最高境界。古往今来，凡是新官上任三把火的，大刀阔斧，雷厉风行，往往要倒霉，如商鞅在秦国变法，白起在楚国变法，结果不是五马分尸，就是伏尸箭下。一个高明的领导，往往像商王武丁和平楚庄王一样，三年不言。三年不鸣，一鸣惊人；三年不飞，一飞冲天。

在赢得民族认同感的基础上，姜太公在政治上实行"以法治国，举贤尚功"。当时司寇营汤阳奉阴违，受贿害民，并妖言惑众，宣称要以所谓的"仁义"治齐，姜太公令人把营汤斩首，以正视听；在东海地区有"贤人"之称的狂矞、华士兄弟，声称自己"不臣天子，不事诸侯"，以"非暴力、不合作"的姿态和平对抗新生的齐国。姜太公认为他们自私自利，不为国家尽义务，是害群之马，就下令诛杀他们。一时间齐国再也没有违抗命令法规的事情了，混乱局面迅速得到了安定。政局安定后，姜子牙大量起用东夷土著人才，凡是考核符合选贤标准的人，不分亲疏，用其所长，最大限度发挥当地人的积极性和创造性。这一用人路线打破了西周以血缘关系为基础的"尊尊亲亲"的正统思想束缚，不仅开创了任人唯贤、唯才是举的人才使用先河，也为后来齐国称霸列国奠定基础。

文化认同、政治稳定之后，姜太公开始大力发展经济。

无论任何时候，战略性资源都是一个国家变强必不可少的东西。当今世界战略性资源是石油，美国前国务卿基辛格曾说过："如果你控制了石油，你就控制住了所有国家。"

不过在西周时期，决定一个国家能否强盛的战略性资源并非是石油，而是土地、粮食与人口，谁的土地多、人口多、粮食多，谁就有可能称霸。

但是在姜太公初到齐国时，他所得到的却是一块人口稀少、沼泽遍地、土壤盐碱化严重的封地。《史记·货殖列传》的说法是"地潟卤，人民寡"，《汉书·地理志》也说"齐地负海潟卤，少五谷而人民寡"。即使是到了齐桓公即位时，其耕地状况依然不容乐观，齐国一直是一个粮食输入国。可见，"以农为本"的提法并不符合齐国的实际。

那么姜太公是如何发展齐国经济的呢？简言之即避开农业制约，因地制宜，确定"工商立国"发展战略。

一是发展渔盐业。由于齐地靠海，有丰富的鱼、盐资源，因此姜太公大力地发展盐业。盐和铁是当时人们生活必不可少的资源，通过出口盐来换取粮食，发展国内的经济。到齐桓公即位任用管仲改革后，齐国干脆将盐作为国家掌控，以此与诸侯各国进行交易，从中获取巨大的利润。

二是发展纺织业。据史料记载，齐地素有植桑养蚕、制陶、冶炼等传统手工业，所以姜太公就以此为契机大力发展这些手工业，特别是利用女工发展纺织业。一方面使得父系社会已退居二线的妇女走上前台，另一方面使作为副业的纺织业成为齐国的支柱产业。

三是发展外贸业。姜太公利用齐国海陆交通便利、人民有重商传统的优势，大力发展陆路和海路贸易，推行与列国通货的外贸政策。

在"工商立国"宏观战略和"三大支柱产业"的带动下，齐国生产的服装、鞋帽、海产品、食盐畅销天下，从海滨到泰山之间的诸侯都整好衣袖来齐国朝拜，各国人民纷纷来到齐国定居，齐国从一个偏僻荒凉的海隅小国一跃而成为雄居东方的经济强国。

> 太公望封于营丘，地潟卤，人民寡，于是太公劝其女功，极技巧，通鱼盐，则人物归之，繈至而辐辏。故齐冠、带、衣、履天下，海岱之间敛袂而往朝焉。（《史记·货殖列传》）

> 太公至国，修政，因其俗，简其礼，通商工之业，便鱼盐之利，而人民多归齐，齐为大国。（《史记·齐太公世家》）

姜太公的工商立国发展战略之所以成功，无非表现在三方面：

一是实事求是，从实际出发，因地制宜，扬长避短，确立工商立国发展战略；

二是从发展实体经济入手，发展纺织业、渔盐业、国际贸易，直到春秋前期齐桓公称霸，乃至战国后期齐国繁荣，八百年间一直是齐国的三大支柱产业，真正做到了可持续发展；

三是改进技术，提高质量，这在纺织业中表现尤为突出，齐都临淄是中国最早的纺织业中心。

历来后人都喜欢把姜太公治齐和周公治鲁的执政理念做一个对比。周公旦是周文王的儿子,周武王的弟弟,以"制礼作乐"闻名,所以作为姬姓族裔的鲁国,素来尊崇周礼,对于下属的臣民也是以周礼教化,让他们习惯这种礼仪和文化,是中国"儒文化"的代表。而姜太公是神农后裔,姜姓,作为周武王的岳父、太师,他是外戚,相对来说没有太大的周礼约束。所以他到齐国后,入乡随俗,讲求事功,依法治国,是中国"商文化"的代表。

《淮南子·齐俗训》中曾载录这样一个故事:在武王分封之后,周公曾与姜太公聊起如何治理各自的封地,周公的回答是"尊尊亲亲",尊崇地位高的人,亲近自己的亲属宗族,一切循礼而行。姜太公的答案则是"举贤而上功",唯才是举,因功授爵。显然,周公讲求尊卑之礼,姜太公注重事功之利。姜太公认为鲁国"尊尊亲亲"会致国势日益衰落;而周公则认为齐国的"尊贤尚功"会使得很多人会因为功绩而逐渐飞扬跋扈,导致被他姓篡夺君位。

> 昔太公望、周公旦受封而相见,太公问周公曰:"何以治鲁?"周公曰:"尊尊亲亲。"太公曰:"鲁从此弱矣。"周公问太公曰:"何以治齐?"太公曰:"举贤而尚功。"周公曰:"后世必有劫杀之君。"(《淮南子·齐俗训》)

两位西周开国之君还真有先见之明,后来的齐鲁两国正如他们所说的那样:提倡"尊尊亲亲、长幼有序"的鲁国发生了庆父乱政,使得鲁国国力直线下降;而提倡"尊贤尚功"的齐国则因为国君无法阻止田氏势力的膨胀最终丢掉了王位,田氏齐国取代了姜氏齐国。两位智者若地下有知,不知作何感慨。

《史记·鲁周公世家》也记载了一个相近的故事:伯禽到鲁国后,直到三年后才向周公汇报施政情况。周公问伯禽:"为什么这么晚来述职?"伯禽说:"变其风俗,改其礼仪,要等服丧三年除服之后才能看到效果,因此迟了。"姜太公受封于齐国,五个月后就向周公汇报施政情况。周公问姜太公:

"为什么这么快就来述职？"姜太公说："我简化君臣之间的仪节，一切顺从当地的风俗去做，所以这么快就来了。"当周公听到伯禽述职后，叹息道："唉！鲁国后代将要成为齐国之臣了。为政不简约易行，人民就不会亲近；政令平易近民，人民必然归附。"

鲁公伯禽之初受封之鲁，三年而后报政周公。周公曰："何迟也？"伯禽曰："变其俗，革其礼，丧三年然后除之，故迟。"太公亦封于齐，五月而报政周公。周公曰："何疾也？"曰："吾简其君臣礼，从其俗为也。"及后闻伯禽报政迟，乃叹曰："呜呼，鲁后世其北面事齐矣！夫政不简不易，民不有近；平易近民，民必归之。"（《史记·鲁周公世家》）

诚然，周公倡导"尊尊亲亲、长幼有序"，此后的鲁国奢谈仁政，鄙视工商而积弱不堪，屡屡受制于齐国；姜太公倡导"因俗简礼、尊贤尚功"，此后的齐国工商立国，称霸诸侯。齐鲁立国五百年后，齐景公向鲁国大儒孔子问政，孔子说："君君、臣臣、父父、子子。"齐景公听得兴奋，准备将尼溪之田赐封给孔子。齐相晏子劝阻齐景公说，孔子那一套繁文缛礼听起来很漂亮，用起来不切实际，"累世不能尽其学，当年不能究其礼。"齐景公一听，也是，便冷淡了孔子。

虽然齐、鲁两国都历时八百年之久，但奉行周礼的鲁国到了战国时期，长期处于苟延残喘状态，公元前256年为楚国所灭；而讲求事功的齐国，由春秋初期的齐桓公"九合诸侯，一匡天下"，成为五霸之首，战国后期的齐国与秦国并称"东帝""西帝"，直到公元前221年秦始皇统一中国，齐国才最后一个被秦国灭亡。

可以这么说，姜太公的治国方针为齐国八百年强盛奠定了坚实基础。如果我们从"无工不富，无商不活"的现代视角看，齐国成为东方强国乃是自然而然的事。

姜太公是大器晚成和商人立国、工商强国的典范。

| 第四章 |

管鲍之交：合伙经营，图霸天下

管仲（公元前725~前645年），姬姓，管氏，名夷吾，字仲；鲍叔牙（约公元前723~前644年），姒姓，鲍氏，名叔牙。两人都是春秋前期颍上（今安徽）人，出身贫寒。早年合伙经商，人称中国历史上最早的合伙制企业。鲍叔牙先则让利，由管仲担任合伙公司的CEO；后又让贤，保举管仲担任齐国的CEO。然后两人一同辅佐齐桓公九合诸侯一匡天下，成为春秋首霸，史称"管鲍之交"。

管仲相齐四十年间，推出了一系列富国强兵之策，史称"管仲改革"。他首创招商引资、国际贸易、货币战争等工商强国的"轻重之学"。其士农工商"四民分业"制，构建了我国最早的职业教育体制；盐铁专卖制，则成为汉代盐铁专营制的滥觞；"女闾"制更开创了国家经营娼妓业的先河，比公元前594年梭伦创立雅典国家妓院至少早五十年。

管仲的重商主义思想，比西方重商主义学说的两位代表人物英国的托马斯·孟和法国的德·蒙克莱田早两千三百年；其富国强兵之策，比亚当·斯密的《国富论》早两千四百年，比马克思《资本论》经济基础决定上层建筑论早两千五百年。特别是管仲通过货币战争倾覆天下诸侯，成为当今世界和平演变和大国崛起的先声。

管鲍之交,经商经国

管仲的父亲是齐国大夫,在其幼年时就过世了,家道由此败落。管仲与母亲相依为命,家境十分贫寒,所以很早就负起了养家的重担。少年管仲干过很多卑贱的工作,砍过柴,摆过地摊;稍微长大后,又做过马夫,做过小买卖,还做过政府小职员,甚至当兵打过仗。

年轻时的管仲做了很多事,却没有一件事是成功的,但管仲是幸运的,他遇上了鲍叔牙。鲍叔牙的家庭也是一个家道中落的贵族,只是没有落得像管仲家那么惨,这种同病相怜的境遇最容易让人产生共鸣。鲍叔牙比管仲大两三岁,很欣赏管仲的聪明才智,他爱屋及乌,经常接济这对母子。鲍叔牙还跟管仲商议合伙做生意。

管仲何尝不是像鲍叔牙这样想呢?摆地摊,赚不了大钱;替人打工,永远发不了财;自己做生意或许能脱贫致富。可开公司,必须有资本。他正为此苦恼着呢!

鲍叔牙几乎承担了全部投资,仅让管仲出一点点,只要他人来就行。有史家称,这是中国历史上最早的合伙制企业,今天股份制就是从这儿发展起来的。显然,鲍叔牙是主要投资者,是董事长;管仲主要是人力资本入股,是CEO。

自古人与人之间合作不易,合伙谋利更难。但鲍叔牙和管仲合伙经营,显然经受了三次考验:

第一次考验是管仲分红时总是多拿多占。

> 吾少穷困时,尝与鲍叔贾,分财多自与,鲍叔不以我为贪,知我贫也。(《列子·力命》)

按说谁的股份比例大,谁的分成多。现在的情况却相反,管仲这个CEO总是拿走大头,鲍叔牙这个董事长只拿小头。伙计们看不下去了,就为鲍叔牙打抱不平。一般人得知这种情况，往往会受不了，但鲍叔牙理解管仲，说他这不是贪，当初跟他合伙做生意，目的就是想帮帮他，他家穷，上有老母，比我更需要钱。

第二次考验是管仲为鲍叔牙办事越办越糟。

> 吾尝为鲍叔谋事，而大穷困，鲍叔不以我为愚，知时有利、不利也。（《列子·力命》）

鲍叔牙全权委托管仲负责经营事务，管仲一心想把事业做大做强，谁知越管越赔，不仅生意没做好，反给鲍叔牙造成很多新困难。人们都认为管仲没有真本事。鲍叔牙却不这样看，认定管仲是个很有本领的人。事情没有办成，不过是机会没有成熟罢了。

第三次考验是管仲在南阳多次受辱而不敢还手。

> 吾尝与鲍子负贩于南阳，吾三辱于市，鲍子不以我为怯，知我欲有所明也。（刘向《说苑·复恩》）

管仲与鲍叔牙曾一同到南阳做买卖，坐地老虎欺行霸市，屡次欺负他们是外来商客，管仲每次受气总忍着，不与人家争执。伙计们都抱怨管仲胆小无能。鲍叔牙说，管仲这样做是对的，要明明白白地赚钱，和气生财嘛！

可是好景不长，两人的生意还没做大就先黄了。迫于生计，两人只能另寻出路，生意做不成，考公务员去。

接下去，他们的交情又经历三次考验：

第四次考验是管仲在政府当差时多次遭到辞退。

> 吾尝三仕三见逐于君，鲍叔牙不以我为不肖，知我不遭时也。（《列子·力命》）

管仲在政府部门找到了一份小差使，可是又多次都被君主免职，弄得他栖栖惶惶如丧家之犬。鲍叔牙不认为管仲没有才干，而是因为没有遇到识货的明君。

第五次考验是管仲当兵时多次临阵脱逃。

> 吾尝三战三北，鲍叔牙不以我为怯，知我有老母也。（《列子·力命》）

公务员的铁饭碗被砸后，管仲参军入伍，参军没几个月，边关就爆发了战事。作为军人，管仲被派上了战场。每次冲锋陷阵，管仲总比别人走得慢，每次撤退时却比谁都跑得快。战事结束，管仲回乡，迎接他的不是红花美酒，英雄赞歌，而是"贪生怕死""胆小如鼠"的唾骂声。鲍叔牙又为他开脱，说是因为管仲放不下家中的老母亲，好像就他会写《陈情表》，别人就没有父母似的。

第六次考验是管仲为仇敌效劳不以为耻。

> 公子纠败，召忽死之，吾幽囚受辱，鲍叔不以我为无耻，知我不羞小节，而耻功名不显于天下也。（《列子·力命》）

管仲退伍后，与鲍叔牙一同进入了齐国宫廷。当时齐僖公有三个儿子，诸儿、纠、小白。僖公立诸儿为太子，任命管仲为老二的师傅，鲍叔牙当老三的师傅。鲍叔牙不满意，称病不出。他认为，国君知道小白将来没有希望继承君位，又以为他没有才能，才让自己辅佐小白，这不明摆着劳而无功吗？管仲了解鲍叔牙的情绪后，劝导鲍叔牙说："诸儿虽然是太子，但品行不端，一定不会有好下场；而国内诸人因厌恶二公子纠的母亲，以至于不喜欢公子纠本人，反而同情三公子小白没有母亲。将来统治齐国的，不是公子纠就是公子小白。公子小白虽然没有公子纠聪明，而且还很性急，但有长远眼光。若不是我管仲，无人理解公子小白。公子纠即使日后废兄立君，也将一事无成。到时不是你鲍叔牙来安定国家，还有谁呢？"鲍叔牙听从了管仲的意见，出来接受任命,竭力尽心侍奉小白。不久,齐襄公诸儿与胞妹鲁桓公的夫人文姜秘谋私通,醉杀鲁桓公。管仲和鲍叔牙预感到齐国将会发生大乱,都替自己的主子想方设法寻找出路。公子纠的母亲是鲁君的女儿,管仲和召忽保护公子纠逃到鲁国去躲避;公子小白的母亲是卫君的女儿,卫国离齐国太远,鲍叔牙同公子小白跑到齐国的南邻莒国去躲避。公子纠和公子小白去的地方虽然一南一西,打算却都是一个,静观事态变化,伺机而动。九年后,公孙无知发动宫廷政变,杀死齐襄公;两个月多后,齐人又杀死篡位的公孙无知,一时无主。鲍叔牙想让小白捷足先登,准备回齐国上任。管仲为了让公子纠继位,半路上拦截他们,结果一箭射中小白,小白应声倒地,然后不慌不忙向齐国进发,第六天到达齐国边境时,却听说小白已经被拥立为齐君,这就是齐国历史上第十五任国君齐桓公!原来管仲的那一箭正射中小白的腰带钩,小白急中生智,装死逃过一劫。

齐桓公登位后,决定任命师傅鲍叔牙为相。鲍叔牙说:"主公如果只想管理好齐国,有高傒和我鲍叔牙就够了;如果想建立称霸天下的不世功业,那就非用管仲不可!"

齐桓公愕然:"那个差点要了我的命的管仲?我恨不得食其肉,寝其皮,岂能用他!"

鲍叔牙正色劝道:"我听说'贤君无私怨',况且人家管仲当时也是为了效忠他的主人,既然他能效忠他的主人,如果你重用他,也一定能效忠您,可以帮你射得天下,岂射钩可比呢?"

齐桓公沉吟良久。

鲍叔牙说:"我自知不能胜任相国之职,而且我与管仲相比有五个方面不如他:宽厚仁慈,能安抚百姓,我不如他;治理国家,能抓住根本,我不如他;忠信可结于诸侯,我不如他;能给国家制定规范和礼仪,我不如他;能站在军门前指挥练武,使将士勇气倍增,我更不如他。管仲有了这五个强项,所以要是他当相国的话,一定可以使齐国很快强盛起来。"

几天后,鲁庄公迫于齐国大兵压境,杀死了公子纠,召忽头撞堂柱殉身,管仲被囚回齐国。齐桓公尽弃前嫌,以"郊迎"大礼亲自迎接管仲并同车进城。

管仲与齐桓公一连谈论三天三夜，句句投机，即拜管仲为相国，并尊称"仲父"，同时委任鲍叔牙为大谏。

管仲从鲍叔牙的CEO跻身为齐国的CEO。世人都认为管仲没有节气，不仅不为主子效忠而死，还背叛主子为仇敌效劳。但鲍叔牙认为，管仲不是那种因为小节而感到羞耻的人，他认为男子汉大丈夫功名不曾显耀于天下才是最大的耻辱。

总之，在所有人都看不起管仲的时候，只有鲍叔牙一个人始终如一地站在他身边。

就在管鲍之前，楚国的卞和在荆山发现一块玉璞，献给楚厉王，楚厉王命人鉴别，说是石头，因欺君之罪被砍断左脚。到楚武王即位，卞和再次献玉，楚武王命人鉴别，仍说是石头，又砍断了他的右脚。后来楚文王即位，卞和抱玉恸哭于荆山下，泣血涟涟，文王派人去问他为什么哭。他说："这明明是宝玉，却一再说它是石头；我明明是忠贞之士，却因欺君之罪而被砍掉两只脚，这就是小臣所悲哀的啊！"楚文王终于被感动，让玉匠切开石头粗陋的外壳，瞬间光华乍现，日月无光。这块宝玉就是后来价值连城的"和氏璧"。鲍叔牙就是卞和，就是伯乐。他敏锐地发现，在管仲平庸的外表下蕴含着无限的力量。放马、经商、当兵，都不是管仲要做的，他应该有更大的舞台。此时的管仲尚处于蛰伏阶段，时机未至，只能"潜龙勿用"，一旦云销雾散，必然"飞龙在天"！

管仲到晚年时曾多次慨叹："生我的是父母，了解我的是鲍叔牙啊！"

生我者父母，知我者鲍叔也！（《列子·力命》）

然而，当管仲弥留之际，齐桓公问他谁可代替你当齐国的宰相，鲍叔牙怎么样？管仲说："不行。鲍叔牙为人廉洁，做清官可以，做宰相不行。能力比他低的，他看不上眼；谁犯错误，他知道了，终身不忘。他掌管国务，不当和事佬，上不讨好君心，下不迎合民意。这样下去，要不了多久，就会得罪你啦，做相国对他没好处。"这时，那个为了讨好齐桓公而阉割自己生殖器的奸佞小人竖刁向鲍叔牙打小报告:"你看管仲,平时说什么'生我者父母,知我者鲍叔',关键时刻却踹你一脚。"鲍叔牙笑笑:"只有管仲了解我啊!"

这就是管鲍之交,这就是自古以来"朋友"的典范。据史家研究,"朋友"的本意与经商有关。"朋"最初是货币单位,最早的货币是贝币,五个或十个贝币串在一起叫"一朋"。金文中"朋"的象形字描述的是一个人挑着许多"朋",表明朋与商人有关。甲骨文里的"友"字,象征两个人的手合在一起,表示的是一手交钱一手交货,交易的意思。朋指钱,友指交换,要想成友,得有朋,都与经商有关。后来,从朋里引申出了好友的意思。这种含义大概沿两条线索来:一是两串贝币联在一起,就引出了亲密无间的意思;二是朋是钱,友是交换,任何生意都得讨价还价,买卖双方就交换的数量价格达成一致,还要建立基本的信任关系。一手交钱一手交货未必同时发生,得有信用基础,这是任何交易最基本的前提条件。这是朋友引出的彼此信赖的意思。后来只有好伙伴的含义,本义反而消失了。可见,朋友的本义是建立在物质利益基础上的道义,《易传·乾文言》所谓"利者,义之和也"。

商人的特点是唯利是图,但是在鲍叔牙与管仲的合作中,鲍叔牙却一再"让利";当官的特点是唯权是从,鲍叔牙却在稳操胜券跻身齐相时极力"让贤"。这是一种怎样的大胸怀啊!司马迁不禁赞叹:

天下不多管仲之贤,而多鲍叔能知人也。(《史记·管晏列传》)

作为商人,鲍叔牙不仅识货,更能慧眼识人。经济学上有"人力资本"的概念,人的作用比资金等重要得多。与后来吕不韦的"奇货可居"相比,鲍叔牙无疑是"人力资本"投资的先行者。他坚信管仲是一匹黑马,只要有舞台,就能成就一番大事业,因而把自己的本钱放在了管仲身上,甘吃小亏,甘居其下,后来管仲果然成了一代名相。世上很多所谓的哥儿们、朋友,关键时刻往往是"老乡碰老乡,背后来一枪",譬如吴国的伯嚭对待自己的恩人老乡伍子胥。管鲍之交,五千年中国文明史上,可谓空前绝后。近代德国倒有一个恩格斯，一生无怨无悔为马克思做嫁衣裳。同样，管仲劝鲍叔牙当小白的师傅，自己当公子纠的师傅，这是把鸡蛋放在不同的篮子里，减少投资风险，不可谓不深谋远虑；后来两人又携手竭力辅佐齐桓公，把商人特有的智慧成功运用到政治上，使齐国崛起成为春秋首霸。

通货积财，富国强兵

管仲向齐桓公畅谈称霸天下之道时，说："老百姓是国家的根本，要想重整国威，必须先得民心。"

政之所行，在顺民心；政之所废，在逆民心。（《管子·牧民》）

怎样才能得民心？归根到底就是四个字：民富国强。

管仲是绝对的实干家，和孔子的那一套不一样，孔子把"道"放在第一位，认为"君子谋道不谋食"。在管仲看来，老百姓连饭都吃不饱，你让他饿着肚子玩什么酷？不是谁都是伯夷、叔齐，宁可饿死首阳山也不改其志。所以他说：

仓廪实而知礼节，衣食足而知荣辱。（《管子·牧民》）

只有让百姓们吃饱，他们才懂得礼节；只有让百姓们穿暖，他们才知道廉耻。物质决定意识，吃饱穿暖是基础。管仲的富国论，比亚当·斯密早了两千四百年，比马克思《资本论》经济基础决定上层建筑论早两千五百年，堪称世界范围内宏观经济学的鼻祖。

基于此，管仲首推经济改革。

一是藏富于民，工商并举。

管仲经济改革的指导思想是藏富于民：

> 凡治国之道,必先富民。民富则易治也,民贫则难治也。(《管子·治国》)

实现富民,管仲认为农业是根本:一是实行"相地征衰",即根据土地好坏贫瘠程度征收不同的赋税,这如同后来马克思所说的"级差地租";二是实行"均地分力",就是将土地所有权还给老百姓,具体执行方式类似于当代的"包产到户";三是调整农业税,改一年一征为两年一征。年景好时,征百分之三十;年景一般时,征百分二十;年景不好时,征百分之十;灾年时取消征税。

以农为本的同时,管仲也十分重视工商业。他说"无市,则民不乏矣"(《管子·乘马》)"务本饬末,则富"(《管子·幼官》)。

二是四民分业,勿使杂处。

管仲认为,士、农、工、商四个阶层混杂居住会使他们相互干扰,工作不安心,所以过去圣王把士人的住处安排在清静的地方,把工匠的住处安排在靠近官府,把商人的住处安排在靠近市场,把农民的住处安排在靠近田野,让他们按各自专业聚居在固定的区域。

> 昔圣王之处士也,使就燕闲;处工,就官府;处商,就市井;处农,就田野。(《国语·齐语》)

为此,他把全国划分为二十一个乡,其中士、农十五个乡,工、商六个乡,所谓"工立三族,市立三乡"。

管仲说,让工匠聚居在一起,了解不同季节的产品需要,辨别质量的优劣,衡量器材的用处,选用合适的材料。从早到晚做这些事,使产品适用于四方,用这些来教诲子弟,互相谈论工作,互相交流技艺,互相展示成果。同时,让那些商人聚居在一起,了解不同季节的营销需要,熟悉本地的货源,掌握市场的行情。或背负肩挑,或车载畜驾,把货物运往四方,用已有的东西来换取缺少的物品,贱价买进高价卖出。从早到晚做这些事,用这些来教诲后代,互相谈论生财之道，互相交流赚钱经验，互相展示经营手段。这样，使工商业者的子女从小就受到熏陶，他们的思想就安定了，不再见异思迁。所以父兄的教诲不用督促就能实行，子弟的学习无须费力就能掌握。这样，工匠的后代就一直是工匠，商人的后代就一直是商人。

四民分业居住，专业分工、子承父业的准则让齐国的制造业技能领先于其他国家。自姜太公立国以来，纺织业一直是齐国的支柱产业，首都临淄成为我国最早的纺织中心，临淄出产的冰纨、绮绣、纯丽等高级丝织品，几乎垄断了各地市场，所谓"天下之人冠带衣履，皆仰齐地"（《汉书·地理志》颜师古注）。史家认为，中国最早的职业教育体制，就发源于管仲的"四民分业"制。

三是轻重九府，盐铁专卖。

管仲继承齐太公"工商立国""九府圜法"的传统，设立了专管货币的机构——"轻重九府"，由政府统一铸造货币，这种规范的货币呈刀形，名为"齐法化"或"节墨法化"，俗称"齐刀"。然后紧紧围绕"粮食""货币""万物"三者关系，进行价格调节和宏观调控，称之为"轻重之权"。

对于齐国的财政收入，管仲反对征收房产税、山林税、牲畜税、人头税，而只需简单的七个字："唯官山海为可耳！"——只要把山、海的资源垄断起来就可以了。

山上出铁，海里产盐。在农耕时期，盐和铁是最为重要的两大支柱产业，无一民众可以须臾离开，所以，实行盐铁专卖制度就可以了。

第一步，盐业专卖。

从齐国的地理位置上说，三面靠海，一面接陆，正所谓坐收渔盐之利，这首先就为齐国的盐业发展奠定了很好的基础。管仲要走的第一步，便是盐业国有化，将食盐的生意改私营为国营，把利益牢牢抓在国家手里。

为此，管仲专门为桓公算了一笔账。

齐国应纳人头税的人口有一百万，以每人每月征三十钱计，为三千万钱。如果进行盐业专卖，每升盐酌量提价出售，每月可以得到六千万钱，仅此一项就可望得到一倍于征人头税的收入。六千万钱是个什么概念呢——相当于春秋时期两个超级大国月收入的总和。而表面上，政府确乎不曾征税，不致引起民众的"嚣号"反对。这仅仅是在齐国国内，靠运盐出口而获取重利，相当于煮沸取之不尽的海水就可以迫使天下人向齐国纳税，即"煮沸水以籍天下"。

令盐之重升加分强……千钟二百万……禺策之……万乘之国，正九百万也。月人三十钱之籍，为钱三千万。今吾非籍之诸君吾子，而有二国之籍者六千万。（《管子·海王》）

第二步，铁器专营。

在没有塑料、橡胶、铝合金、不锈钢的时代，铁几乎是家家户户不可或缺的日常用品。为此，管仲给桓公举了个例子：女子绣花绣得再好，没了针和剪刀，也是徒劳；庄稼汉再有力气，没了铁锹、锄头，也是无用；工匠再巧，没了铫、锯、锥、凿，黄帝的大臣巧倕也徒叹奈何。只要在一根针上加价一钱，三十根针就可收三十钱，即等于一人应缴的人头税了，由此类推，则全国收入总数亦不下于人头税的征收总额。表面上，国家并没征税，实际是"无不服籍者"。

令针之重加一也，三十针一人之籍；刀之重加六，五六三十，五刀一人之籍也；耜铁之重加七，三耜铁一人之籍也。（《管子·海王》）

齐国当时这两大最赚钱的营生，经管仲这么一转变，齐国从此不差钱。必须指出的是，管仲提倡盐铁专营，但不是主张政府亲自下场，创办国营盐场或国营铁厂。财经专栏作家吴晓波说："后世之人学管仲，认为专营就是国营，多入歧途。"

比如盐业，管仲实行的是专卖政策，开放盐池让民间自由生产，然后由国家统一收购，相当于"民营国有"。由于控制了盐业的销售和产量，进而控制了价格，齐国的盐销售到别国去，售价可以抬高到成本价的四十倍，国家和商贾都得利颇丰。

在冶铁业上，管仲实行的是"国有民营"。他首先严厉地强调了国家对所有矿山资源的垄断，所谓"泽立三虞，山立三衡"，他出台法令宣布，只要一发现矿苗，就要由国家保护和封存起来，有敢于擅自开采者，左脚伸进去的，砍左脚，右脚伸进去的，砍右脚。

苟山之见荣者，谨封而为禁。有动封山者，罪死而不赦。有犯令者，左足入，左足断；右足入，右足断。（《管子·地数》）

之后，政府又控制了铁器的定价权，并对所生产出来的铁器进行统购统销。在这些前提之下，管仲开放冶铁作坊业，允许由民间商人自主经营，其增值部分，民商得七成，政府得三成，即征收百分之三十的所得税。

与民量其重，计其赢，民得其七，君得其三。（《管子·轻重乙》）

由政府控制资源所有权，然后把经营权下放给民间商人，以一定比例分配利润，这就是当代中国流行的"国有民营"的雏形。

管仲推行的"轻重鱼盐之利"和"徼山海之业"，成了汉代盐铁官卖的滥觞，并对后世政权产生了重大且根本性的影响。正如吴晓波所说的："在某种意义上，它让中国从此成为一个'独特的国家'。我们说'中国特色'，无此为过。"（《管仲：征税不能让老百姓发现》）

四是扩大内需，调节贫富。

一个国家最大的隐患是什么？是贫富悬殊，两极分化。管仲特别重视调节贫富差距。他主张：治理国家，要"上下有义，贵贱有分，长幼有等，贫富有度"（《管子·五辅》）。他认为，"夫民富则不可以禄使也，贫则不可以罚威也。法令之不行，万民之不治，贫富之不齐也"（《管子·五辅》），又说"甚富不可使，甚贫不知耻"（《管子·侈靡》）。因此，他认为统治者的首要任务就是及时地调节社会贫富："散积聚，钧羡不足，分并财利，

而调民事也。"(《管子·国蓄》)

如何调节？他的办法是"长者断之，短者续之；满者洫之，虚者实之"；"富而能夺，贫而能予，乃可以为天下。"(《管子·小称》)

为此，管仲采取了一系列夺富予贫的措施，如限制富人进入某些行业，以免与民争利；间接运用行政手段，迫使富人散其财物；对贫者要"宽其政""匡其急""振其穷""厚其生""输之以财""遗之以利"。

最有创见性的是，管仲提出要通过高消费拉动内需。管仲说，当人口众多、土地资源匮乏、房地产昂贵、人民生活破败贫困而且食养不足时，就要发展奢侈性的工商业，人民生活才能振兴起来，这是不重虚名而注重实际的措施。自古以来，圣明的君主观察研究农业生产的情况而发展游乐事业，甚至整日整夜地进行。所以，"莫善于侈靡"（《管子·侈靡》），最好的办法是发展侈靡消费。

他说，饮食、侈乐是人民的愿望，满足他们的欲求和愿望，就可以使唤他们。假使只是让他们身披兽皮，头戴牛角，吃野草，喝野水，怎么能够使唤他们呢？心情不舒畅的人是做不好工作的。所以，要提倡吃最好的饮食，听最好的音乐，把鸡蛋雕画了然后煮食，把木柴雕刻了然后焚烧。不堵塞丹砂矿洞，不阻止商贾贩运，让富人奢侈消费，让穷人劳动就业。这样，百姓将安居乐业，百般振奋而有饭吃。这不是百姓可以单独做到的，需要在上者替他们蓄积财货。

振兴一国经济，从来都是依靠基本投资、内需消费、外贸出口这三驾马车。当国内消费水平普遍受到抑制时，就扩大投资和出口贸易。譬如管仲说，在水旱灾荒之年，就发动老百姓大建亭台楼阁，这就是扩大投资，增加就业。同样，当基本投资遇到瓶颈、外贸出品疲软不振时，就要扩大内需来促进发展。管仲的"侈靡论"，本意并不是提倡奢侈浪费，而是通过消费提振内需：一是通过富人的高消费、高额征收消费税，二是通过消费增加就业，促进生产，推进经济良性循环。人们或许认为将鸡蛋画图然后煮食、将木头雕刻然后焚烧，是莫大的浪费。从今天中国经济形势来说，当扩大内需遇到传统产业产能严重过剩的情况，就要侧重于"供应侧改革"，推进产业转型升级。

原来，今天中国促进经济发展的一些举措，两千六百多年前的管仲就已经在运用。

国际贸易，货币战争

在经济上，管仲坚持两手抓：一手抓对内改革，一手抓对外开放。

对外开放，又包括两个方面：一方面是引进来，另一方面是走出去。

一是招商引资。

可以说，管仲是世界上第一个通过招商引资达到民富国强的政治家。为了吸引外商，他在齐国推出了三项措施：

第一优惠政策是"毋忘宾旅"。

公元前651年，齐桓公召集诸侯在宋国葵丘举行会盟，盟约规定"毋忘宾旅"，即要保护外国商客，不得怠慢。（《左传·僖公九年》）

齐桓公问管仲：要富国强兵，就要生产武器，但齐国缺少皮、骨、筋、角、竹箭、羽毛、象牙和皮革等原料，该怎么办？

管仲说，请下令为各诸侯国的商人建造宾馆，规定拥有四匹马驾一辆车的商人，免费吃饭；有十二匹马驾三辆车的商人，加供牲口草料；有二十匹马驾五辆大车的商人，还给他配备五个服务人员。这样一来，天下各国的商人就会像流水一样聚集到齐国来。

管子对曰："请以令为诸侯之商贾立客舍，一乘者有食，三乘者有刍菽，五乘者有伍养，天下之商贾归齐若流水。"（《管子·轻重乙》）

第二项优惠政策是关税"几而不征"。

通齐国之鱼盐东莱，使关市几而不征，廛而不税，以为诸侯之利，诸侯称宽焉。（《管子·小匡》）

几而不征,就是国家对海关、市场等地只做稽查、监管而不收税。商业是一个国家经济繁荣的重要支柱,齐国想要发展商业就离不开与他国的对外贸易。如果在齐国做买卖可以不上税,商人们自然就会蜂拥而至,这样也就带动了齐国的经济繁荣。再者,没有了税款的压力,商人们就会低价地出售商品,以求薄利多销,齐国的物价也会随之降低。

需要指出的是,当时齐国推出的关市"几而不征",是在齐国支柱产业渔盐业出口方面的一项特殊优惠政策,其他产业和产品还得征收关税,只是税率较轻。当时诸侯国间达成的协议是百分之一,实际上执行起来比较困难,齐国也征收百分之二的关税。

(齐桓公)三会诸侯,令曰:"田租百取五,市赋百取二,关赋百取一。"(《管子·幼官》)

桓公践位十九年,弛关市之征,五十而取一。(《管子·大匡》)

从这里可以看出,当时国际经济已达到高度一体化,而关税的优惠政策则从根本上带动了齐国的商业繁荣。

第三项特殊政策是设立国营妓院。

为了吸引外商,增加税源,管仲还开辟了一项堪称独步古今的民间制度——娼妓制度。

齐桓公宫中七市,女闾七百。(《战国策·东周策》)

管子治齐,置女闾七百,征其夜合之资,以充国用,此即教坊花粉钱之始也。(清·褚人获《坚瓠续集》)

所谓"女闾",就是妓院。管仲担任齐相(公元前685年~公元前645年)

期间开设国营妓院,规模达到七百家。可以想见,当时齐国都城临淄和各大城市,都设有政府特许的"红灯区",亦可见当时齐国街市和商业的繁华程度。

史载三皇时代开始即有妓女、歌妓等,到管仲时发展为"官妓"。"女闾"制开创了国家经营娼妓业的先河,比起梭伦创立雅典国家妓院(公元前594年)至少还要早五十年。因此有人说管仲是"世界官妓之父"。

开设女闾的目的是什么?作为政治家管仲,其实行"女闾"制,目的有四:一是从中收税,充实财政,扩充军费;二是为了缓解及调和社会矛盾,保护良家妇女不受骚扰;三是借助美女招揽各国客商、游士;四是送妓与敌,供各国诸侯淫乐,兵不血刃。齐国的"女闾"制很快被各诸侯国效仿,一时官妓大兴。

官妓发展到汉武帝时,又分立出一种为军队官兵提供性服务的"营妓"制度。到了隋朝,隋炀帝设立教坊,广纳歌舞艺人,纵情声色。唐朝沿袭了隋朝的教坊制度,风流皇帝唐玄宗更是扩大教坊机构,教坊艺人达到11409人;他还不满足于此,又设立梨园,极尽荒淫无耻之勾当。

二是国际贸易战。

管仲在做好招商引资"引进来"的同时,致力"走出去",拓展国际贸易。《管子·轻重篇》从甲至庚七篇(缺丙、庚二篇)几乎都是关于管仲利用轻重之术对外进行的"国际贸易战"。管仲继承商相伊尹思想,运用轻重之术对各国实施"和平演变"。他策划的石璧之谋、菁茅之谋,生鹿之谋、衡山之谋等,堪称古代"货币战争"的经典案例。

石璧之谋

葵丘会盟之后,齐桓公对管仲说,咱们举办这么大一场盛会,花了不少钱,风头也出尽了,可怎样才能把这些虚名转变为实实在在的利润呢?否则,寡人想去朝拜周天子,会感觉费用不足,仲父有没有什么好的办法?

管仲又接到了新任务,要帮他的国君快速筹到一大笔钱。回去的路上,他边走边想,一时竟没了主意,正不知如何是好时,经过一片乱石岗,车马难行,不易通过。蓦然间,想到一个妙招,拍着脑袋叫道:"有了!"于是,管仲急忙回车转去，与齐桓公商议。

管仲说："主公，请下令在阴里这个地方筑城，要求有三层城墙，九道城门。利用此项工程招聘一批玉匠按标准雕制成一批石璧，一尺长的定价一万钱，八寸的定八千，七寸的定七千，石珪定四千，石瑗定五百。"

齐桓公听了，将信将疑，但还是都照他所说的做了。

石璧如数完成后，管仲就西行来到洛阳，朝见周天子。周襄王亲切地会见了这位霸主的仲父。当时，周襄王的弟弟姬带还在为王位的事和天子扯皮。管仲作为大诸侯国的宰相来到朝廷，是来为天子兄弟俩说和劝架的。

管仲说："为了大王的尊严，敝国之君打算率领诸侯前来朝拜先王的宗庙，一者可以观摩学习周礼，二者也能为大王助威！乱臣贼子们见到这架势，也就不敢轻举妄动了。"

天子说："好，那就叫诸侯们都来朝拜先王宗庙，这没问题。"

管仲又说："请大王发令，凡是来朝拜先王宗庙的诸侯，都必须带上彤弓和石璧，作为献给大王的贡礼，否则，不准入朝。"

天子说："可以，这没问题。"便向天下各地发出了号令。

诸侯们一般很少有机会参观朝拜天子先王的宗庙，机会难得。于是，诸侯们都载着黄金、珠玉、粮食、彩绢和布帛，纷纷赶到齐国抢购石璧。就这样，齐国的石璧流通于天下，天下的财物流归于齐国。齐国狂赚了一大笔，八年不需征收赋税。

菁茅之谋

新上任的周襄王也在为国库空虚而发愁，因为从前面几代天子起就很难征到税收了。齐桓公觉得自己作为拥立周襄王上台的盟主，有责任为周天子排忧解难，于是又找管仲商讨对策。他说，周天子财用不足，下令向各国征收也得不到诸侯响应，仲父看看有什么办法？

管仲知道当朝天子也没有什么特殊的资源，只有长江、淮河流域出产的一种三条脊梗直贯到根部的茅草，名叫"菁茅"，这是周王朝规定每年由楚国收割然后进贡给周朝廷，祭祀或封禅时用来觞酒的垫席。请先让周天子派员把菁茅产地的四周封禁并看守起来，然后发令说，周天子准备去泰山祭天、梁父祭地，凡要随从周天子封禅的诸侯，提前报名，做好预算。

因为诸侯是没有资格去封禅的，这可是千载难逢的机会，天下诸侯哪个不想去？这是一种身份和地位的象征啊！

然后再发令说："凡随天子去封禅的，都必须携带一捆菁茅，作为祭祀之用的垫席。没有菁茅的，不得入内。"

于是，天下的诸侯们便纷纷掏出黄金来，争先恐后地抢购菁茅。能够陪同天子出席这么大的盛会，黄金算什么，再贵也值！菁茅的价格顿时井喷，上涨了几十倍，一捆可以卖到百金。

这样一来，天下的黄金就像流水一样从四面八方汇聚到周天子的国库，周天子仅仅在这三天时间卖茅草的钱，就已经相当于他七年的国库收入了。

织绨之谋

桓公说："鲁国、梁国对于我们齐国，就像田边上的庄稼，蜂身上的尾螫，牙外面的嘴唇一样。现在我想攻占鲁、梁两国，怎样进行才好？"

管仲回答说："鲁、梁两国的百姓，世代以织绨为业。您就带头穿绨做的衣服，令左右近臣也穿，百姓也就会跟着穿。您还要下令齐国不准织绨，必须仰给于鲁、梁两国。这样，鲁、梁两国就将放弃农业而去织绨了。"

桓公说："可以。"随后就在泰山之南做起绨服，十天做好就穿上了。

管仲又对鲁、梁两国的商人说："你们给我贩来绨一千疋，我给你们三百斤金；贩来一万疋，给三千斤金。"

这样一来，鲁、梁两国即使不向百姓征税，财用也充足了。鲁、梁两国国君听到这个消息，就要求他们的百姓织绨。

十三个月以后，管仲派人到鲁、梁探听。两国城市人口之多使路上尘土飞扬，十步之内都互相看不清楚，走路拖着的鞋不能举踵，坐车的车轮相碰，骑马的列队而行。管仲说："可以拿下鲁、梁两国了。"

桓公说："该怎么办？"

管仲回答说："您应当改穿帛料衣服，带领百姓不再穿绨。还要封闭关卡，与鲁、梁断绝经济往来。"

桓公说："可以。"

十个月后，管仲又派人探听，看到鲁、梁的百姓不断陷于饥饿，连朝廷"一说即得"的正常赋税都交不起。两国国君命令百姓停止织绨而务农，但粮食却不能仅在三个月内就生产出来。鲁、梁的百姓买粮每石要花上千钱，而这时齐国的粮价才每石十钱。两年时间，鲁、梁的百姓有十分之六投奔齐国。三年后，鲁、梁的国君也都归顺齐国了。

买薪之谋

桓公问管仲说说："莱、莒两国砍柴与农业同时并举，该怎样对付他们？"

管仲回答说："莱、莒两国的山上盛产柴薪，您可率领新征士兵炼庄山之铜铸币，提高莱国的柴薪价格。"

莱国国君得知此事后，对左右近臣说："钱币，是谁都重视的。柴薪既是我国的特产，用我国特产换尽齐国的钱币，就可以吞并齐国。"

莱国随即弃农业而专事打柴，管仲则命令隰朋撤回士兵种地。

过了两年，桓公停止购柴。莱、莒的粮价高达每石三百七十钱，齐国才每石十钱，莱、莒两国的百姓十分之七投降齐国。二十八个月后，莱、莒两国的国君也都请降了。

生鹿之谋

桓公问管仲说："楚国是南方强国，楚国民众擅长战斗。出兵攻伐它，恐怕实力不能取胜。兵败于楚国，又不能为周天子立功，该怎么办？"

管仲回答说："那就用战斗的方法来对付它。"

桓公说："这怎么讲？"

管仲回答说："您可用高价收购楚国的生鹿。"

桓公便营建了百里鹿苑，派人到楚国购买生鹿。当时楚国的鹿价是一头八万钱。

管仲首先让桓公通过民间买卖贮藏了国内粮食十分之六，其次派左司马伯公率民夫到庄山铸币，然后派中大夫王邑带上两千万钱到楚国收购生鹿，同时对楚国商人说："您给我贩来生鹿二十头，就给您黄金百斤；加十倍，则给您黄金千斤。"

楚王清楚，在这之前，卫国曾有个国君叫卫懿公的，特别喜欢鹤，结果因好鹤而亡了国；如今齐桓公这样好鹿，必定会玩物丧志，而步卫懿公的后尘，所以非常开心，就坐观其变，坐享其成。

楚王对丞相说："钱币是谁都重视的，国家靠它维持，明主靠它赏赐功臣。禽兽，不过是一群害物，是明君所不肯要的。现在齐国用贵宝高价收买我们的害兽，真是楚国的福分，上天简直是把齐国送给楚国了。这样咱们楚国即使不向百姓征税，财用也充足了。请您通告百姓尽快猎取生鹿，换取齐国的全部财宝。"

一头鹿能赚这么多钱，对于楚国的普通老百姓来说最具诱惑力，于是乎，原本种田的农民放下手中的农具，扛着猎具去猎鹿了，男人为猎鹿而住在野外，妇女为猎鹿而住在路上，甚至一些士兵也放下武器，偷偷去猎鹿。不到一年，全民皆猎。如此一来，以往的良田变成了荒地，士兵的武器也都锈迹斑斑。而这时，管仲派隰朋让齐国百姓藏粮增加五倍，楚国则卖出生鹿存钱增加五倍。

管仲说："这回可以取下楚国了。"

桓公说："怎么办？"

管仲回答说："楚存钱增加五倍，楚王将以自得的心情经营农业，因为钱增五倍，总算表示他的胜利。"

桓公说："不错。"于是派人封闭关卡，不再与楚国通使。

楚王果然以自鸣得意的心情开始经营农业，但粮食不是三个月内就能生产出来的，楚国粮食高达每石四百钱。齐国便派人运粮到芊地的南部出卖，楚人投降齐国的有十分之四。经过三年时间，楚国就降服了。

狐皮之谋

桓公问管仲说："代国有什么特产？"

管仲回答说:"代国有一种狐白的皮张,您可用高价去收购。"

管仲又说:"狐白适应寒暑变化,六个月才出现一次。您以高价收购,代国人忘其难得,喜其高价,一定会纷纷猎取。这样,齐国还没有真正出钱,代国百姓就已经放弃农业而进到深山去猎狐。离枝国听到消息,必然入侵代国北部,离枝侵其北,代国必将归降于齐国。您可就此派人带钱去收购好了。"

桓公说:"可以。"便派中大夫王师北带着人拿着钱到代谷地区,收购狐白的皮张。

代王听到后,马上对他的宰相说:"代国之所以比离枝国弱,就是因为无钱。现在齐国出钱收购我们的狐白皮张,是代国的福气。您火速命令百姓搞到此皮,以换取齐国钱币,我将用这笔钱招来离枝国的百姓。"

代国人果然因此而放下农业,走进山林,搜求狐白的皮张。但时过两年也没有凑成一张,离枝国听到以后,就侵入代国的北部。

代王知道后,大为恐慌,就率领士卒保卫代谷地区。离枝终于侵占了代国北部领土,代王只好率领土兵自愿归服齐国。

齐国没有花去一个铜板,仅仅派使臣交往三年,代国就降服了。

衡山之谋

桓公问管仲说:"我要找一个控制衡山国的办法,应怎样进行?"

管仲回答说:"衡山国盛产兵器,衡山利剑,天下无双。您可派人出高价收购衡山国的兵器进行转卖。这样,燕国和代国一定跟着您去买,秦国和赵国听说后,一定同您争着买。衡山兵器必然涨价一倍。若造成天下争购的局面,衡山兵器还必然涨价十倍。"

桓公说:"可以。"便派人到衡山大量收购兵器,不同他们讨价还价。

齐国在衡山收购兵器十个月以后,燕、代两国听说,果然也派人去买。燕、代两国开展这项工作三个月以后,秦国听说,果然也派人去买。

衡山国君告诉宰相说:"天下各国都争购我国兵器,可使价钱提高二十倍以上。"

衡山国的百姓于是都放弃农业发展制造兵器的工艺。

齐国则派隰朋到赵国购运粮食，赵国粮价每石十五钱，隰朋按每石五十钱收购。天下各国知道后，都运粮到齐国来卖。

齐国用十七个月的时间收购兵器，用五个月的时间收购粮食，然后在夏收之前封闭关卡，断绝与衡山国的往来。燕、代、秦、赵四国也从衡山召回了使者。衡山国的兵器已经卖光，又不能在别国买到粮食，于是鲁国侵占了他的南部，齐国侵占了他的北部。他自量没有兵器招架两大敌国，只得奉国降齐。

石壁之谋、生鹿之谋、衡山之谋等等，今天看来似乎很简单，就是以高价诱使敌方放弃本业，追求某种产业的畸形利润，最终造成敌人经济瘫痪。

在任何时代，一种商品价格暴涨都会带来巨额利润。这种利润高得让人目眩，除非这种利润来自于国内垄断性技术，否则一定会出事。高利润会吸引相当一批人冲进去，而且，这批人往往还是能率先看到商机的精英。等到一个国家几乎全民干一件事情的时候，暴利就要终结了。

管仲策划的国际贸易战，从现代国际经济学角度来说，就是国际汇率、通货膨胀、通货紧缩的问题，实质上是货币战争，是一种和平演变的政治谋略。

正如太史公司马迁所说，管仲相齐四十年间，"区区之齐在海滨，通货积财，富国强兵""管仲既用，任政为齐，齐桓公以霸，九合诸侯，一匡天下，管仲之谋也"。（《史记·管晏列传》）

齐国富了，身为齐相的管仲也拥有"三归""反坫"，其富有程度足以和诸侯相比。

> 管氏亦有三归，位在陪臣，富于列国之君。（《史记·货殖列传》）

> 管仲富拟于公室，有三归、反坫，齐人不以为侈。（《史记·管晏列传》）

即便如此，齐国百姓似乎并不在意，甚至认为"管总理"还可以再奢侈一点。直到晚年，他都备受尊崇，享受荣华富贵。就连那个被他剥夺了三百个食邑的伯氏，也对他毫无怨言。后来，孔子更曾多次赞叹："桓公九合诸侯，不以兵车,管仲之力也。如其仁,如其仁!""管仲相桓公,霸诸侯,一匡天下,民到于今受其赐。微管仲,吾其被发左衽矣!"(《论语·宪问》)管仲辅助齐桓公九次会合诸侯,使天下得到统一,不靠兵车和武力,这都是管仲的功劳啊!这就是他仁德的地方!百姓到现在还受到他的恩惠。要是没有管仲,我们这些人恐怕还是披散头发、左开衣襟的野蛮人呢!

| 第五章 |

宁戚、百里奚、弦高：三个"牛人"

宁戚、百里奚、弦高三人都是春秋前期的牛贩子，后来或任齐国大司田，或任秦国丞相，或献牛救国，均成就一番大事业。

宁戚（约公元前700~公元前669年），姬姓，甯氏，卫国人，年轻时替人驱赶牛车，四处贩卖。后来到齐国叩角商歌，齐桓公拜他为卿大夫，长期担任齐国大司田，与管仲、鲍叔牙、隰朋、宾胥无一道共同辅佐齐桓公首霸诸侯，史称"桓公五杰"。宁戚在历史上的地位不仅仅因为他对齐国的贡献，更关键的是他开启了毛遂自荐的历史先河，让普通人通过自身努力也能跻身高富帅行列。

百里奚（约公元前700~前621年），姜姓，百里氏，名傒，亦作奚，称百里子或百里，虞国（今山西平陆北）人，也有人认为是楚国宛（今河南南阳）人。出身贫寒，四处漂泊，曾为东周王子颓养牛，后任虞国大夫，晋灭虞后成为俘虏，晋献公长女伯姬出嫁秦穆公，作为陪嫁的奴隶，中途逃到楚国，为楚成王放马，秦穆公以五张羊皮赎回，举为秦相，辅佐秦穆公称霸诸侯，为秦国最终统一中国奠定基础，史称"五羖大夫"。

弦高是郑国商人，生卒年月不详。国难当头之际，弦高急中生智，假矫君命，用四张熟牛皮和十二头肥牛智却秦军而使郑国免遭一场灭顶之灾。如果说"子贡全鲁"体现了儒商鼻祖的纵横之术和致富之才，那么"弦高救郑"则彰显了弦高舍己为公、舍生忘死的爱国情怀。如果说诸葛亮用"空城计"唬退司马懿的几十万大军是罗贯中的小说家言，那么距今两千六百多年前弦高犒牛则是真实版"空城计"的首创者。

卫商宁戚，饭牛商歌

宁戚是春秋前期卫国人，但清朝道光年间编纂的《平度县志》记载"戚，莱之棠邑人"，并记有宁戚冢，有人据此认为宁戚是平度历史上第一位名人。

周武王灭商后分封诸侯，为了有效控制东夷地区，把姜太公封为齐侯，都营丘（今临淄附近）。姜太公去上任时，最先遇到的，就是前来争夺营丘的莱兵，费了好大力气才把他们击退。不久，齐国成了负有抚绥东夷地区重大使命的超级大国，但在胶东半岛上长期存在着一个并不受姜太公及其子孙们控制的莱国。直到齐桓公即位时，莱国还在与强齐分庭抗礼，棠邑是莱国的都城。齐桓公称霸后征服莱国，管仲指派宁戚到莱国一带调查高利贷和农民债务情况，死后就葬在莱国。

宁戚真的是平度人吗？查了一下甯氏的起源：春秋时期，卫国国君卫武公，将其子季亹分封于甯邑（今河南获嘉、修武等一带），后代就以"甯"为氏，来源于姬姓。从甯跪、甯速、甯俞、甯相、甯殖至甯喜，蝉联大夫职位，有"九世卿族"之说，是卫国三大宗族之一。卫献公曾表示，"政由甯氏，祭则寡人。"（《左传·襄公二十六年》）可谓权倾朝野。后来甯喜被杀，甯氏从此衰落。

汉前典籍如《管子》《吕氏春秋》《史记》均记载宁戚是卫国（今河南一带）人，出身微贱，怀济世之志而久不见用。无奈之下，为牛商挽车，跟随牛贩周游四方，足迹遍及中原。

笔者认为，论祖籍宁戚应该是卫国人，后来自荐于齐桓公，齐桓公征服莱国后，将莱地赐封给宁戚，死后葬在封邑。

公元前685年，姜太公的第十二代孙、公子小白被管仲射了一箭之后，佯装重伤而死，抢在公子纠之前赶回齐国继承了君位。齐桓公在鲍叔牙的极力推荐下，决定放弃一箭之仇，迎管仲回国，拜管仲为相，并对管仲以"仲父"相称。

宁戚听说齐桓公拜管仲为相的事，认为齐桓公重人才、有抱负，心想投奔齐国，可以借此成就一番事业。于是他租了一辆牛车到齐国贩卖货物，这样就不用担心一路上的花费问题了。

可是一到齐国，人生地不熟，一个普通人想见到高高在上的君主，谈何容易？宁戚很是苦恼。就在这个时候，他遇到了伯乐。

周厘王二年（公元前680年）春，齐桓公因宋国多次拒绝参加自己召集的诸侯会盟，决定攻打宋国，先派管仲率一部分军队出发。一天，军队到猗山（山东临淄附近）休整，管仲抬头看见远处站着一个人和一辆牛车，那人穿着粗布做的外套，手轻轻拍着牛角，面对青山，独自唱歌："浩浩乎白水！"说也奇怪，他的歌声很有穿透力，就连旁边的牛都停止低头吃草，变得温顺很多。管仲被吸引了，却听得一脸茫然，不明白这人在唱些什么，回营后神情忧郁。

管仲的爱妾婧问："相国有什么心事？"

管仲说："这不是你一个小妾能懂的。"

婧说："古话说，不要因为人家年纪老迈就轻视他，不要因为别人出身低微就瞧不起他，不要认为别人年轻就没有能耐，不要认为别人弱小而不把他放在眼里。当年我们齐国的始姐姜太公七十岁了，还在商都朝歌的菜市场上宰牛为生，八十岁却当上了周文王的军师，九十岁被周武王封为齐国的诸侯。姜太公年纪虽大，可并不是老糊涂啊！您再看看商朝的伊尹，他的出身只是有莘氏女儿陪嫁给商汤的奴隶，最后却成为辅佐商汤治理天下的三分之一。伊尹虽然出身卑贱，您能因此而鄙视他的能力吗？再说那皋陶的儿子伯益，五岁就帮助大禹治水有功。您能因为一个人年幼，就可以小看他的智慧和才干吗？骏马驶騠，刚出生七天就能跑得比成年母马还快。您能因为貌似弱小就可以轻视驶騠吗？"

管仲赶紧离座起身，向婧深表歉意："我今天听到一个青年人这样唱着歌说'浩浩乎白水'。我不明白他唱的是什么，从他那激昂的歌声里听得此人气质非凡，不是一般的商贩。"

婧笑着说，你不知道有一首古歌叫《白水之歌》吗？

浩浩白水，儵儵之鱼。
未有室家，而安召我居？

浩浩荡荡的大河啊，鱼儿优哉游哉多么逍遥自在。可怜我四处漂泊啊，哪里才是我安身的地方？他这不就是自荐求官、想要成就事业吗？

管仲是位政治家、思想家，能陪伴在侧的爱妾当然也颇具才气。经爱妾婧这样一分析，管仲如梦初醒，立即派侍从把叩角商歌的青年人召来，问他姓名，答曰："卫国草民，姓宁名戚。"管仲叩其所学，宁戚对答如流，察其外表，气宇轩昂。宁戚不平凡的谈吐和才能征服了管仲，叹道："豪杰辱于泥涂，不遇汲引，何以自显？我国国君大部队在后，不过几日到此，我写封信你去拜见国君，必当重用。"于是当即写了一封信交给宁戚，并告诉他这封信可以帮他实现心中的理想。

几天后，一说齐桓公率军到达峱山，途遇宁戚；一说宁戚赶着牛车到了齐国都城临淄的城门外，白天在车边叫卖，夜晚就躺卧在牛车底下。正值外国贵宾到齐国访问，齐桓公要到郊外迎接客人，夜晚打开城门，派来驱赶商旅车马的人们手中的火把燃得正旺，随从的人员也很多。所有闲杂人等都老老实实站在道路两旁，人们紧张得大气不敢喘一下。宁戚正在车边喂牛，看到桓公大驾临近，心中悲伤，敲打着牛角，用洪亮激昂的声音唱起了凄厉哀婉的商调歌曲。

南山灿，白石烂，中有鲤鱼长尺半。
生不逢尧与舜禅，短褐单衣才至骭。
从昏饭牛至夜半，长夜漫漫何时旦？

南山嵯峨啊，白石斑斓；河中的鲤鱼优哉游哉，养得肥肥胖胖。可叹我此生不遇尧舜禅让的盛世啊，衣衫褴褛才盖到小腿之上。从黄昏喂牛直到半夜三更啊，长夜漫漫不知何时才能天亮！

齐桓公听闻此歌甚感惊奇，派人将歌者叫到跟前，问其姓名后，齐桓公说:"当今太平盛世,天子英明,百姓安乐,草木沾春;寡人身为盟主,率领诸侯征战天下,战必胜,攻必克。当年尧舜盛世,也不过如此!你一介牧夫,竟然说什么生不逢世,又说什么长夜漫漫,一个牛贩子凭什么讽刺朝政?"

宁戚毫不胆怯,反驳道:"堂堂大国之君,目光何以如此短浅?尧舜盛世,百官廉正,天下安定,不怒而威,不愧为太平景象。可如今,王室衰微,纲纪不振,戎狄侵扰不断,百姓水深火热,君侯却说是太平盛世,岂不令有识之士齿寒?"

宁戚简直是疯了,竟然在众目睽睽之下如此冒犯齐桓公。齐桓公大怒,喝令斩首。左右将宁戚五花大绑,准备行刑。

宁戚面不改色,仰天长叹:"从前夏桀残暴,杀了宰相关龙逄;商纣王昏庸,杀了王子比干;今天齐侯要杀我,我宁戚要成为历史上第三位贤人了!可悲啊!"

大夫隰朋走到齐桓公车前,轻声说道:"君侯,臣看此人威武不屈,浩然正气,并非等闲之辈。虽然直言得罪,还请赦免一问。"

齐桓公看到宁戚的表现早已若有所思,再加上大臣隰朋也这样说,怒气顿消,命令左右解开束缚,并对宁戚说:"寡人只不过是想试探一下先生而已,先生果然是一个难得的人才!"

这时,宁戚从怀里拿出管仲的亲笔信,齐桓公阅后说:"既然有管相的推荐信,为什么不早呈上?"

宁戚说:"鸟择高枝而栖,士择明主而仕。君侯如果恶直好谀,以怒气强加于臣,臣宁死也不自荐。"

齐桓公听后非常高兴,就命令副车把宁戚载回齐宫。

到了朝廷,随从将宁戚的事向他请示,桓公说:"给他衣服帽子,我要见他。"

第一天,宁戚跟齐桓公畅谈富国强兵之道,齐桓公深以为是;第二天,宁戚向齐桓公申述称霸天下之策,桓公大悦,要给宁戚封官晋爵。

这时,朝中百官劝谏齐桓公:"这位客人是卫国人。卫国离齐国不远,不如先派人去调查一下。如果确实是贤德之人,再委之重任也不迟。"群臣之言，符合常规，就像现在任用干部，第一步就要过政审关。

齐桓公说："不能这样。去询问他的情况，无非是担心他有什么小毛病。从这几天的接触来看，这人是廓达之才，不拘小节，恐怕他在卫国或许会有小毛病。一旦查访到他有小毛病，给他官职吧，不利于弘扬正气；放弃不用吧，又觉得可惜。因为一个人的小毛病而丢掉他的大优点，这是所有君王失去天下贤士的原因所在啊！"

人与人之间，区别就在于眼光。俗话说："会看看一眼，不会看看白眼。"如果有独到的眼光，只要对一个人扫视一眼，就八九不离十；如果没有眼光，天天在一起，也不知道你身边是什么人。佛教里说，人有五眼：即肉眼、天眼、慧眼、法眼、佛眼。说的是一个人认识世界五种境界，而一个人的眼界达到哪个层次，则取决于他的胸襟。凡夫俗子，通常只有一双肉眼，不是色盲就是一叶障目不见森林，其实这就是庄子所说的"心盲"。齐桓公不重出身，不论资历，不计小节，力排众议，擢用宁戚，拜为卿大夫，可谓慧眼识才，不拘一格。

就这样，牛贩子宁戚一夜之间变成了齐国的卿大夫，不久又任命为大农田，相当于现在的农业部部长，与管仲同参国政。

这首著名的《饭牛歌》，真实地表现出宁戚怀才不遇又想施展自己才能的复杂心态。他也是我国历史上有详细记载的以唱歌方式自荐的第一人，比《史记·平原君列传》记载的毛遂自荐还早四百多年。战国诗人屈原将宁戚辅佐齐桓公与姜太公辅佐周文王相提并论，《离骚》有云："吕望之鼓刀兮，遇周文而得举；宁戚之讴歌兮，齐桓闻以该辅。"《楚辞·九章》："吕望屠于朝歌兮，宁戚歌而饭牛。"唐代大诗人李白写下过"醉上山公马，寒歌宁戚牛"的诗句。宋叶适《题贾俨不忘室》诗："每识饭牛下，有作宁戚歌。"……从流传下来的这些文字中，足以看出宁戚是我国历史上最早向统治者自荐成功而登上政治舞台的士人，开启了有识之士通过自身努力也可从仕的先河。

宁戚仕齐三十余年，工作可谓是兢兢业业、政绩突出，从而被齐桓公誉为"齐国之栋梁，君臣之楷模"，就连管仲也对其极为器重和佩服。

一是先礼后兵，不战而胜。公元前680年，齐桓公决定发兵攻打宋国，宁戚建议先礼后兵，让宋国心悦诚服归附齐国，于是凭借一身胆魄和浩然正气，只身入宋。宋桓公命武士全副武装站立身后，摆出一副威风凛凛的样子。宁戚目不斜视，昂然入殿。一见面，就跟宋桓公说："宋国要大难临头了！"宋桓公说他危言耸听，宁戚笑道："得民心者得天下，宋公面对贤士态度傲慢，使有才能的人不愿辅佐您，使宋人与您离心离德。齐侯'尊王攘夷'，为诸侯所敬，如今正以周天子之名前来伐宋。如果宋公执迷不悟，长此以往，宋国岂不大难临头？"宋桓公被宁戚说得面色难看，下不来台。宁戚趁机分析利弊道："如果宋公能和齐国订立盟约，完全可以避免这场不必要的战争。到时黎民百姓免受战乱之灾，宋国国力也不至受损，岂不是民心所向？"宋桓公听了宁戚的劝说，随即备上厚礼去和齐桓公签订了盟约。齐桓公将礼物又转给周天子，并请求同意宋国重新入盟的要求。宁戚凭三寸不烂之舌，说服宋桓公，不战而胜宋国，被称为春秋"四大辩士"之一。此举为齐桓公赢得了很高的声誉，齐国在诸侯间声望渐长，而宁戚也得到齐桓公更多信任。公元前679年，齐桓公又邀请没有去北杏会盟的卫、郑、陈以及中途跑掉的宋国在幽地会盟，由此齐桓公名副其实地成为春秋时期第一个霸主。

二是著《相牛经》，推广牛耕。宁戚担任齐国的大司田不到一个月，就办了两件大事：一件是把管仲的"相地衰征"即级差地租政策进行补充修正，在荣辱柱上重新颁布；另一件是严惩大富豪伯氏抗税，使相地衰征政策得以顺利推行。由于宁戚坚定不移地贯彻执行"相地衰征"大计，加之奖励垦荒，兴修水利，薄取租赋，使齐国的农业得以空前发展，呈现前所未有的连年丰收、国泰民安之相。贩牛出身的宁戚由于长期管理农事，相传著有《相牛经》一卷，这是我国最早的畜牧专著。后来传给了百里奚，让穷百里饲牛拜相。直到战国时，齐将田单被困即墨，竟能在久困的城内收得千余头牛，以火牛阵突破燕军，足见当时齐国养牛业的发达。宁戚还根据齐国冶铁业发达的优势，推广使用铁铧犁。曾安排在临淄城外举行牛耕比赛，结果耕田速度快一倍，犁翻土层深一倍，成果喜人。此后铁犁牛耕代替木犁人耕技术得到大力推广，提高了耕作效率，促进了农业快速发展。

三是生活简朴，与民同乐。宁戚身为大司田，身居庙堂之尊，上乞天地风雨诸神，心忧江湖之远，下察黎民百姓疾苦，齐国的庄稼地里，到处是他的身影。他谢绝齐桓公和管仲为他建造豪华府第，甘愿栖身简陋的茅屋，与百姓同甘共苦。《吕氏春秋·贵直》记载，一次，齐桓公、管仲、鲍叔牙、宁戚四人一同饮酒，酒酣耳热之际，齐桓公对鲍叔牙说："怎么不起来为我们君臣各位的健康长寿敬酒？"鲍叔牙举起酒杯，敬齐桓公和各位同僚说："我希望君侯不要忘记逃难在莒国时，管仲不要忘记在鲁国被羁押在鲁国时，宁戚不要忘记当年在路边喂牛住牛车时的艰难处境。"齐桓公避席起身，鞠躬再拜说："寡人与两位大夫如果都能做到先生所说的话，齐国的社稷江山就永远不会衰落了！"

四是匡君举贤，鞠躬尽瘁。齐桓公和管仲带兵外出伐山戎，讨蛮楚，镇西狄，威东夷，总将国政委于宁戚，而宁戚总是把国家治理得井然有序，粮草充裕，解除了后顾之忧。刘向《说苑·君道》记载了齐桓公与宁戚的一次对话。齐桓公问宁戚："仲父年纪大了，他一旦弃我而去，我担心今后法令不能实行、官员失职、百姓埋怨、国多盗贼。我怎样才能使奸邪不起，人民丰衣足食？"宁戚回答说："最重要的是任用贤能的人。为他们开辟道路，考察后任用，尊重他们的地位，加重他们的俸禄，显扬他们的名声。这样，天下的贤能之士就会接踵而至。"齐桓公又问："已经有了选拔人才的制度了，可是却总没有奇才前来，这是为什么呢？"宁戚回答说："国中存在着五阻：一是君主并不是真正好士，周围满是阿谀之徒；二是听了好的建议却不去实行；三是耳不聪、目不明，因循守旧，只看到周围的人；四是用人过于苛刻，打击迫害人才；五是主管者擅政弄权。去此'五阻'，则能人贤士荟萃；'五阻'不去，则上蔽吏民之情，下塞贤士之路。所以明王圣主要像大海吸纳百川一样广揽人才，这样才能成就大业。"

公元前647年，年仅五十多岁的宁戚先于管仲而逝。管仲就像塌了半边天，痛惜得整日恍惚，常常让爱妾婧为他弹奏宁戚的《白水之歌》，两年后也辞世而去。

刘向《说苑》云："春秋之时，天子微弱，诸侯力政，皆叛不朝。众暴寡，强劫弱，南夷与北狄交侵，中国之不绝若线。桓公于是用管仲、鲍叔牙、隰朋、宾胥无、宁戚,三存亡国,一继绝世,救中国,攘戎狄,卒胁荆蛮,以尊周室,霸诸侯。"

在齐国发展、称霸过程中,宁戚被列入"桓公五杰"之列。

虞商百里,饲牛拜相

百里奚是春秋前期虞国人,饱读诗书,才学过人,可是出身寒微,贫困潦倒。加上虞国宗法制度森严,平民没有希望入仕为官,百里奚只得替人养牛、贩牛为生。百里奚的妻子是个很有见识的女子,深知丈夫身负经天纬地之才、治国安邦之略,只因放不下老母妻儿而未能施展抱负,不见出头之日,就鼓励他出游求仕,建功立业。在百里奚出游那天,家中已经揭不开锅,杜氏一大早起来,杀了唯一一只能下蛋的母鸡,劈了门闩炖母鸡,煮小米饭,为丈夫饯行。

百里奚先后游历了齐国和周都洛邑,因为朝中无人,处处得不到赏识和录用。流落到宋国的时候,百里奚陷入了极度的困境之中,只得沿街乞讨,但他并不死心,继续自己的求仕生涯。在宋郓地(今安徽濉溪县临涣集)乞食的时候,遇见了蹇叔。蹇叔见百里奚相貌奇伟,与其谈时事,对答如流,遂对百里奚刮目相看,顿生怜爱之心,将百里奚收留在自己家中。两人宏论崇议,惺惺相惜,结为知己。

公元前685年,因齐襄公与胞妹鲁桓公夫人文姜乱伦,公孙无知发动宫廷政变,杀死襄公自立为君,悬榜招贤纳士,百里奚想去投奔齐君无知。蹇叔有识势之智,劝阻道:"齐襄公的兄弟公子纠和公子小白流亡在外,公孙无知名位不正,终必无成。"于是百里奚打消了应召的念头。两个月后,齐君无知出游雍林,这里有很多对他有怨气的人,暗中将他袭杀了。百里奚由于听从了蹇叔的劝告而免去了这次灾难。

百里奚听说周庄王的宠子、周釐王的弟弟王子颓喜欢斗牛,凡给他养牛的人都能得到优厚的待遇和丰厚的报酬,就准备到周都洛邑,投靠王子颓。

临行时，蹇叔告诫道："大丈夫可不能轻易失身于人。一旦投错了主人，离开他是不忠，跟他共患难又是不智。所以你这次去，一定要谨慎行事。"百里奚到了洛邑，即为王子颓养牛。没多久，那牛群被饲养得膘肥体壮，王子颓决定重用百里奚。这时蹇叔来到了洛邑，两人一起去见王子颓。回到住处，蹇叔对百里奚说："王子颓志大才疏，结交的人都是些态度卑贱和善于讨好之辈，此人必有非分之想，我仿佛已经看到了他的失败，不如趁早离开这儿。"百里奚听了蹇叔的话，不再做王子颓的家臣，走了。公元前677年周釐王死，年幼的周惠王继位。公元前675年，王子颓果然联合蒍国等五位大夫发动叛乱，驱逐周惠王，自立为周天子。公元前673年，郑、虢两国联军攻进周朝都城，杀死王子颓和五大夫，周惠王复位，史称"王子颓之乱"。百里奚又免于一难。

因离家多年，百里奚想回虞国寻找妻子和儿子。蹇叔有个故友叫宫之奇，当时正在虞国做官，是虞公器重的大臣，便与百里奚一道来到了虞国。回到家，茅屋倒塌，野草萋萋，妻儿因为无法生活下去，已经流落他方，不知去向。蹇叔向宫之奇盛赞百里奚的贤能，在宫之奇的引荐下，会见了虞公，当即拜百里奚为大夫。回到住处，蹇叔对百里奚说："我看虞公器量狭小，又刚愎自用，也不是一个有为之主。"百里奚因长久贫困，急于谋生，对蹇叔说："我就像一条长久暴露在地面上的鱼，急需哪怕一勺水，润润身子。"蹇叔没有再阻止他就回齐国去了，百里奚当上了虞国的中大夫。

只是蹇叔的担心不久就变成了现实。公元前655年，晋献公想向虞国借道攻打虢国，派大夫荀息给虞公送来了厚礼，垂棘璧玉和屈产宝马，都是当时的稀世之宝。宫之奇和百里奚一眼就看出了晋国的阴谋，当然要谏阻虞公。宫之奇说："主公啊，你绝对不能答应它啊！俗话说'唇亡齿寒'，虞国和虢国唇齿相依，虢国灭亡了，虞国也就不能存在了。晋国之所以不敢攻打我们，也是怕我们联合对付它。没有这种联合，我们单个，谁是它的对手呢？"虞公却说："晋国能将那么珍贵的宝贝送给我，我连一条道都舍不得借给他，这能说得过去吗？何况晋国比虢国强十倍，失去虢国而获得晋国，这难道还不是好事吗？我已经决定好了，就这么办，你们不要阻挠我。"宫之奇还要谏阻，百里奚拉了拉他的衣角，宫之奇就没有再坚持。退朝以后，宫之奇就责怪百里奚说:"你这个人真好笑,你不和我一道共同谏阻他也就算了,反而阻止我谏阻,你到底是什么意思?难道就眼睁睁地看着虞国灭亡吗?"百里奚说:"你难道没有听说过,进嘉言于愚人前,就好像把珍珠宝玉抛弃到道路上吗?夏桀杀关龙逄、商纣杀比干,都是因为强谏的缘故。你如果再谏,就危险了,所以我才打断你。"宫之奇说:"可是虞国肯定要灭亡了,你我到哪里去呢?"百里奚说:"你一个人走就行了,何必又要带着我呢,不是加重了你的罪行吗?你先走吧,我再慢慢地想办法吧。"宫之奇带着全家族人逃走了。

果不其然,虢国因为没有虞国的帮助,很快就被晋国消灭了。晋军回国时,经过虞国,顺手牵羊将虞国也灭了。虞公简直还没明白是怎么回事,就做了亡国奴,他这才懊悔没有听宫之奇的劝谏,看到百里奚在身旁,就说:"那个时候你为什么不说话?"百里奚说:"你听不进宫之奇的劝谏,又怎么能听得进我的劝谏呢?我所以不多说,就是打算现在能跟随在你身边。"晋献公将虞公押到晋国,身边只有一个百里奚紧紧跟随他。有人对百里奚说:"一个亡国之君,跟他有什么用?"百里奚说:"既然原来没有听蹇叔之言,贪图俸禄已是不智;我拿了他许多年的薪水,现在虞公蒙难却要背弃他,岂能不忠呢!"

晋献公听虢国降将舟之侨说百里奚是个贤臣,就让他来说降百里奚,可是百里奚回答他说:"除非虞公死了以后还差不多。"舟之侨走后,百里奚说:"一个有血气的人,当他的国家灭亡了,他是不会到灭亡祖国的敌国去的,更不要说到这个国家去做官了。将来我要做官,也不会选择晋国。"这话传到舟之侨的耳朵里,他很不高兴,这不是揭他的短吗!

晋献公以国君之礼对待虞公,百里奚则因为舟之侨对他不满,当献公将长女伯姬嫁给秦穆公时,舟之侨就对献公说:"反正百里奚不肯为我们晋国服务,还不知道他葫芦里卖的什么药,为防意外,不如将他打发得远远的,就让他做公主的陪嫁奴仆,让他到秦国去。"

"假途灭虢""唇亡齿寒"的千古典故让不幸的百里奚成了亡国之臣,甚至沦为奴隶,跌入了人生的最低谷。

百里奚不甘于受此屈辱,在晋国送嫁去秦国的途中,设法逃跑了。据说逃到了楚国宛地(今河南南阳),被楚国边境的人抓住。楚成王听说百里奚善于养牛,就让他为自己在南阳养牛。

刚当上秦国国君的秦穆公,名叫任好,是一位胸有大志的国君,听说百里奚是个经世之才,就想重金赎回百里奚。秦穆公的谋臣公子絷说:"那楚成王一定是不知道百里奚的才能,才让百里奚养牛。若用重金赎他,那不就等于告诉人家百里奚是千载难遇的人才吗?"秦穆公问:"那我该怎么样才能得到百里奚?"公子絷说:"可以贵物贱买,用一个奴隶的市价,也就是五张黑公羊皮来换百里奚。那样,楚成王就一定不会怀疑了。"

秦穆公派公子絷带着五张黑羊皮到了楚国,知会楚成王说:"我国的陪嫁媵人百里奚逃匿贵国,要擒回去好好修理他,希望楚国行个方便。"楚成王当然不会因为一个小小的牛倌得罪邻国,欣然命人将逃犯百里奚打包装箱发往秦国。那些一同养牛的奴隶以为百里奚这一去,肯定会被秦穆公碎尸万段,拉着他哭泣不止,百里奚安慰说:"我早听说秦公是个胸怀大志向的人,怎么会和区区一个媵人计较?"

当百里奚被押回秦国时,秦穆公亲自为他打开囚锁,向他询问国家大事。百里奚说:"臣亡国之臣,何足问!"秦穆公说:"虞君不用子,故亡,非子罪也。"(《史记·秦本纪》)虞君不用先生,才使先生被掳,并不是先生您的过错啊。秦穆公解除了百里奚的奴隶身份,与他畅谈天下国家大事,一谈就是三天。秦穆公认为百里奚是难得的治国能臣,拜他为上大夫,委以国政。已七十高龄的百里奚在历经人生磨难之后,终于找到了一展平生抱负的机会,史称"五羖大夫"。

谁知百里奚坚辞不受,向秦穆公极力推荐好友蹇叔:"义兄蹇叔见识高远,智慧超群,胜我百里十倍。我两次听从蹇叔的建议,两次得脱;一次没有听从蹇叔的意见,就在虞国蒙难。蹇叔乃是当世贤才。请任蹇叔,臣甘当辅佐。"

秦穆公派遣公子絷假作做买卖的商人,带着重礼到宋国铚地聘请蹇叔。百里奚另写了一封书信一并带去。

公子絷收拾行囊,驾起两乘犊车,径直投奔铚邑而来。公子絷看到很多人耕于陇上，相赓而歌：

> 山之高兮无撵，途之泞兮无烛。
> 相将陇上兮，泉甘而土沃。
> 勤吾四体兮，分吾五谷。
> 三时不害兮饔飧足，乐此天命兮无荣辱！

公子縶坐在车中，觉得歌声词韵有绝尘极致之妙，发出无限感慨，并对赶车人说："古语说，'里有君子，而鄙俗化。'今天来到蹇叔的家乡，看到这里耕种田地的农人都有高逸之风，我相信蹇叔一定是个大贤人了。"

公子縶在农人的指点下，来到了蹇叔的住处，举目观看，这里风景确实十分幽雅。公子縶停车于草庐之外，一小童子告诉他蹇先生和邻居老人一起到石梁观泉去了，很快就会回来。公子縶不敢轻造其庐，只是坐于门旁的石头上等待。先是蹇叔浓眉环眼、方面长身的儿子白乙丙捕鹿回来，把客人请入草堂少坐等候。又过了一会儿，蹇叔与邻家的两位老人就回来了。

公子縶遂向蹇叔恭恭敬敬地呈上百里奚的书信。信上的大致内容是：我不听你的劝告，所以遭受了虞之亡国之难。今日有幸得到秦君赏识，委以重任。我自知才能远远赶不上你，所以向秦君举荐你一同理事。秦君求贤若渴，特派大夫公子縶带着厚礼前往聘迎。如果你流连乡村山林生活不愿出来，那么我也放弃爵禄，到鸣鹿村和你一起隐居！

公子縶吩咐左右仆人从车厢中取出征书礼币，放在草堂之上。两位邻家老人哪里见过这么华贵的东西，相互看了一眼，一脸惊骇之色。

蹇叔看完信说："当时虞君招致败亡，就是因为不信任百里奚，听不进他的忠告。现在，一个百里奚也足够辅佑秦公成就霸业了。我已隐居多年，不想再出去做事了，所赐予的礼币，还请悉数收回，请代我向秦公推辞致谢吧。"

来者一听就慌了，急忙说道："百里大夫说过，如果您不去秦国，他也不愿一个人在那儿，也要像您那样去隐居了。"蹇叔听了此话，沉吟了半晌，最后无可奈何地感叹道："百里奚一直想成就一番大业,然而始终是怀才不遇。当今幸遇明主,我不能不成其志。为了成全百里奚,这一趟秦国我只好去了,不过过不了多久我还是要归耕于此的。"

第二天早上,蹇叔把秦君所赠的礼币分赠给邻居,同时嘱咐家人要勤力稼穑。蹇叔与公子絷夜宿晓驰,直奔秦国而去。

秦穆公与蹇叔一席畅谈,对蹇叔的雄才大略佩服不已,相见恨晚之意油然而生,他发自肺腑地道出自己内心的喜悦:"蹇叔和百里奚真是我秦国创立霸业的左膀右臂啊!"便拜蹇叔为右庶长,百里奚为左庶长,也就是"二相",同掌朝政。

这里有两点十分令人感动。一是百里奚的坦荡胸怀。面对高官厚爵,百里奚首先想到的不是个人名利,而是才能优于自己的蹇叔。他并不担心蹇叔的才能、爵位会盖过自己,而是以自己的亲身感受和经历,全力向秦穆公推荐蹇叔。荣华富贵的时候不忘自己的朋友,这是襟怀多么宽广的一代谋臣啊!"君子坦荡荡,小人长戚戚",正确地对待别人的优点和长处并给予适当的赞美,这是一种多么高尚的品质!

二是蹇叔的重友重义。蹇叔为了成就友人的一生理想,毅然决定放弃自己原有的追求,去做一件违背自己心愿的事情。另外,蹇叔的重友义举除了表现在此前给百里奚的多次忠告中,还表现在两人兼政以后的行为中。秦国国策初定,狄戎兵马却乘机来犯,到秦国边界掳掠人口粮食,百里奚带兵反击。朝中一些大夫想利用边境出现的情况和百里奚不在朝堂的时机试图改变国策,遭到蹇叔的坚决反对和严厉痛斥,有力地维护了百里奚在朝中的地位和权威。

百里奚与蹇叔能老死相携,如同管鲍之交,这种让人传诵千古的友谊在现在的生活中能找得到吗?

东汉应邵《风俗通》还记载了百里奚相堂认妻的感人故事。一天,百里相府觥筹交错,歌舞声喧。这时,相府内一位白发苍苍的浣纱老妇自称擅长音律,请为相国援琴一曲,百里奚欣然同意。那浣纱女老妇走到大庭广众之下,落落大方地援琴抚弦,自弹自唱:

百里奚，五羊皮。忆别时，烹伏雌，炊扊扅，今日富贵忘我为！

百里奚，初娶我时五羊皮。临当别时烹乳鸡，今适富贵忘我为！

百里奚，百里奚！母已死，葬南溪；坟以瓦，覆以柴；舂黄黎，搤伏鸡；西入秦，五羖皮，今日富贵捐我为！

听着这委婉幽怨、字字真切的歌声，百里奚大为惊讶，就上前去询问，才知道原来是自己的糟糠之妻千里寻夫来到了眼前。百里奚夫妇离别之后，几十年彼此杳无音讯。家境贫困，又逢上灾荒年景，百里奚的妻子就带上儿子孟明视外出逃荒，最后讨饭到了秦国，打听到丈夫已经在秦国当了国相。为了能接近百里奚，她设法到相府中当了洗衣的佣人。

相堂重逢，夫妻两人抱头痛哭。秦国人知道这件事情以后，很为百里奚的品质所感动。秦穆公还派人送来了许多财宝馈赠，以示祝贺。从此，百里奚位高不忘旧情，相堂认妻的故事在民间广为流传。

百里奚身居秦相，始终保持勤政爱民的作风，工作劳累了不坐车，酷暑炎热也不打伞，走遍国中，不用随从的车辆，不带武装防卫，深得秦国人民的爱戴和信赖。特别是自他和蹇叔二相兼政，一同辅佐秦穆公，对内增修国政，重施于民，促进经济大发展，同时提倡教化，开启民智，即按照周朝的官制和朝仪，改变了秦国落后的国体；对外则搞好与邻国的关系，三结秦晋之好，东伐郑国，南救楚乱，西征巴蜀，北服戎狄。当周襄王听到秦国征服狄戎的消息，为周朝廷消除了的心腹之患，特地派遣召公过带了金鼓送给秦穆公，表示祝贺。史称百里奚"谋无不当，举必有功"。

到秦孝公时，同样担任秦国丞相的商鞅问大夫赵良，自己与"五羖大夫"百里奚比哪一个更贤能？赵良劝商鞅功成身退，并这样评价百里奚：

相秦六七年，而东伐郑，三置晋国之君，一救荆国之祸。发教封内，而巴人致贡；施德诸侯，而八戎来服；由余闻之，款关请见。五羖大夫之相秦也，劳不坐乘，暑不张盖，行于国中，不从车乘，不操干戈，功名藏于府库，

德行施于后世。五羖大夫死，秦国男女流涕，童子不歌谣，舂者不相杵。此五羖大夫之德也。（《史记·商君列传》）

百里奚就是这样一位"功名藏于府库，德行施于后世"的"秦国第一相"。百里奚相秦，使秦国由一个偏僻小国一举晋升可与晋国、楚国争高低的春秋五霸之一，为秦国最终统一中国奠定了牢固基础。

郑商弦高，献牛救国

公元前630年九月，晋文公姬重耳联合秦穆公嬴任好出兵攻打郑国。原因是在这之前，郑国有两件事情得罪了晋国：一是晋文公当年逃亡路过郑国时，郑国没有以礼相待；二是两年前的晋、楚城濮之战中，作为晋国盟国的郑国却私下出兵帮助楚国，结果楚军大败。晋文公决定和郑国秋后算账。而这时，秦穆公也正想向东边扩张，问鼎中原。于是两个都想称霸的国君一拍即合，晋军驻在函陵，秦军驻在汜南，最终包围了郑国都城，郑国危在旦夕。

郑国大夫佚之狐对郑文公说："国家很危险了！如果派烛之武去见秦国的国君，秦军一定会撤退。"郑文公听从了佚之狐的提议。

烛之武辞谢说："我在壮年的时候都比不上别人，现在老了，无能为力啊！"

郑文公说："我没能早早用你，今日情急而求你，这是我的罪过啊。但是，我相信你也不愿意看到郑国就这样灭亡啊！"

深夜，烛之武用绳子吊出城墙，只身潜入秦军拜见秦穆公，说："秦国与晋国围攻郑国，郑国已明白自己将会灭亡。如果灭亡了郑国而有利于您，我烛之武怎么敢冒昧地拿亡郑这件事情来麻烦您呢？问题是，秦国在晋国的西边，即使灭了郑国，秦国也得跨越晋国才能拥有郑国，把秦国的边界拉到远方，您也知道鞭长莫及，到头来还不是为晋国扩大疆土？晋国越是雄厚，秦国就越薄弱。相反，如果您饶恕了郑国，郑国就可为秦国的使节往来提供吃、住等诸多方便，而今您要灭掉郑国来增强晋国，这对秦国有什么好处呢？何况您也知道晋国的野心。晋公靠您的全力扶持才返国登位，他曾答应把焦、瑕两地划给您，可结果呢，晋公早晨渡过黄河，晚上就筑起城墙来防备您，这是您所知道的吧？晋国哪里有满足的时候呢？它既然能把郑国当成自己东边的国境，岂能保证不会肆意扩大他西边的国境呢？到那时，如果不损害秦国，又将从哪里扩张他的疆域呢？损害秦国来壮大晋国的事，就请您认真想想吧！"

烛之武跟秦穆公絮叨了两个多小时，秦穆公恍然大悟，原来晋国才是大敌！便与郑国讲和，条件是派杞子、逢孙、扬孙三位大夫驻守在郑国，他自己就率军回去了。

晋国大夫子犯请求晋文公追击秦军，晋文公说："不行。没有那人的帮助，我今天也到不了这一地位。依靠别人的力量而后伤害他，不仁；失去了自己所结盟的力量，不智；利用混乱去改变订立的盟约，不勇。我还是回去吧！"于是，他也率领晋军离开了郑国。

隔了一阵子，秦穆公仔细想了想，感觉被郑国忽悠了：我秦国要称霸诸侯，总得向东边扩张啊！

公元前628年四月，郑文公、晋文公相继去世。十二月十二日，晋国准备把晋文公的棺材送到曲沃停放。离开绛城时，棺材里有声音像牛叫。卜偃请大夫跪拜，说："这国君在天之灵发布军事命令：将有西边的军队过境袭击我国，如果攻击他们，必定大胜。"原来秦穆公在郑、晋两国君主去世之际，乘虚偷袭郑国，这时秦军恰好经过晋国边境呢！

当时，驻守在郑国的杞子派人报告秦穆公说："现在郑国新君刚刚上位，又让我掌管他们北门的钥匙，如果大王派遣军队偷偷地前来，郑国就可以到手了。"

秦穆公去问蹇叔，蹇叔说："劳师远征，恐怕不行吧！我军的行动郑国一定知道，费了力气不讨好，士兵一定有抵触情绪。而且行军走一千里，谁会不知道？"

秦穆公不接受蹇叔的意见，任命相国百里奚的儿子孟明视为大将，西乞术,白乙丙为副将,挑选精兵三千,战车三百辆,在东门外出兵。蹇叔哭着送他们说:"孟子啊,我看到军队出去,恐怕看不到你们回来了!"

秦穆公派人对蹇叔说:"你这把年龄了,知道什么?如果你六七十岁就死了,现在你坟上的树木都已经合抱了!"

蹇叔的儿子白乙丙也随军出征,蹇叔哭着送他,说:"晋国人必定在崤山抵御我军,崤山有两座山陵。它的南陵是夏后皋的坟墓,北陵是文王在那里避过风雨的地方。你必定死在两座山陵之间,我去那里收你的尸骨吧!"

秦穆公不顾所有人的反对,对三位将军说:"郑国有我们自己人,你们里应外合,郑国的地盘以后就是我们秦国的了!"

公元前627年春,秦国军队经过成周王城的北门,除了车左、车右脱去头盔下车致敬外,中军指挥以及三百辆战车的将士都急驰而过。王孙满当时还年幼,对周襄王说:"诸侯的部队经过王城,本该装起铠甲,捆起兵器,左右武士下车而行,以此向天子致礼。今天秦军身穿同色的战服来到王城,士兵们不脱帽致敬也就罢了,您看那左边的将士不下车推车前行,右边的士兵也都坐在车上,看起来似乎很有力量,但是既不庄重又没有礼貌。不庄重就缺少计谋,没有礼貌就不严肃。进入险境却满不在乎,能不打败仗吗?"

秦军一路东行,到达滑国,这里距离郑国仅剩下八十公里。

这时,郑国商人弦高和同伴奚施(一说"蹇他")带领商队载着牛皮、赶着几百头肥牛正准备赴周都洛阳贩卖,途经滑国,远远地看见秦军,形迹诡异。弦高对奚施说:"秦军跨越好几个诸侯国,看他们偷偷摸摸的样子,是不是想偷袭我们郑国?况且他们的三位大夫驻守在郑国三年了,会不会是充当内应?"

一探听,果然如此!弦高、奚施大吃一惊。弦高说:"郑国可是我们的父母之邦啊,看来将要遭受战乱,我们在外或许能逃过一劫,但我们的父老兄弟都在国内啊,万一郑国沦亡了,就将家破人亡。要是那样,即使赚再多的钱,到头来还是无家可归,那还有什么意义呢?不行,我们得想想办法。"

于是两人商议对策,弦高说:"秦军行军数千里偷袭郑国,一定认为我们郑国没有防备。如果让他们知道郑国早已知道秦军情况,他们一定不敢再前进吧？"

奚施深以为是。

于是，弦高一面让奚施骑快马日夜兼程赶回郑国通报敌情，作好迎战准备；一面又怕来不及而采取缓兵之计。他假矫郑君之命打起了犒劳秦军的旗号，先送去四张熟牛皮，再选了十二头肥牛，来到秦军阵前喊道："郑国使臣特来犒劳贵军，弦高求见主将！"

秦将一听，全都愣了。大将孟明视对副将西乞术说："原来郑国果然如蹇叔所说早有准备！只是我军偷袭郑国，他们怎么知道我军的行动，这么快就派使臣来迎接我们？"

西乞术说："把他杀掉算了。"

另一位副将白乙丙说："暂且看他来意如何，再杀不迟。"

于是，主将孟明视与弦高相见。弦高假传郑穆公的旨意说："敝国主公听说三位将军率领大军将要来敝国已经好久了。由于敝国周旋于大国之间，屡遭侵扰，因此一直担心边远地区的戍守一时松懈，或有什么意想不到的事情得罪贵国，所以日夜警备，不敢安睡，担心贵军将士疲惫，粮草匮乏，因此特派小臣弦高带上薄礼，肥牛一十二头，前来慰问！"

秦军主将孟明视问道："既然郑穆公遣你来犒劳我军，怎么没有国书？"

弦高答道："敝国主公听说贵军驱驰疾速，担心等言辞修好了，有失远迎，便口授命令速来迎接，只是犒赏贵军将士吃些牛肉，喝些美酒，没有别的意思。虽然敝国并不富裕，只要贵军在敝国住上一天，敝国就会提供一天的食用给养；要是贵军离开敝国，敝国也会护送贵军安全离开。"

孟明视附在弦高的耳边说道："秦国主公派我领兵前来，为的滑国的事情。"随即下令："兵马驻扎在延津，宰牛摆宴，分赏三军！"

郑穆公接到奚施的急报后，立即派人侦察杞子、逢孙、杨孙三人驻守的地方，他们果然已经捆扎行装，厉兵秣马了，即派皇武子将他们驱逐出境。

皇武子说："你们驻扎在敝国的时间很长了，敝国的干肉、粮食、牲口都快用完了。郑国有兽圃，不过秦国有一个更大的兽圃，你们还是回到秦国的兽园去猎取麋鹿吧，也好让敝邑的兽园得到安宁，怎么样？"杞子看看机密已经泄露,赶紧逃往齐国,逢孙和杨孙则逃往宋国。

孟明视对两位副将说:"我军千里跋涉,只为了出其不意,攻其无备,现在看来郑国早已做好防备,偷袭是没有希望了。攻打他们吧,郑国的城池坚固,难以击破;围困他们吧,我军兵少,又没有后援。我们还是撤退吧!"商议既定,秦军顺路灭了滑国回师。途经崤山时,遭到晋军的伏击,全军覆灭,孟明视、西乞术、白乙丙三位将领成了俘虏。

秦穆公痛悔没有听从蹇叔之言,遭此惨重损失。

"空城计"是《三国演义》中最著名的经典故事,描述诸葛亮大开城门,悠闲自得地坐在城头品茶弹琴,吓退了司马懿来势汹汹的几十万军队。一曲空城计,使诸葛亮成为智慧的化身。只是据《三国志》和《资治通鉴》记载,那一年诸葛亮在失街亭后撤回大本营到汉中去了,魏军的统帅是张郃,而不是司马懿,当时司马懿正在洛阳公干呢!也就是说,诸葛亮和司马懿根本就没碰上面,哪来的"空城计"?原来那是罗贯中的小说家言,正版的"空城计"当是春秋时期的郑国商人弦高首创。

秦穆公"偷鸡不成倒蚀一把米",这实在与郑国商人弦高有很大关系,虽然蹇叔早已预见到这一结局,却由于弦高的推动把它变成了现实。

假如不是弦高矫命犒劳秦军,一语点破秦军的企图,那孟明视等人说不定可以偷袭郑国成功也未可知。

假如孟明视等人识破弦高矫命假象,像西乞术所说杀了弦高再连夜赶往郑国,那可能也还有机会。

再假如弦高探得秦军偷袭消息,只顾前往周地做他的贩牛生意……

当然,这些都是假设。真实的情况是,作为郑国的一个普通商人,弦高在国难当头之际,想到的不是保全自己的性命和财产,而是采取了完全相反的举措——拿自己的生命去冒险,为了保护国家的利益而牺牲自己的财产。这一点恐怕要让古往今来那些损公肥私、侵吞国家财产,甚至大发国难财的商人们惭愧脸红吧?

弦高的职业是贩牛,但在遇到危急情况时随机应变,挺身而出,以牛为礼物,自己也摇身一变由商人成为"国使",替郑国解了大围,成为千古传诵的爱国义商。

皇武子对郑穆公说："轻财称之为贤人，制胜称之为能人，弦高就是这样的贤能之士啊！弦高本来是到周地去做贩牛生意，在滑国遇到秦国的军队，得知秦军包藏祸心，准备偷袭我国，他没有怜惜自己的四张牛皮和十二头肥牛，用来犒劳秦军，因此使得郑国免受战争之祸，这就是轻财之举；犒劳秦军之后，使秦军将士大惊失色，让他们阴谋破产，士气尽丧，担心前不可攻，后无援兵，必将暴尸于野，郑国不费一兵一卒，而秦军敛兵而退，这就是制胜之策。如果不是弦高，秦国大军压境，有谁能抵抗？我们连一点风声都不知道，哪里会有什么防备？那样一来，外孟明视等三位大将大军偷袭，内有杞子、逢孙、杨孙三人做内应，里应外合，郑国的命运就不知怎么样了。现在我们的军队没有出发，边疆也没有惊动，劲敌就已经远逃，国家得以安宁，这都是弦高的功劳啊！没有什么比保国之功更大的了！提拔仁贤之士，起用才智之人，奖赏有功之臣，这是治国常理啊！还请主公厚赐弦高，为国人树立榜样啊！"

郑穆公说："不忘奖赏有功之士，为全国人民树立榜样，这样可以弘扬正能量，何乐而不为呢？"于是召集群臣，拜授弦高为军尉。

弦高稽首再拜，说："感谢主公隆恩！我弦高不过是一介草莽，从来没想到过要担任什么官职，从事经营贸易，互通有无，方便各地民众，是我的本业。前不久秦军一路东征，在滑国被我碰上，当我得知他们准备偷袭我的父母之邦时，我来不及向官府汇报，就假矫主公之命犒劳秦军，此举超越了我的本职，假托国君之命，欺君之罪，罪该万死。幸而主公隆恩，赐免杀头之罪，对我来说，这已经是最大的幸运，哪里还敢奢望什么奖赏呢？我们郑国先君桓公、武公、庄公、文公功勋卓著，彪炳王室。先君有灵，使得上天体恤我们这些子孙后代，免受战争之祸，秦军偷袭才不能得逞，这全是先君在天之灵保佑我们，我弦高有什么功劳呢？而今主公将这功劳归到我名下，并厚赐我，会让全国人都认为主公是因为我弦高的缘故滥赏僭越行为，千万要不得啊！将上天和祖先的功劳归于自己，如同盗窃别人的财物据为己有，这是欺世盗名，罪上加罪，我还敢侥幸将秦国撤军归为自己的功劳吗？如果是因为我献上几头牛就归功于我,那么我弦高虽然只是个商人,以这区区之劳而领受如此奖赏,岂不是不义吗?我听说,臣子不敢怜惜自己的财产,这是义之所在。儿子的财产,也是父母的财产。为子之道,为臣之道都是这样。这样说来,包括我这身体在内,以至于妻子、僮仆、财产,哪一样不是国家所有呢,只不过暂时存放在臣民那里罢了。不是国家所有,臣民们哪里能获得这些财产呢?牛皮在我这里,其实还是国家的,现在我拿出来,这是理所当然的啊!如果将国家所有的东西,说成是我个人所有,而且要求归还,这合乎道义吗?如今我接受主公的奖赏而丢了道义,这怎么行呢?而且,要不是社稷之灵、先君主公之福,秦军兵临城下,还有谁能免于拿起武器抗击敌人呢?我若眼看着国家灭亡而不顾,那样我还能拥有牛群和牛皮吗?现在托主公洪福,不仅保全了我的性命,而且宗室家族都安然无恙,如果说赏赐,这不就是最大的赏赐吗?难道还需要特地赏赐我?现在全国人都受到主公的恩赐,而我还要接受额外的赏赐,国人不会认为我弦高贪得无厌吗?我担心这是加重我的错误。所以请求主公不要赏赐我,这就是免得使我犯错误而陷于不义啊!主公还是收回成命吧!"

郑穆公说:"既然这样,那就成全你吧,用你的高义来教导国民,这是我们郑国的骄傲啊!"

弦高辞赏后,带着他的属下迁往东夷,终其一生再没有回过郑国。

| 第六章 |

计然：发现经济周期律的商学之祖

计然，春秋末期宋国葵丘濮上人，姓辛，名妍，道号文子，商号计然，亦作计倪、计砚、计研、宋妍、宋钘、宋荣子。计然早年受业于老子，著《文子》九篇，阐发老子之言，属早期道家宋尹学派代表人物。唐朝天宝元年唐玄宗诏封为"通玄真人"，诏改《文子》为《通玄真经》，与《老子》《庄子》《列子》并列为道教四部经典。

计然南游楚越，范蠡拜他为师，传授七大富民强国策略，史称"计然七策"。越用五策而灭吴称霸，范蠡用之于家而富至巨万。《史记·货殖列传》、《越绝书》之《计倪内经》《计倪外传》、《吴越春秋·勾践阴谋外传》均载录计然之策，相传范蠡集为《范子计然》一书传世。计然堪称越王勾践的首席战略顾问、越国灭吴称霸的总设计师、中华商学之祖。

早闻大道，运筹商界

计然者，葵丘濮上人，姓辛氏，名文子。其先，晋国亡公子也，博学无所不通。人有内无外，形状似不及人，少而明，学阴阳，见微而知著，其行浩浩，其志泛泛，不肯自显诸侯，阴所取利者七国，天下莫知，故称曰"计然"。时遨游海泽，号曰"渔父"。尝南游越，范蠡请见越王。计然曰："越王为人鸟喙，不可与同利也。"范蠡知其贤，卑身事之，请受道，藏于石室，乃刑白鹄而盟焉。（《范子计然》）

计然的上代是晋国公子，曾经有过显赫的家世，但晋悼公之后，晋国六卿专权，史称"六卿强，公室卑"（《史记·晋世家》）。当时齐相晏婴到晋国访问，与晋国大夫叔向会见时，叔向不无忧虑地告诉晏婴说："晋，季世也：公厚赋为台池而不恤政，政在私门，其可久乎？"（《史记·晋世家》）在这种情势下，作为晋公子的计然祖辈或父辈逃离晋国，开始流亡生涯，到了宋国葵丘濮上这个地方定居下来，所以史家多说计然是宋国人，庄子即称他为宋钘、宋荣子。葵丘就是春秋首霸齐桓公"葵丘之会"的所在地，濮水则是后来庄子垂钓于濮水的地方，或许冥冥之中注定了计然的一生介乎道术与霸术之间。

自古异人有异相，如虞舜双眼重瞳，夏禹耳有三洞，皋陶口似马嘴，商汤胳膊两肘，周文王胸有四乳、周武王低头可望天，李耳生而白发世称"老子"，孔子头如山丘凹凸起伏而称"孔丘"等。与老子、孔子几乎是同时代的计然似乎也生有一副异相，虽然富有内才，但外貌平庸，性情愚钝，所谓"有内无外，形状似不及人"。

虽然计然长得不咋样，可他从小博览群书，博学多才，后又拜师于当时赫赫有名的周朝廷守藏史、道家创造人老子门下，所谓"早闻大道"，因而精通天地阴阳之道，擅长从事物刚开始露出端倪就能知道事物的发展规律，人称"少而明，学阴阳，见微而知著"。颇似老子所说的被褐怀玉，大智若愚。

春秋时期战乱频仍，大国忙于争霸称雄，小国则时刻面临被吞噬的危险，弱肉强食，礼崩乐坏，整个社会动荡不安。年轻的计然品行刚直，正气浩然，不愿自荐于诸侯。在他看来，那些从政者就像飞翔于蓬蒿之间怡然自乐的小麻雀一样，一笑了之。所以尽管才冠当世，也不为天下人所知，所谓"其行浩浩，其志泛泛，不肯自显诸侯"。《庄子·逍遥游》称他能做到"举世而誉之而不加劝，举世而非之而不加沮；定乎内外之分，辩乎荣辱之境"。全世界夸赞他，他都不感到兴奋；全世界都非议他，他也不感到沮丧。清静自守，超然物外，不为世俗的荣辱所累，所以常常泛舟遨游于山海湖泽之间，自称"渔父"。

当然，道家的宗旨是"内圣外王"之道，虽然计然不求闻达于诸侯，但作为抱道之士，他以经商为生，善于审时度势，捕捉商机，擅长筹策，因而往来穿梭于诸侯国之间。他悄无声息地从七个国家赚取大利，却没有人知道他是怎么发财的。

一次，计然南下楚、越两国经商。当时，越国的勾践刚刚被吴王夫差大败，正乖乖地在那里给人家当奴隶。勾践的谋臣范蠡听说计然来到越国，慕名投到门下，做了计然的学生。范蠡很崇拜计然，认为老师一身谋略，不出来拯救乱世实在可惜。于是，在范蠡的强烈推荐下，勾践亲切会见了计然。

计然第一眼就看到越王勾践，深谙他这张钩鼻鹰眼的人将来一定会过河拆桥，但既然人家屈尊求问，就建议他通过转货贸易以增加财富，勾践似乎没有感觉。计然就离开越王，辗转于吴国、楚国、越国三国之间，短短几年之间就成了名动天下的富豪，时人称之为"计然"，即善于运筹谋划之意。

计然七策，灭吴霸越

三年后越王勾践听范蠡说计然已经成为名满天下的大富豪，而自己的越国还没有多大起色，雪耻心切的勾践又让范蠡千方百计邀请计然。计然架不住弟子范蠡和越王勾践的恳求，再次南下会稽。这次越王终于拜他为国师，计然便拿出了自己的看家本领——计然七策。这是越国的《国富论》，勾践灭吴称霸的"红宝书"。

《越绝书》集中写计然的就有两篇：《计倪内经》主要讲计然发展经济、富民强国之策，侧重于经济问题，强调"农末俱利"的战略思想；《计倪外传》主要讲计然的治国用人之策，侧重于政治问题，强调得士者昌、失士者亡。《吴越春秋·勾践阴谋外传》先讲计然的用人之道，后讲富国之策。《史记·货殖列传》集中阐述了计然的致富之道。

《货殖列传》说的"计然七策"都是哪七策，历来没有定说。明代冯梦龙的《东周列国志》说文种破吴用的就是计然七策：

一曰：捐货币以悦其君臣；二曰：贵籴粟囊，以虚其积聚；三曰：遗美女，以惑其心志；四曰：遗之巧工良材，使作宫室以罄其财；五曰：遗之谀臣以乱其谋；六曰：强其谏臣使自杀以弱其辅；七曰：积财练兵，以承其弊。

《吴越春秋·勾践阴谋外传》记载文种进献给越王的则是"九术"：

一曰：尊天事鬼以求其福。二曰：重财币以遗其君，多货赂以喜其臣。三曰：贵籴粟槀以虚其国，利所欲以疲其民。四曰：遗美女以惑其心，而乱其谋。五曰：遗之巧工良材，使之起宫室，以尽其财。六曰：遗之谀臣，使之易伐。七曰：强其谏臣，使之自杀。八曰：君王国富而备利器。九曰：利甲兵以承其弊。

文种称，商汤、周文王得到这"九术"而称王天下，齐桓公、秦穆公得到这"九术"则称霸诸侯。在这里，"文种九术"去掉第一、第八术，就成了冯梦龙所说的"计然七策"。笔者认为，"计然七策"一定包括经济、政治、军事、文化等方面，是全方位的兴越灭吴战略书。太史公在《货殖列传》里所记载的，主要是计然在经济、商业领域的策略，而非"七策"全部。这里从《货殖列传》出发，结合《越绝书》和《吴越春秋》，将计然的富国之策归纳为三个方面：经济循环的周期论、农末俱利的平粜论、贵出贱取的积著论。从中可以看到，计然是中国历史上第一个经济学家，笔者称之为"中国商学之祖"。

经济循环的周期论

计然曰："知斗则修备，明用则知物，二者形则万货之情可得而观已。故岁在金，穰；水，毁；木，饥；火，旱。旱则资舟，水则资车，物之理也。六岁穰，六岁旱，十二岁一大饥。"（《史记·货殖列传》）

越王勾践召见计然，问道："我想讨伐吴国，又担心不能取胜，但又想尽早出兵，先生精通四时阴阳，洞察万物规律，想听您谈谈治国之术，请您担任我的老师，把这些知识传授给我，我一定不忘您的教诲。"

计然说："想要打败吴国，首先必须做到国富兵强。要知道，国与国之间的竞争，主要是军备竞争。这就涉及一个国家战略性物资储备的问题，因此首先必须准备充足的粮食和货币储备，堆满了粮苍和银库，当打仗的时候，可以用钱粮来激励士兵。要做到这些，必须知道客观规律的变化，鼓励生产，积累财富。当准备充足以后，就可以考虑准备进攻敌人了。"

越王问："怎样才能富国强兵呢？"

计然说："要想国富必先要民富，就要尽量减免老百姓的赋税，藏富于民，要积极引导并奖励农耕。对于那些遭遇天灾人祸的百姓，为官的要及时问候、扶持并救助，以便让他们能集中力量恢复农耕生产，同时清除祸害，避免更大的损失；还不能让百姓无事可做，更不可让田地荒芜，老百姓一旦缺衣少食，就会诱发社会动乱。只有粮食满仓，百姓过上殷实富庶的生活，国家富强了，才有能力应对各种自然灾害，有能力训练强兵。有了充足的钱粮储备，打仗的时候，就可以用钱粮来激励士兵；如果准备不充分，连粮食都不够，上了战场，士兵缺粮饥饿，就容易受伤。饥饿和饱食军队相差万里，饿兵软弱无力，连手中的弓弩都拉不满，命中率和杀伤力锐减，一旦被敌军发现，他们就像恶狗赶羊一样将饿兵一网打尽。所以大王千万不能掉以轻心，不要让当年被困会稽山上缺粮那样的情况再次发生，希望大王慎重考虑。我曾建议大王通过转货贸易以增加财富，但您不听我的建议，我因此离开不再说这件事，辗转于吴国、楚国、越国三国之间，从事贸易获取利益，由此知道天下从事转化贸易增长财富是容易的。我听说大王您亲自耕种，夫人亲自织布，这不过是尽您一个人的气力而已，而不是依据天时、运用智慧对农事进行计划决策。从天时上决断就是遵循时令的规律，从智慧上决断就是在灾害未发生时有所防备。懂得了'时断'与'智断'，就可以根据世间万物的形状来体察它们的性情，财物的多余或短缺，时序的逆乱或和顺，一目了然。我听说炎帝得天下，后来传给了黄帝。黄帝于是虔诚地敬事上天，认真地治理大地。所以派少昊治理西方,叫蚩尤辅佐他,掌管金(秋天);派玄冥治理北方,叫白辨辅佐他,掌管水(冬天);派太昊治理东方,叫袁何辅佐他,掌管木(春天);派祝融治理南方,叫仆程辅佐他,掌管火(夏天);后土治理中央,叫后稷辅佐他,掌管土(农事)。共设有这样五个方位,分别掌管四时和农事,把它作为治理天下的法则。因此虽然掌管辅佐有别,但都体现了春生夏长秋收冬藏的万物自然规律。大王如果认真考虑听从我的意见,从大的方面来说可以称王天下,从小的方面来说可以称霸天下,除此还有什么办法吗?"

越王问:"请问治理的要点是什么?"

计然说:"太阴星处于金(西方)的三年庄稼就丰收,处于水(北方)的三年庄稼就无收成,处于木(东方)的三年天下就谷物歉收,处于火(南方)的三年天下就发生旱灾。因此,消耗财物时就要时刻考虑到积聚,囤积财物时就要经常注意把握分寸,那么决策万物不过三年就可以明白无误了。用智慧来计划,用意志来决策,再根据阴阳顺逆的规律来办事。按照货物的积储和社会上余缺情况,多余的可以贱收,短缺的可以贵卖,这样既可以达到积储的目的,还可以获得财富的增长,一年下来好的话能翻上两倍,一般的话也可以翻一倍,最差也能保本。遇到水灾的时候,水多而车难行,车就没什么用,等钱用的人就贱卖车辆,你就买进车子储备起来,以备旱灾的到来;遇到旱灾的时候,水少而船难行,船就没什么用,等钱用的人就贱卖船只,你就买进船只储备起来,以备水灾的降临。反过来,涝年船贵,旱年车贵。同理,夏天就收集、积蓄皮货,冬天就采办、置备细葛布,这就是处理事物的基本道理。天下六年一丰收,六丰一饥馑,一般十二年一次大饥荒,碰到饥荒之年老百姓就会流离失所。所以圣人能预先知道天地循环往复的规律,事先做好准备。因此在商汤的时候,连续七年旱灾而人民没有饿肚子;在夏禹的时候,连续九年水灾而人民没有流离失所。如果国君能够通晓交易生财之道,而任命贤能的大臣去从事贸易活动,那么即使千里之外的财货,也可以用车子载运回来;不懂得这个道理,不去从事贸易活动,那么近在百里之内的财货也不会到来。"

越王说:"说得好!像你这样论述事情,听来就明白了。请问世间万物有吉凶之兆吗？"

计然说："有！天地万物，都有它的法则。日月、星辰、刑德因运动变化而生产吉或凶；金、木、水、火、土五行相生相克，旧月结束，新月开始，交替轮回，周而复始，没有人能够改变它们的运行规律。顺应自然规律的就会得到上天的恩赐，违反自然规律的就会招致灾难的发生。所以圣人能够明察刑神移徙并正确辨别它的方位，顺从德神迁徙而避免它运行不顺而带来的灾殃。做任何事情，必须顺应天地四时的运行规律，并用阴阳变化作为比较考察的依据。如果不顺应天地四时的运行规律，又对阴阳变化不作详细考察，做任何事情都不会成功。"

越王说："说得太好了！请问有什么具体的方法吗？"

计然说："按照十二辰方位，太岁运行从寅位起到未位的六年属于阳。太岁运行在阳，那么按照十二次方位，岁星运行在阴，这几年年景一定好。圣人于是采取行动来应对阴阳的变化，制定粮食的收聚（买）和散发（卖）计划。通常以太岁在阴的年份安排收、发事宜，阴将尽的时候，赶紧卖出各种牲畜和其他货物，来大量收购粮食，以对应阳的到来；阳将尽的时候，赶紧卖出粮食来收购田地、房屋、牲畜，积蓄货物钱财，购进棺木，以应对阴的到来。这样做的话可以获得十倍的盈利，少说也有五倍的盈利。天会有规律地进行阴阳转换，所以圣人会根据阴阳转换来做规划，凶年一反常规出粜粮食而收购货物，丰年顺势收购粮食而出卖货物，这样总能因收聚而获得利益。"

这里，计然发现了经济周期律和价值规律的作用，进而提出了保持"总需求"与"总供给"平衡的问题，强调了要实行"行政干预"和"宏观调控"。

农末俱利的平粜论

夫粜，二十病农，九十病末。末病则财不出，农病则草不辟矣。上不过八十，下不减三十，则农末俱利，平粜齐物，关市不乏，治国之道也。（《史记·货殖列传》）

越王问:"先生说得很有道理。只是今年我们越国又获丰收,却还有贫穷乞讨的人,这是为什么呢?"

计然说:"这原本就有差别,好像同母异父所生的儿子,他们谋生的方式各不相同,所以贫富也就不一样。贫穷的人由于积累比别人少,顾得了眼前顾不了日后,因此意志日渐消沉,做事只是为了获得每天的口粮,既没有谋生的手段,又得不到官府的赏赐,所以只好长期贫穷靠乞讨过日子。"

越王说:"大夫扶同和苦成曾经就此问题和我在会稽山石室谈论过,我不同意他们的看法。只有今天先生的话跟我的看法一致,请您进一步给予指教。"

计然说:"治国和经商一个道理,就是要以民为本。要想在商业领域长盛不衰,关键也是先要考虑民生问题。譬如国家购粮、售粮,如果以每石二十钱的价格向农民购粮,农民就会吃亏;以每石九十钱的价钱将粮食卖给商人,商人就要吃亏。要知道做买卖的人,都是先垫付本钱购买市场需要的物资,再进行转手交易来赚取利润,如果他们吃亏了,便没有动力再去做生意,钱财就不会在社会上流通。相同的道理,如果农民吃亏了,也会挫伤他们的生产积极性,田地就会荒芜。在买和卖这两个问题上,一定要让农民和商人都有双赢的机会,毕竟合理的价格会促进物资流动,国家的税收和市场的供给才不会缺乏,消费者也不会惊慌。也就是说,治理国家必须遵守的基本法则是:要同时兼顾农民、商人、消费者的利益均衡。假如国家规定,收购粮食的最高价不得超过每石八十钱,最底价不得低于三十钱,这样农民和商人都能获利。所以古代治国的人把它作为原则,各种货物只要市场一开业,就会蜂拥而来。"

越王说:"如此真是太好了!"

"平粜",也作"平籴",是国家对市场物价所作宏观调控措施。在这里,既谈了以"物价"为代表的"市场",又谈了以"官府"为代表的"计划",把"市场"放在第一位,把"计划"放在第二位,从顺序上揭示了二者在推动经济发展中的关系和作用。

那么,以什么标准贱收贵售进行调控,达到稳定和平粜呢?换句话说,物价应稳定在什么水平上呢?

计然提出了"三八调控律"。

计然以粮食买卖为例,如果每斗五十钱为正常价格,若是降到每斗二十钱的话,农民利益必然受到损失,就会影响种田的积极性,导致土地荒芜,野草丛生——"谷贱伤农";若是每斗升到九十钱,商人的利益就会受到损失,导致贸易停顿,市场萧条,钱财不能流通。

无论哪方面受损,都会影响到国家经济的正常发展。因此,对粮食价格要控制在最高每斗不超过八十钱,最低每斗不低于三十钱,用"八"封顶,用"三"保底。在"三"与"八"之间上下浮动,使农民和商人都有利可图,以促进粮食生产和贸易,推动国家经济发展。

计然提出的"三八调控律",既考虑到了价格规律在"三"与"八"之间自发控制的一面,又主张官府的强制性,不能突破"三"与"八"。把市场与计划统一到有利于农民、有利于商人、有利于国家财政收入,达到民富国强的战略目标上。把深奥的"价值规律论""宏观调控论"具体化、明白化了,令其具有很强的可操作性。

计然的高明之处还在于抓住了市场的"龙头"——粮食,把粮价作为控制物价的"基础价"。他认为,只有在粮食的价格上"农末俱利",才能"平粜齐物",带动其他货物、商品的平等交易,达到"关市不乏"、繁荣市场的目的。

为此,计然还制订了粮食的"指导价格",并列成图表,然后对越王说:"只要能明白金、木、水、火、土的相生相克,辨别阴阳的此消彼长,再根据我的方法和图表去做,就不必担心没有功效。"

计然粮食分类图表如下:

甲类粢(祭祀用的谷),属于上上等货,每石价七十钱;

乙类黍,属于上中等货,每石价六十钱;

丙类赤豆,是上下等货,每石价五十钱;

丁类稻谷,命令作为中上等货,每石价四十钱;

戊类麦,属于中中等货,每石价三十钱;

己类大豆,属于中下等货,每石价二十钱;

庚类横,同蔬菜,不定价;

辛类果,同蔬菜,不定价;

壬类、癸类货空缺。

越王勾践连连称好,命人将他与计然的对话用丹青记录在布帛上,并放在枕头里,有如国宝般珍藏着,并说:"从今以后,要把它作为教材传之于后世。"

于是,勾践在全国各地寻找隐秘的地方,建造了八个大仓库,粮食充沛、价格便宜时,则大量买进贮藏;粮食短缺、价格高昂时,便大量抛售,以平衡物价,在短短的三年内即获得五倍的利益,使原本贫困的越国政府很快富裕起来。

贵出贱取的"积著论"

积著之理:务完物;无息币;以物相贸易,腐败而食之货勿留,无敢居贵;论其有余不足则知贵贱,贵上极则反贱,贱下极则反贵,贵出如粪土,贱取如珠玉;财币欲其行如流水。(《史记·货殖列传》)

计然的"积著之理",说的是通过经营积累财富进而显达的基本原则。

一是质量至上论。经营贸易一定要保证商品的质量,这就是"务完物","务",就是"务必",强调产品质量的重要性。所以,囤积货物的原则是,一定要有囤积粮食的完备设施,存放可以久藏易售的货物,以免因囤积过久而造成滞销。因此,采购货物时,对容易腐烂的东西切勿长期储存,防止以次充好,坑害消费者,即"腐败而食之货勿留"。这是经商者最基本的信用。

二是供求平衡论。做生意,一定要及时掌握市场行情,把握商品价格与市场需求之间的平衡关系及其变化趋势,"论其有余、不足,则知贵贱。"

商品供求状况决定物价的高低，供多于求就是有余而贱，供不应求则不足而贵。要懂得上下波动、物极必反是物价运动的基本形式，"贵上极则反贱，贱下极则反贵。"商品价格上涨，生产者就会将资源集中到这里，供给自然增加，增加到一定程度，供大于求，价格则会狂跌，反过来也是同样的道理。因此经营活动不能从众，要从供求关系的角度，确定自己的经营品种和买卖时机。价格高到适当程度的时候，应当像倾倒粪土一样果断抛售，即"贵出如粪土"；价格在低谷的时候，应当视同珠宝一样大胆买进，即"贱取如珠玉"。事物的量变在积累的过程中达到一定程度就会有一个质的飞跃，对于商家来说，对事物"度"的把握是至关重要的，造成不能苛求过高的利润，"无敢居贵"，以免错失良机。

三是资金周转论。在营销过程中，要特别注意保持资金流转的通畅，不能把过多的资金积聚在自己的手中，这叫作"无息币"。不要看轻薄利，在资金加速运转的情况下，实际上就已经达到了增加利润的效果。而一味地囤积居奇，抬高物价，则有可能血本无归。经营之道似细水长流，流则活，滞则死。因为高额利润不可能时时存在，薄利多销实际上就是将风险转化为利润的最佳方法。搞活是经营的根本，即要让有限的资金充分周转，就像江水奔流不息，这就是"财币欲行如流水"。成功的商人一定懂得，一个人的财富不是他手中拥有多少资金，而是能运作多少财富。

计然的经济学理论堪称当今股市投资的先声。股市投资一般分为两派，一派号称是投资的，长期持有；一派号称是投机的，高抛低吸，波段操作。尽管那时候没有股市，但计然已发现六年丰收、六年干旱、十二年会出现一次大的粮荒这一经济波动周期律，对价格波动现象，计然的总结是"贵上极则反贱，贱下极则反贵"，由此提出了千古不变的商战法则："贵出如粪土，贱取如珠玉，财币欲其行如流水。"在价格高位，不要继续贪婪，要勇于出货，全部清仓，把手中的货物像粪土一样抛售；在价格低位，不要畏惧，要勇于进货，把仓位像收集珠玉一样建立起来。这种的操作手法，堪称典型的高抛低吸。

这个原则今天看起来平淡无奇，但确实是千秋不易的胜利法则。还是看股市的例子，人人都知道高抛低吸，但很多人在高位总是贪婪，总想更高，不想出货，做不到"贵出如粪土"；在低位总是害怕，怕继续下跌，做不到"贱取如珠玉"。在两千多年前，没有股市的情况下，能总结出这样的思想，超赞！

不累于俗，佯狂而退

越王勾践听了计然之策，顿感雪耻有望，不禁热血沸腾，便召集群臣讨论伐吴详案，不料群臣静默无语。越王怒从中起，说："寡人听说，'主忧臣辱，主辱臣死'，君主有了忧患，做臣子的就应该感到耻辱；君主受到了屈辱，做臣子的就应该勇于献身。如今寡人遭受奴虏之厄，身囚石室之耻，亟须能臣匡扶国运，兴越讨吴，可是众大夫为什么平时都喜欢自我表现，临到差遣办事却如此艰难呢？"

计然当时官位低，坐在最后一排，见大家都不说话，便挺身而起，说："恐怕不对吧！并非众大夫平时爱自我表现，临事畏难，而是大王不懂得怎么任用大家啊！"

越王说："此话怎说？"

计然说："官位和财帛在大王那里是很轻贱的东西，而生命却是最宝贵的东西。大王爱惜那些轻贱的东西，却要求大家把最为宝贵的生命奉献出来，这岂不是太难了吗？"

越王勾践连忙作揖道谢，叫计然坐到前面去，向他讨教。

计然说："仁义是治国之门，士民是立国之本。要使门路畅通，根基牢固，莫过于君主正身，谨选左右。圣明的君主选用人才，不因为他是谁的亲信，也不管他是谁的子孙，喜欢不喜欢、用与不用，标准应该是一样的。从前周文王之所以称王天下，齐桓公之所以首霸诸侯，最根本的原因就在于礼贤下士。姜太公到九十岁还没有建功立业，只不过是一个垂钓璠溪、受冻挨饿的老头，周文王不计较他对自己的不恭，拜他为太公；管仲为公子纠争夺君位时，一箭射中公子小白的带钩，差点要了小白的命，但登上宝座的齐桓公不计较管仲的一箭之仇，尊他为'仲父'。这两个人算来也不曾有过半点奔走呼号的功劳，却受到如此尊崇。现在大王身边放着这么多贤臣和智士却不尊重他们，也不重用他们，好像门窗上贴着的画像，任人侮辱。这会使智士感到耻辱，贤臣感到羞赧。我听说，得士者昌，失士者亡。希望大王认真考察身边的大夫，哪里还需担心众大夫不竭忠尽智呢？"

越王勾践深为惭愧地说："我也希望各位谋士有真才实学，各尽其智，只是苦于没有人向我献计献策啊！"

计然说："据我所知，大王身边就有两位贤能之臣，范蠡明而知内，文种远以见外。还望大王请与大夫文种深入商讨，越国称霸之策就在眼前呢！"

越王说："对啊！你说得对！"于是，重用范蠡和文种，仰观天文，俯察地理，历象四时，上下齐心，内修政治，外交诸侯，短短三年时间越国就富强起来。越王感叹道："吾之霸矣！善，计之谋也！"我如今总算看到称霸的希望了！善哉，计倪之策！

越王勾践推行计然之策十年，越国大富，便用重金养兵买马。到最后，越国将士奔赴疆场，如同渴者得饮，终于灭吴雪耻，继而与齐、晋会盟于徐州，问鼎中原，致贡周室，号称春秋五霸之一。

勾践称霸南归，置酒文台，群臣痛饮尽欢，唯独越王面无喜色。范蠡见好就收，泛舟五湖去了；文仲被赐属卢之剑，自尽了。计然知道自己的日子不会好过，装疯卖傻才逃过劫杀。从此以后，这个春秋时期最著名的谋略家便一去无踪。

当初商朝末年，纣王昏暴，叔父比干屡次上谏而被纣王挖掉心脏，庶兄微子见状逃走了，伯父箕子装疯被囚。孔子说："殷有三仁焉。"历史往往有惊人相似的一幕，如今越国也有三仁：靠着"计然五策"实现大翻盘的越王勾践也变脸了，文种被杀，范蠡逃走，计然装疯。

综观计然，出则经商致富，仕则担任越王的首席战略顾问，灭吴霸越的总设计师，诚如《庄子·天下》称赞他的："见侮不辱，救民之斗；禁攻寝兵，救世之战。"受到欺辱不以为辱，解救人们的争斗；禁防攻伐，平息干戈，要把世界从战火中拯救出来。"图傲乎救世之士哉!"多么伟大的救世之士啊!但作为道家人物,计然深谙老子"功遂名就身退"之道,最后佯狂远遁,挥挥手,不带走一片云彩。又如《庄子·天下》所称颂:

> 不累于俗,不饰于物,不苟于人,不忮于众,愿天下之安宁以活民命,人我之养足而止,以此白心,古之道术有在于是者,宋钘、尹文闻其风而悦之。

这是说以计然、尹文为代表的宋尹学派,不为世俗所累,不用外物来矫饰,不苛求于人,不违逆世情,但愿天下安宁以保全人民的性命,对自己的生活需求只要五斗米果腹就满足了。

计然既是洞察阴阳、超然物外的先秦道家代表,又是农末俱利、富民强国的中华商学之祖,由此我们不难理解,为什么他的弟子范蠡会成为中华道商之祖了。

| 第七章 |

范蠡：三散其财的道商鼻祖

范蠡（约公元前536年～前448年），子少伯，楚国宛邑三户（今河南南阳）人，春秋末战国初杰出的政治家、军事家、实业家和中国最早的慈善家。出身贫贱，但博学多才。初为楚国名士，楚宛令文种三访范蠡，终成莫逆之交。司马迁称赞"范蠡三迁，皆有荣名"：第一迁，与文种离楚赴越，辅佐越王勾践灭吴雪耻，称霸中原，官拜上将军；第二迁，范蠡泛舟五湖，从海路逃到齐国，改名"鸱夷子皮"，开荒种田，引海水煮盐，成为千万富翁，齐人聘之为相；第三迁，范蠡归还相印，尽散家财，隐居"天下之中"的陶邑（今山东定陶西北），自号"朱公"，专事经商，成为亿万富豪，号称"陶朱公"。

范蠡二次辞官，二次创富，三致千金，三散其财，后人称其"忠以为国，智以保身，商以致富，成名天下"。被誉为中国最早的慈善家、中华商圣、道商鼻祖。两千五百年来，国人将范蠡和子贡相提并论，把商业经营称为"陶朱事业，端木生涯"。

助越灭吴，泛舟五湖

春秋战国之交，是一个大动荡、大变革的时代。诸侯争霸，合纵连横；诸子争鸣，周游列国；诸商争富，周流天下。范蠡就生活在这样一个动荡而自由的社会转型期。虽然当时的主流意识是打仗，但各国都在招揽英才，流动自由，从业自由，思考自由，对于任何一个有志者从来不乏机遇和舞台。

范蠡出身贫贱，少有大志，但他没有世袭爵禄，不得仕进。加上当时楚国政治黑暗，楚平王滥杀忠臣，人才外逃，范蠡自感无法施展才能，经常披头散发遨游于山林田野之间，击剑高歌，放浪形骸，一会儿痴呆，一会儿清醒，与接舆、庄生一样，时人讥之为"楚狂"。《史记·越王勾践世家》中说他"佯狂倜傥负俗"——假装疯癫，很洒脱，与世俗格格不入。

楚昭王十八年（公元前506年），从楚国郢都派来了新的宛邑令，名叫文种，范蠡的人生道路由此发生了重大转折。

文种对范蠡早有耳闻，认为"狂夫多贤士，众贱有君子"，想请他出山，于是"三顾茅庐"。第一次派小吏过去请范蠡到衙门叙话，范蠡避而不见，小吏回来说："范蠡本国狂人，生有此病。"文种哈哈大笑："吾闻士有贤俊之资，必有佯狂之讥，内怀独见明，外有不知之毁，此固非二三子之所知也。"（《史记·越王勾践世家》）。第二次文种亲自拜访范蠡，范蠡披一张黑狗皮学狗汪汪叫撵走文种；第三次文种来访时，范蠡才梳洗更衣，备酒招待，两人纵论天下大势，相见恨晚，发誓不论到天南地北，都要相从相携。

中国历史上从来不乏求贤问道的故事，前有周文王渭水寻访姜太公，后有刘备三顾茅庐恭请诸葛亮，然而他们都是君臣之交；范蠡之遇文种、管仲之遇鲍叔牙、伯牙之遇钟子期，则是莫逆之交，堪称千古知音。

文种和范蠡两人清楚，要在黑暗衰弱的楚国实现政治抱负渺渺无期，于是商议弃楚而去，首选的目标就是正在崛起的吴国。

在做出最终那个改变自己命运，也将改变天下大局的决定之前，范蠡与文种有过一番著名的对话，史称"宛邑对"：

（范蠡）谓大夫种曰："三王则三皇之苗裔也，五伯乃五帝之末世也。天运历纪，千岁一至。黄帝之元，执辰破已。霸王之气，见于地户。子胥以是挟弓干吴王。"于是要大夫种入吴。（《越绝书·越绝外传记范伯》）

范蠡对文种说："三王是三皇的后代，五伯是五帝的末世霸主。天道运行每轮回一次，就是上千年时间。黄帝建元，五行属土；到今天霸王的气数，显现于'地户'。天倾西北，地陷东南。地户就在东南，恰恰就是吴、越两国的分野。伍子胥看到这种趋势，挟长弓，持锐箭，投奔了吴国。"

文种非常认同范蠡对天下形势的判断，于是毅然辞去宛令，与范蠡一同投奔吴国而去。到了吴国，找到了老友冯同，冯同提醒他们说："现在伍子胥和孙武两位顶级大师已在吴国，并受到吴王阖闾的重用。你们再来吴国，恐怕难以说上话。"

范蠡和文种商议："吴、越两国有着共同的风俗习惯，'地户'的位置，不是吴国，就是越国。听说越王允常正求贤若渴呢！"

范蠡、文种两人经过长途奔波到达越都会稽城，越王允常与他们纵论终日。由于文种在楚国当过官，越王立即封他为大夫；范蠡没有什么名气，又有些不修边幅，越王让他先去越国各地考察一番，熟悉国情，了解民意。

六年后，即公元前496年，越王允常驾崩，其子勾践即位。吴王阖闾闻知允常死讯，想起八年前允常趁自己攻打楚国时在背后乘虚而入，如今正是报复的机会，便亲率二十万大军从吴都蛇门出发，旌旗猎猎，战车辚辚，直奔越国而来。

越王勾践闻讯，率领三万越军渡过钱塘江，两军在檇李（今浙江嘉兴境内）对阵。毕竟力量悬殊，越军寡不敌众。在此危急关头，范蠡建议从死囚中挑选精干力量，组建一支敢死队向吴军挑战。勇士们排成三行，冲入吴军阵地，大呼着自刎身亡。吴兵看得目瞪口呆，人心浮动。隐蔽在李树坡上的越王勾践趁机擂起震天战鼓，范蠡掩军杀向吴军……原本强大的吴军瞬间溃散，吴王阖闾脚趾中箭。不久，阖闾因箭毒发作而死，在弥留之际告诫儿子夫差说："必毋忘越！"（《史记·越王勾践世家》）

檇李之战，范蠡初露锋芒，使得越国以弱胜强，反败为胜，深得勾践赏识。而吴王夫差则日夜勒兵，发誓报仇，还重金聘请宋国贵族华登教导中原式战阵，命伍子胥组建中国历史上第一支海军舰队——太湖水师，时刻准备对越国开展一场复仇之战。

公元前494年，越王勾践听从大将军石买建议，决定先发制人。范蠡进谏说："不行，我听说兵器是凶器，发动战争是违背道德，争先打仗是最下等的做法。阴谋去做背德的事,喜爱使用凶器,亲身参与下等事,定会遭到上苍的反对,这样做绝对不利。"勾践说:"我已经做出决定了。"于是亲自挂帅,举兵北伐。

吴王夫差发动全国精锐部队迎击越军,双方在夫椒(今江苏太湖洞庭山)对战,吴国水师大败越军。越军只得迅速南撤,一路退到钱塘江岸。此时,吴国三军已经逼近越都会稽城,勾践只得率领最后五千残兵败将退守会稽山,伤残兵士的哀号声遍布山野。勾践喟然叹息:"我将在此了结一生吗?"

文种说:"商汤被囚禁在夏台,周文王被围困在羑里,晋国重耳逃到翟国,齐国小白逃到莒国,他们最后都称王称霸天下。由此观之,大王今日的处境何尝没有可能成为福分呢?"

勾践握着文种的手跟他商量:"怎么才能摆脱会稽之困呢?"文种建议他去找范蠡。勾践对范蠡说:"因为没听您的劝告才落到这个地步,现在该怎么办呢?"

范蠡说:"能够完全保住功业的人,必定效法天道的盈而不溢;能够平定倾覆的人,一定懂得人道是崇尚谦卑的;能够节制事理的人,就会遵循地道而因地制宜。现在,大王对吴王要谦卑有礼,派人给吴王送去优厚的礼物;如果他不答应,大王就亲自前往侍奉他,把自身也抵押给吴国。"

于是,勾践派文种去向吴王求和:"君王的亡国臣民勾践让我大胆地告诉您:勾践请您允许他做您的奴仆,允许他的妻子做您的侍妾。"

吴王准备答应文种,伍子胥进谏道:"天帝把越国赏赐给吴国,不要答应他。"

文种请和不成,勾践准备杀死妻子儿女,焚烧宝器,亲赴疆场拼死一战。文种阻止说:"吴国的太宰伯嚭十分贪婪,我们可以用重财诱惑他,请您允许我暗中去吴通融他。"

于是,勾践又让文种给太宰伯嚭献上美女、珠宝、玉器,伯嚭欣然接受,将文种引见给吴王。

吴王准备答应文种,伍子胥又进谏说:"今不灭越,必定后悔莫及。"吴王不听伍子胥的谏言,终于赦免了越王,撤军回国。伍子胥私下悲叹:"越十年生聚，十年教训，二十年之外，吴其为沼乎！"（《左传·哀公元年》）二十年之后，吴国将会成为越国的鱼池啊！

勾践打算让范蠡留在越国"监国"，自己与文种入吴为奴。范蠡说："四封之内，百姓之事，我范蠡不如文种；四封之外，敌国之制，立断之事，文种不如我范蠡。"勾践让文种留守，自己在范蠡的陪同下，带着妻室来到吴国，住在石屋，开始了忍辱负重的人质生涯。

夫差生病时，范蠡建议勾践尝粪，以此诊断夫差的病情（当今医院检测大小便，说明当时就已经懂得庄子所说的"道在屎中"）。这是范蠡导演、勾践主演的一出荒诞剧，演出成功对勾践的前途起了至关重要的变化。经过此事，吴王被深深地感动，对勾践动了恻隐之心。

三年后，勾践和范蠡归国。勾践劳心焦思，卧薪尝胆，时而悲泣，时而长啸，对自己说："你忘记会稽的耻辱了吗？"他和夫人一道，亲身耕作，亲手织布，食不重味，衣不重彩；对贤人彬彬有礼，招待宾客热情诚恳；有人生病，勾践亲自去慰问；有人去世，就亲自去办丧事；对家里有变故的免除徭役。一系列的措施，使百姓得到安定。同时让文种治理内政，范蠡主持军事外交，两人如同左臂右膀，成了越王勾践的股肱之臣。

从此二十年间，越国君臣同心戮力，对内用"计然七策"富国强兵，所谓"十年生聚，十年教训"。前十年，范蠡建议勾践先抓经济，劝农桑，务积谷，不乱民功，不逆天时，"修之十年，国富"（《史记·货殖列传》），这是物质文明建设。后十年，施民所善，去民所恶，厉兵秣马，奖励将士，使人人皆具"带甲之勇""士赴矢石，如渴得饮"（《史记·货殖列传》）。这是精神文明建设。为了提高军事力量，范蠡重建越国都城，一座小城，一座大城。小城是建给吴国看的，而大城建得残缺不全，面对吴国的方向，不筑城墙。这样就迷惑了夫差。对外用"文种九术"削弱吴国，怂恿吴国四面征伐、称霸树敌，选送西施、郑旦等美女消磨夫差的意志，运送大树建造离宫讨夫差的欢心，用离间计杀伍子胥，假借粮食又以煮沸的谷种偿还使之贻误农事，等等。经过二十年的休养生息和韬光养晦，越国一跃成为东方强国。

其间，勾践念念不忘报仇雪耻，经常蠢蠢欲动，计然、文种、范蠡、逢同等人多次劝他"待时而举"。

公元前476年春天,吴王北上黄池会合诸侯,吴国的精锐部队全部跟随吴王赴会了,唯独老弱残兵和太子友留守吴都。一向劝告勾践待时而举的范蠡终于建议乘机伐吴。吴军果然大败,越军还杀死吴国的太子友。公元前473年,越国再次攻打吴国。吴国精锐士兵都在与齐、晋之战中死亡,所以军民疲惫不堪,越军很快包围了吴国都城,夫差困守姑苏台。

吴王派公孙雄向越王求和,勾践准备答应。范蠡勾践说:"大王难道忘记会稽之耻和石室之辱了吗?"于是击鼓进军,对公孙雄说:"越王已经把政务委托给我了,吴国使者赶快离去,否则将要对不起你了。"

吴国使者伤心地哭着走了。勾践怜悯他,就派人对吴王说:"我安置您到甬东,统治一百家。"吴王推辞说:"我已经老了,不能侍奉您了!"说完便蒙面自杀:"我没脸见伍子胥啊!"

越王安葬了吴王,杀死了太宰伯嚭,终于灭吴雪耻。

越王灭吴后,将都城从诸暨迁到姑苏,拜范蠡为上将军,文种为相国。一个担任军委主席,一个担任国家总理。

公元前472年,勾践、范蠡出兵向北渡过淮河,在徐州与齐、晋诸侯会合,向周王室进献贡品。周元王派人赏赐祭肉给勾践,称他为"伯"。越军在长江、淮河以东畅行无阻,诸侯们都来庆贺,所谓"观兵中国,称号'五霸'"(《史记·货殖列传》)。

徐州称霸归来,越王在姑苏文台设宴庆功,群臣欢歌笑语,唯独越王面无喜色,范蠡心里咯噔一下:"莫非越王担心我等功高盖主?"

晚会结束,范蠡心情异常沉重,深感"大名之下,难以久居"。早在二十多年前,恩师计然就曾说过,勾践其人嘴尖如鸟喙,这种人只可共患难,不可同富贵。联想到吴国大将军孙武和伍子胥两人,都是为吴国开创霸业的功臣,但夫差却容不得他们,伍子胥落了个赐剑自刎,孙武则弃官隐居。范蠡清楚,勾践和夫差在本质上都是一样的。想到师爷说过,"功成名遂身退,天之道。"如今越国国富兵强,称霸天下,自己和文种,一将一相,一人之下万人之上,应该是退身的时候了,否则只怕会有性命之虞。于是下定决心仿效一代名将孙武，激流隐退。

范蠡来到相府，与文种相商退身，以免步伍子胥后尘。文种对范蠡的话半信半疑，我们的理想不就是辅佐君王以谋大业吗？如今大业刚刚开始，怎能轻言放弃？范蠡见他贪恋官禄，叹了口气，摇了摇头，离开了相邸。

越王二十四年九月丁未日，范蠡上呈《报越王书》："臣听说'主忧臣劳，主辱臣死'。当年大王受辱于会稽山，微臣之所以忍辱偷生，只是为了日后能复兴越国，报仇雪恨。如今赖祖宗神灵，大王威德，转败为胜，吴国已灭，观兵中国，大王终能如商汤、周武王击败夏桀和商纣一般完成王业。如今既经雪耻，臣请从会稽之辱的死罪。"

勾践道："灭掉吴国，全凭你的帮助，现天下太平，你偏要走，你走了叫我靠谁？你听我一句话，只要你留下，我可以和你平分越国；如果你非要走，我就加罪于你，杀掉你的妻子。"

有史以来，普天之下，哪个君王肯与自己的臣子分享国家，共执政权？范蠡明白，"与子分国"是假，"将加诛于子"是真，于是对越王说："君王可以执行您的命令，但微臣仍然依从自己的意趣。"几天后，范蠡将上将军的印绶和越王赐品封好放在将军府，然后轻装简裘，带些细软及贵重珍宝，与家人及亲信泛舟五湖，沿着海路北上齐国。

到了齐国，范蠡即给老友文种发去一封信：

吾闻天有四时，春生冬伐；人有盛衰，泰终必否。知进退存亡而不失其正，惟贤人乎？蠡虽不才，明知进退。高鸟已飞，良弓将藏；狡兔已尽，良犬就烹。夫越王为人长颈鸟喙、鹰视狼步，可以共患难，而不可与共处乐，可与履危，不可与安。子若不去，将害于子，明矣！（《吴越春秋·勾践伐吴外传》）

文种见信，对照最近越王对自己的态度，想起当年伍子胥被吴王夫差赐死时就曾派人对他说过"狡兔死，走狗烹；敌国灭，谋臣亡"，今天范蠡又是同样的警告，心中不免忧虑，病也随之而来。不久，文种便因为身体一直不舒服，有很长一段时间没有上朝。

有人趁机诬告文种将要作乱,越王就赏赐给文种一柄属镂剑,说:"你教给我攻伐吴国的九条计策,我只采用三条就打败了吴国,那六条还在你那里,你替我去到先王面前尝试一下那六条吧!"文种接过宝剑一看,正是吴王夫差令伍子胥自裁的那柄属镂剑,不禁悲愤难抑,然后仰天大笑:"百世之后,凡忠于君王的臣子,必定会以我的下场为殷鉴!"说罢,便伏剑而死。

鸱夷子皮,谢相散财

范蠡告别姑苏城,先是泛舟五湖,然后浮海北上,隐居齐国海滨。越王勾践为了表彰范蠡,将会稽山作为他的封邑,还为范蠡铸造了一尊铜像以为纪念。

范蠡向勾践递交辞呈时,除了"主辱臣死"的托词之外,还有一个理由就是:"计然之策七,越用其五而得意。既已施于国,吾欲用之家。"(《史记·货殖列传》)恩师计然的策略有七条,越国只用了其中五条就实现了雪耻的愿望。既然施用于治国很有效,我要把它用于治家。

范蠡选择齐国作为下海创业的起点,是自有一番考量的。

齐国地处山东半岛,是华夏四大部落族群中发展最早的鸟图腾族的发源地,文明程度较高。由于濒临黄海、渤海,又是黄河的入海口,自古便有渔盐之利,是富庶之地。因此,齐国早年就有逐水草而居的旅商行为,颇有国际贸易的传统风气。

齐国的创立者姜太公是商人出身,分封齐国后,从齐地的实际出发,依靠临海优势发展渔盐业,又创造性地发展纺织业,使齐国很快崛起成为西周最富庶的诸侯国。到临终时,姜太公特别在遗言中指出,齐国的立国精神是以和为贵,应尽量小心不要卷入国际纷争。

春秋前期,商人出身的国相管仲确定了齐国"以商强国"战略,通过招商引资、国际贸易和货币战争,辅佐齐桓公九合诸侯一匡天下,从而崛起成为春秋首霸。齐桓公晚年,管仲主张齐国退出国际舞台,日后的齐国君王一直到战国初年大多在政治上采取孤立的不干涉主义，尽量维持齐国对外和平的态度。在经济上则趁着周王室权威的退出，更进一步扩大他们的生意范围和地域性，使齐国成为春秋战国时期颇为富裕的国家。

重商的传统和和平的环境，对发展商业的作用不言而喻。事实证明，范蠡把创业的第一桶金选在齐国，是很有前瞻性的。即使到了战国末年，齐国仍以强大的经济实力，与秦国并称为东西双帝，也可以看出齐国在诸侯国的地位。

到达齐国后，范蠡要做的第一件事就是取一个商号。他怕自己名气太大惹上麻烦，于是隐姓埋名，自称"鸱夷子皮"。"鸱夷"，是古代民间普遍使用的一种牛皮制成的酒囊，用时尽日盛酒，不用时可收起叠好，随身携带，伸缩自如。"子皮"，就是皮袋子。"鸱夷子皮"，用今天的话说，就是"酒囊皮子"。

范蠡为何会用这么一个俗名呢？看似粗俗，实则蕴含能屈能伸、包罗万象、吞吐天地之意。范蠡达到了"空"和"忘我"境界，挥洒自如，姓名更是如此，从这一点能看出其胸襟之开阔，超凡脱俗，这是范蠡用此姓名的最重要原因。

第二层原因是便于在陌生之地生活、经商和发展，范蠡经营产业，雇用了大批民工，为了与农夫、驭手、屠户、马夫、船夫等下里巴人打成一片，在当地建立良好的人际关系，促进事业的发展，用范蠡的大名，显得冷僻严肃。而用通俗幽默的"酒囊皮子"介绍自己，恐怕话一出口，对方就乐了，雇主和雇工之间、主人与客商之间的隔膜也就顿时冲破。一个"外来客"想治产经商，不放下架子入乡随俗，不和当地人融在一起，是寸步难行的。

第三点是"鸱夷子皮"具有品牌营销思维，这个名字本身就具有广告、品牌效应。当人们对看起来很好听的名字感到麻木时，对这种反其道而行之的"俗名"更容易记住和关注。刘向《说苑》记载，"鸱夷子皮"在田常专权时已成为齐国重要的御用商号。这样说来，"鸱夷子皮"是两千四百六十年前中国最有价值的商业品牌。中国历代的商业名家，不少人采用了"王麻子""狗不理""撒尿牛丸""傻子瓜子""酒鬼"等俗而又俗的商号，结果都声名远播。

范蠡取名"鸱夷子皮",还有另外两种说法:一是怀念伍子胥。范蠡在越国辅佐勾践时,曾经多次用计离间伍子胥和吴王夫差的关系,吴王在杀死忠臣伍子胥之后曾将尸体装入"鸱夷"之中。因此,范蠡自觉对不起这个楚国同乡,自称"鸱夷子皮"也有"戴罪流放"的意味,是说他的命运其实和伍子胥一样,是对伍子胥的一种敬重和纪念。另一种是关于和西施的浪漫传说。据《越绝书》记载"西施亡吴国后,复归范蠡,同泛五湖而去";《吴越春秋》又载"吴亡后,越浮西施于江,令随鸱夷以终"。有人认为西施被越王夫人视为尤物,像伍子胥一样被装入鸱夷沉江而死。但也有人说,这里说的是"浮",不是"沉",而范蠡隐居后的名号就是鸱夷子皮,这是说范蠡携西施泛舟五湖,渡江而去。

不论人们怎样猜测,"鸱夷子皮"的确代表了范蠡的心声:"我原本就是凡夫俗子,从此以后,再不与闻政事,却每日都要饮酒吃饭,在那些王公权贵看来,也就是一个酒囊饭袋。"

范蠡在齐国具体从事什么生意,史无明载,只说他"耕于海畔,苦身戮力,父子治产"。

耕于海畔,这"耕"字,并不局限于农业耕作。海边多为盐碱地,当年姜太公刚到齐国时,发现这里根本无法耕种,人烟稀少,一片荒凉,于是他靠水吃水,首先发展海上渔业和盐业。所以这个"耕"字,如同写文章叫"笔耕",范蠡在这里主要从事"海耕"。渔盐业当是范蠡创业伊始的首选项目。现代人把辞官从商称为"下海",或许跟范蠡浮海而去,并首选渔盐经营、海上贸易有关呢!

大海,给了人类无数的恩泽,海中有鱼虾、海带,能让人食用养生;无边无际的海水可以煮盐,内地食用的盐,除了少量的池盐、石盐外,绝大部分出自海畔。而且,大海能行船,交通便利,与各国间的贸易飘风而至。"拥有渔盐之利"是这片土地最出色的地方。在神州华夏,诸侯各国之间,范蠡的"鸱夷盐场"的牌子很快就打响了。

范蠡在齐国经营的第二大生意当是蚕桑纺织业。从姜太公首创纺织业,经管仲辅佐齐桓公称霸，纺织业一直是齐国的第二大支柱产业。几乎所有史料都写到范蠡在海边种植桑园，做过蚕丝生意。纺织蚕丝业，对范蠡来说并不陌生。早在辅佐越王勾践时，来自楚国的范蠡便组织农耕观摩队，远赴家乡楚国学习种桑及养蚕技术。范蠡还建议勾践"示民以耕桑"，于是勾践回去后不久，便亲自示民以耕桑，并由其夫人领导纺织工作。据研究丝绸的专家考证，当时越国的确有帛、丝、罗、纱等高级纺织品。传说中的美人西施，便是越国诸暨苎萝村的浣纱姑娘。《吴越春秋》中也记载，越在兴国过程中，一次就向吴国进贡葛布十万匹，越国女工还为此编了一首悲歌《苦之诗》。

在齐国重操蚕桑纺织业，对范蠡来说轻车熟路。他知道专做生丝生意的茧行、丝行的一些门道，比如带现金到产地去买丝的叫"丝客"，在产地开丝行收购新丝从中取利的叫"丝东"，在当地买当地用的小户叫"丝户"，专做中间转手批发生意的叫"划庄"。经过一番考察，范蠡一边雇佣奴仆开辟出一大片桑园，聘请丝工养蚕缫丝，一边随同各地盐铺开出丝行，做起了"丝客""划庄"。至于许多书籍描写的生丝价格大战、贩卖生丝的利益联盟等等，乃是商家常事，多属小说家言了。

在《史记·越王勾践世家》中，司马迁先后两次把"苦身戮力"这个词用在范蠡身上。前一次是这么说的："范蠡事越王勾践，既苦身戮力，与勾践深谋二十余年，竟灭吴，报会稽之耻……"后一次则是这样写的："范蠡浮海出齐，变姓名，自称鸱夷子皮，耕于海畔，苦身戮力，父子治产。"同是"苦身戮力"，前一次是为越国、为勾践，后一次是为家、为自己。这时范蠡刚刚下海，所谓"父子治产"，上阵父子兵，是典型的家族经营。范蠡无论干什么，无论在哪里，于公于私，都是苦身戮力，这是成就大事业者的必备品质。孟子所谓"天将降大任于斯人也，必先苦其心志，劳其筋骨，饿其体肤，空乏其身，行拂乱其所为也，所以动心忍性，增益其所不能"。成功不会突然从天而降，机会从来属于有准备的人。只有那些时刻保持"革命本色"的人，才能基业长青。

凭范蠡的智慧，加上一家人同心戮力，到齐国没有几年，范蠡的家财就达到数千万。

俗话说，树大招风，人怕出名。齐国老百姓觉得"鸱夷子皮"贤能，风声很快传到齐平公的耳朵里，便亲自前往，聘请鸱夷子皮担任齐相。

齐人闻其贤，以为相。范蠡喟然叹曰："居家则致千金，居官则至卿相，此布衣之极也。久受尊名，不祥。"乃归相印，尽散其财，以分与知友乡党，而怀其重宝，间行以去。（《史记·越王勾践世家》）

关于范蠡与齐相一事，雷蕾在《千秋商祖范蠡全传》一书中描述了两种情况：一种是范蠡接受了齐国相位，辅佐齐平公三年，富国强兵，兴齐霸业。后因佞臣谗言，范蠡觉察到齐平公开始疏远自己，喟然感叹道："治家理财，有千金之富；为政当官，居居宰相之尊。对于一个白手起家的老百姓来说，这已经是到了极点了。如果一个人长久地处于尊贵的位置上，只怕不是吉祥的征兆啊！"于是范蠡将相印归还给齐平公。为避免齐平公再次找上门来，将钱财分给了至交好友以及在海边垦荒时的那些老乡们，只留下便于携带的金银珠宝，作为日后经营的资本。散尽家财之后，范蠡带着妻儿、奴仆，连夜从小道离开了齐国。

另一种说法认为，齐平公确实钦慕"鸱夷子皮"的大名聘他为相，但"鸱夷子皮"没有接受。司马迁在《史记·货殖列传》中说范蠡乘扁舟浮于江湖后，先后定居齐国和陶邑两地，"十九年之中三致千金，再分散与贫交昆弟。"这是说范蠡离开越国后，十九年之中一直从事经营管理工作，并没有说到范蠡出任齐相的事。作为越国的功臣，既然范蠡连越国的上将军都不要，还会出任齐国的相位吗？更何况，当时的齐国，正是田常擅权时期，齐简公被田常所杀，齐平公不过是田常的傀儡。作为精明的政治家，范蠡愿意去蹚这场"政治浑水"吗？

关于范蠡任相一事，真实的情况可能是这样的：狡猾骄横的田常听到百姓呼声，故作姿态——或是有意驱逐，派人送去"相印"。范蠡清楚田常的葫芦里卖的什么药，因而喟然而叹。他不仅没有接受相位，还感觉到了"不祥"的政治氛围，赶紧散财，搬家逃离。

巨万之富，称陶朱公

离开齐国海滨后，范蠡一行南下西进，来到了宋齐交界的陶邑。因陶邑有帝尧之子丹朱陵，范蠡又一次隐姓埋名，自称"朱公"。如果说"鸱夷子皮"在齐国时还是千万富翁，那么朱公在陶邑则成了富甲天下的亿万富豪，时人称之为"陶朱公"。后世称某人富有，往往誉之"富比陶朱"。至于世后将富贵人家称为"朱门"，或许也源于朱公吧！

止于陶，以为此天下之中，交易有无之路通，为生可以致富矣。于是自谓"陶朱公"。复约要父子耕、畜、废、居，候时转物，逐什一之利。居无何，则致资累巨万。天下称"陶朱公"。（《史记·越王勾践世家》）

朱公以为：陶，天下之中，诸侯四通，货物所交易也。乃治产积居，与时逐而不责于人。故善治生者，能择人而任时……后年衰老而听子孙，子孙修业而息之，遂至巨万。故言富者皆称"陶朱公"。（《史记·货殖列传》）

从上述两段记载可见，范蠡之所以在陶地成为富甲天下亿万富豪，原因有四：

一是知地取胜，择地生财。

《孙子兵法·地形》云："夫地形者，兵之助也。料敌制胜，计险厄远近，上将之道也。知此而用战者必胜，不知此而用战者必败。"商场如战场，占据有利的地理位置，乃是商战取胜的第一要务。范蠡下海二次创业选择齐国，是因为他看好齐国的商业传统和齐国的两大支柱产业：渔盐之利和纺织之工。如今，他选择陶邑作为其在商界"二次创富"的落脚点和人生的归宿点，自有他独到的眼光。陶地不仅处于齐、宋边境，官府的控制力相对薄弱，更为重要的是陶地居"天下之中，诸侯四通"。

陶邑，即今山东省定陶县，时属宋国，作为商朝人的后裔，宋人素以善于经商闻名,而陶邑"东邻齐鲁、西接魏韩、北通燕赵、南连楚越,居于天下之中",是各国的交通枢纽,齐国"多文采布帛鱼盐"之利,邹鲁"颇有桑麻之业",燕赵有"鱼盐枣栗之饶",楚越有筋革象牙宝剑之货。周围诸侯国不同的自然条件和物产状况,在客观上形成了互通有无的要求,而陶地位居"天下之中",就成为各国使节、客商来往以及货物交易的集散中心。

做生意,地点选择是关键性的一步,想做到"贵出如粪土,贱取如珠玉"的第一基础就是要有活跃的交易。一个商业经济不发达、货物往来不密集、资金欠缺的地区,你想贵出,有人买吗?你想贱取,有人卖吗?陶朱公敏锐地看出了陶地作为交通枢纽的经济意义,这是计然高抛低吸经济思想的实战版本。

二是候时转物,任时而逐。

时,就是时机,就是市场趋势,即商机。只有充分了解市场行情,把握市场趋势,才能抓住商机。孔子称赞子贡"亿则屡中",说的就是预测市场和把握商机的能力。当今商界流传着一句话:"三流企业做事,二流企业做市,一流企业做势。"一个真正的商人,要善于借势、造势。做生意,最聪明的手段就是在市场中审时度势、顺势而为。商业的本质就是"营势""谋势"。

作为道家人物,范蠡无论是助越灭吴,还是下海经商,不仅重视地利,更尊重"天时",做生意也以"时机"性的产品为主,有点类似今天大宗买卖的期货商品,贱买贵卖赚取利润。《国语·越语下》从头到尾几乎都是讲范蠡对于天时的重视:"圣人随时以行,是谓守时。天时不作,弗为人客;人事不起,弗为之始""上帝不考,时反是守,强索者不祥。得时不成,反受其殃""臣闻从时者,犹救火、追亡人也,蹶而趋之,唯恐不及""得时无怠,时不再来,天予不取,反为之灾""古之善用兵者,赢缩以为常,四时以为纪,无过无极,究数而止""圣人之功,时为之庸。得时不成,天有还形。天节不远,五年复反"。

范蠡从商,深得其师计然之道:"六岁穰,六岁旱,十二年一大饥"经济周期律;"贵出如粪土,贱取如珠玉"的价格波动律;"旱则资舟,水则资车"的囤积之道。一切按照四时阴阳的转换,顺时而行。

三是冶产积居,逐什一利。

一般商人为了赚钱,往往注重经营利润高的贵重商品。其实很多时候,"唯利是图"不足取,"微利是图"却能积少成多,是生财之道。刘伯温《郁离子》中记载,有三个商人在市场上同时经营同一种商品,其中一人降低价格销售,买者甚众,一年时间就发了财,另两人不肯降价销售,结果获利远不及前者。

范蠡在陶地从事畜牧业、桑麻业、养殖业、渔盐业、粮食贩运等行业,这些行业有一个共同的特点,就是与老百姓的生活息息相关。范蠡坚持一个原则,即薄利多销,无敢居贵,只赚十分之一的利润。

据说范蠡到陶地后,齐国西部、晋国东部以及鲁、宋等国都发生了数十年来罕见的持续干旱,当时粮商们趁火打劫,把谷价从一百钱一石抬高到二百五十钱一石。其实,当时囤粮最多的是范蠡。照理说,这是一个赚取暴利的大好时机,但是范蠡没有像其他粮商那样趁机哄抬粮价,反而以市价的一半出售给官府。消息一出,晋、鲁、宋、齐等国蜂拥而来。事实证明,尽管范蠡出售粮食的价格不高,但数十万石大米也赚了近百万之巨,更赚了一个好名声。从此,天下都知道有个陶朱公,诸侯争相与他交往,不过几年的工夫,就积累了亿万家财。

四是务能择人,不责于人。

孟子说:"天时不如地利,地利不如人和。"(《孟子·公孙丑下》)凡事能否成功,最终取决于人。无论在越国,在齐国海滨,还是在陶地,范蠡都十分重视人力资源的投入。在越国,他与文种,一将一相,通力协作,成为勾践的股肱之臣。下海后,在齐国,"父子治产";在陶地,"复约要父子耕、畜、废、居"。都是一家人同心协力,或开垦农田,或饲养六畜,或见机及时出售,或待时大量囤积。

从范蠡"十九年之中三致千金",成为富甲天下的商业巨子来看,绝不会只有他们父子几个,在他手下有着精通商业运作,善于"人弃我取,人取我予"的商业人才,而这些人才都是范蠡在择人时精心挑选出来的。

范蠡对于选择人才极具洞察力,因而能够做到知人善任。所谓"能择人",就是善于识别、选择人,并根据其所长,安排到合适的岗位,使其作用发挥得最大,即量才而用,人尽其才。譬如在越败于吴,勾践将去吴国为奴时,让范蠡监国，范蠡说治理政务我不如文种，带兵打仗和外交活动文种不如我。结果，两人各尽所能。可见范蠡对自己和文种的特长和缺陷都有正确的认识，从而才能使勾践准确地"择人而任之"。

在经营过程中，范蠡对于选用的人员，放手使用，并且宽容以待。即使在工作中出现一些一般性的过失，也未予苛责，而是原谅他们的失误，给他们改过的机会。这就是史书上所说的"与时逐而不责于人"。这样有利于调动员工的积极性和主动性。

"范蠡卖马"一事堪称中国历史上最早协同竞争、合作双赢的商业案例。

时值诸侯割据战事不断，范蠡发现吴越一带需要大量战马，而北方马匹便宜又剽悍。他知道，在北方收购马匹并不难，如果能将北方的马匹运到吴越，一定能大获其利。问题是把马匹运到吴越很难：千里迢迢，人马住宿费用且不说，最大的问题是当时正值兵荒马乱，沿途有很多强盗出没，马匹很可能运不到吴越就已经被抢走，最后自己不仅血本无归，连身家性命都成问题。

怎么才能找出一个两全之策，既能节省运费，又能一路安全呢？终于有一天，他通过市场了解到北方有一个很有势力的巨商叫姜子盾。姜子盾常年贩运麻布到吴越一带，在商道上早就通过各地政府打了招呼，又用巨资打点了那些难以搞定的奸猾大盗们，只要是他的商队，在齐国到吴越的路上，都是安全顺畅的。

第二天，范蠡写了一张启事，差人张贴到城门口。上面写着：

陶朱公新组建了一支马队，时值开业志庆，特开展酬宾活动，凡需要运送货物到南方者，均可前来联系业务，××个月内一律免收费用。报名不分先后，但以货物多少优先考虑。

启事贴出之后，吸引了很多生意人。不出所料，姜子盾很快就找上门来，希望范蠡帮他把北方的麻布运到吴越。范蠡自然满口答应，于是两人签订了合作协议。

就这样，范蠡与姜子盾一路同行，货物连同马匹都安全到达了吴越地区。

表面上，是范蠡免费帮姜子盾麻布运送到了吴越，事实上，是范蠡在姜子盾的护卫下，把自己的马匹安全地护送到了目的地。马匹很快在吴越卖出，范蠡因此赚了一大笔钱。范蠡和姜子盾两人从此成为商场上的好朋友。

做生意要学会吃亏，学会借势，学会协同竞争、合作双赢，这就是"范蠡贩马"给我们的启示。

然而富甲天下的陶朱公，这位商场的常胜将军，也在"用人"问题上遇到过难题。这个"用人"问题出在哪里呢？就像当今很多家族企业一样，出在自己儿子身上。

范蠡丧子，仰天而笑

范蠡有三个儿子，二儿子在楚国杀了人。为什么杀人，史书没有交代，反正他因杀人被囚禁在楚国的监狱里，定了死罪。唉，治千军易，治一子难啊！

消息传来，举家悲恸，纷纷央求范蠡去营救。范蠡却异常平静，说："杀人偿命，天经地义。"

这冷冷的一句话，或许是范蠡对二儿子了解基础上的理性判断，因为"知子莫若父"；或许是气话，像范蠡这样历经风雨的人，喜怒哀乐不会轻易写在脸上。

家人看范蠡没事儿一样，个个急坏了。你陶朱公是当今天下首富，老家也在楚地，又在越地为官多年，在楚国各界乃至王宫里都有人脉关系，要救儿子应该不难。面对众人的苦苦央求，范蠡也感叹："我也听说'千万富翁的儿子，可免死于市井'啊！"于是决定让小儿子去楚国活动。

为了掩人耳目，范蠡将一千镒黄金装进一个旧坛子里，放在牛车上，让小儿子赶车前去楚国。我国汉朝之前，金都是以"斤"或"镒"为单位，二十两为一镒，也有人说那时候的金子不是真的黄金，而是黄铜。不管是黄金还是黄铜，一千镒等于两万两，都是个大数目。这就是大富豪的做派，后来的吕不韦认为异人"奇货可居"，也是"一掷千金"。

正当小儿子准备上路时,范蠡的大儿子气呼呼地一路跑来,闹着非要代替小弟去楚国,范蠡不答应。大儿子抱怨道:"家里的长子叫'家督',现在二弟犯了罪,这么大的事,理应派长子去营救,现在父亲却派小弟去,这分明是认为我这个做长子的没有能耐。"说完,就要拔剑自杀。

当母亲的在一旁见到大儿子这种举动,急了:"朱公啊,现在就算派老三去,也未必能把老二捞出来,倒是先把老大逼死了!"

范蠡不得已,只好答应让大儿子去。他亲笔写了一封信,又反复叮嘱大儿子:"到了楚国之后,把礼金和书信一并奉交给庄生前辈。而且,一切事情都要听从庄生前辈的安排,万万不可与他争辩。"

大儿子点点头,接过书信,赶着牛车去了楚国。临行前,他怕用路紧张,又私自多带了几百镒金子。

自从谢绝越国上将军和齐国相位之后,范蠡一直小心翼翼地躲避权力的威胁与诱惑,只求以普通商人身份获得平安富足的生活。然而,权力的阴影始终是无处不在的,是任何人都无处逃遁的。他儿子被楚国囚禁之后,迫使他不得不再次向权力靠拢。不同的是,他过去贵为卿相,是权力的操控者,现在则成了布衣商贾,只能以财力抵御权力了。

范蠡的大儿子到达楚国后辗转找到了庄生家,原来他住在郢都城外一所破败的茅屋里,周围杂草丛生,披开野草才能走到柴门,家徒四壁,夫妻二人也穿得破破烂烂!大儿子一路上想象父亲所说的这个庄生,一定是个大人物,目睹这种境况,心都凉了。即使弄明白了这就是父亲要他找的庄生前辈,他仍然心里纳闷,但还是恭敬地呈上了书信,献上了千金。

庄生收下范蠡长子带来的信函和千镒金子之后说:"贤侄,你父亲的书信我已看过,一切事情都交付我就是。你现在必须赶快回家,不要再留在这里。即使你的弟弟被放出来了,也不要问是什么原因。"

大儿子见到庄生家里一贫如洗,心中不免生疑。听着庄生对他说的话,只是点头称"是"。但离开庄生家之后,他并没有即刻离开楚国,而是悄悄地在郢都住了下来,私下拿自己带来的那几百镒黄金去打点楚国一个主事的贵族。

这个大儿子没想到,庄先生虽然住在穷乡陋巷,却是楚国有名的隐士,一向以廉洁正直著称，就连楚王都尊其为师。对于范蠡送来的黄金，庄生本来就没有动用的意思，而是准备事成之后再悉数归还给范蠡。他对妻子说："这是朱公的钱财，以后要如数归还的。即使哪一天我突然生病死了，你也千万不要动用。"

在没有强敌威胁的和平年代，文人们忽悠君王的手段实在有限，所以才制造了耸人听闻的"天道"。庄生营救范蠡的儿子，借助的也还是"天道"。范蠡大儿子走后，庄生找机会入宫觐见楚王，说他夜观天象，发现星宿异常，从分野看，对楚国不利。劝说楚王施行仁政，大赦全国。

庄生是楚王重要的谋士，楚王对他非常信任和敬重，当即便答允了庄生的提议。次日，便派人密封三钱府库，准备大赦天下。

三钱之府类似于现在的国家金库，在大赦前，国王都要先派人把国库看守严密了，担心消息一走漏，不法之徒趁机把国库端了，最后还赶上个大赦，所以密封三钱之府属于防患于未然的措施。

大儿子托付的那位贵族听说了，大喜，把这事告诉了他："大王下令封了三钱之府，你的弟弟很快就会释放了。"

大儿子听说楚王要大赦天下，幸赖这位贵族帮助，而庄生一直没有动用他送来的黄金，便认为他送来的黄金做了"无用功"。思来想去，又到了庄生家。

庄生见到他，很是惊讶："你不是走了吗？"

大儿子说："弟弟还没救出来，我哪敢回去呀！今天听说楚王要大赦天下，二弟也就有救了，因此前来向您告辞。"

庄生心中自然知道他话中有话，告诉他："那钱在内室放着呢，原封未动，你自己去拿走吧！"

老大还真的不客气，自个儿到内室取走金子离开了庄生，见到千金"完璧归赵"，心中暗喜，以为人财两全了。

被陶朱公的大儿子这一番耍弄，庄生感到羞辱难当。于是，他再次进宫觐见楚王，对楚王说："在下上次建议，君王果然采纳了，这本是好事。可是现在，外头老百姓纷纷传言，说是楚王身边的大臣受了陶地富翁朱公的贿赂，大王这次大赦天下，并不是真正怜恤楚国的民众，只是为了开释朱公子，掩人耳目而已！"

听庄生这么一说，楚王大怒，说："寡人虽则不仁，但我堂堂楚国，岂为区区陶地一个富翁而法外施恩！"当即下令将朱公的儿子斩首，第二天才下达大赦的诏令。

范蠡的大儿子忙乱了好一阵子，最后却只能用牛车载着二弟的尸体回去，同时带回的还有他从庄生家里拿回的千镒黄金。

现在看来，以廉洁耿直闻名、就连楚王都尊其为师的庄生不应该与晚辈过于计较，应该大度一些、宽容一些，因为这终归是人命关天的大事。

尸体运回时，全家人都从门里边迎出来痛哭，唯独范蠡仰天发笑，他说："自从大儿子踏上去楚国旅程的那天起，我就知道他会害死他的弟弟，所以我日夜盼望的就是将他弟弟的尸首送回来。"

这是一次失败的营救。从本质上说，也可以归结为财力对抗权力的失败，按照中国的政治传统，权力永远是不容挑战的。但是，在正常状态下，财富作为一种特殊的力量也并非是毫无作为的。我们来看看范蠡就本次事件所做的剖析：

吾固知必杀其弟也！彼非不爱其弟，顾有所不能忍者也。是少与我俱，见苦，为生难，故重弃财。至如少弟者，生而见我富，乘坚驱良逐狡兔，岂知财所从来，故轻弃之，非所惜吝。前日吾所为欲遣少子，固为其能弃财故也。而长者不能，故卒以杀其弟，事之理也，无足悲者。吾日夜固以望其丧之来也。
（《史记·越王勾践世家》）

首先，范蠡早就预见到大儿子会害死其二弟，太小气，太吝啬，关键时刻不肯舍财。其次，他也并不因此埋怨大儿子，这孩子是自己在越国时生下的，几十年来一直跟随自己四处漂泊，苦身戮力，艰难创业，知道来钱不容易，自然会把钱财看得很重，每一分钱都要花在刀口上。小儿子是自己定居陶邑后生的，是富二代，公子哥儿，习惯了奢华的生活，不懂赚钱的艰难，当然就会仗义疏财。所以，他认为今天这个结果是必然的，自从大儿子踏上去楚国的旅程那天开始,他就等着丧子的噩耗了。

范蠡的这番话大约可以使我们引申出这样的结论:有些时候,有些事情,以财力对抗权力是完全可能的,但是,要不舍血本。

在条清缕析地说明二儿子被处决的原因之后,范蠡还有一句话特别值得体味:"事之理也,无足悲者。"真正的智者能够克服悲伤,自然也会对快乐采取超然的态度。

问题来了,范蠡明明知道小儿子去,二儿子或许有活命的可能,而大儿子去只能加速二儿子的死亡,那么为什么他最后还是同意让大儿子去呢?范蠡有过人之智、有识人之明、有数不尽的金银,但还是没救回儿子,为什么?

只能说,用人有时候不光是理性的问题,人毕竟是感情动物,家族企业一定对这个问题感触最深。

李晓先生在《商贾传奇》电视纪录片中做出如下剖析:

范蠡事业做这么大,手下少不了有本事的人,预料大儿子会办砸,为什么不派人去相帮呢?不这样做,不是明知故犯吗?这是第一个问题。第二个是二儿子被杀,本是悲痛的事,为什么反而发笑?笑从何而来?设想一下,当初知道二儿子杀人被关,即将判死刑时,选择有几条,一是不管不问,二是不惜代价,动用一切资源,救出二儿子。

这两种选择是两个极端,李晓先生说古代人都会选择第二种而现代人都会依法办事,选择第一种。笔者认为李晓或许在电视上面对全国观众,言不由衷。人非草木,孰能无情?时间虽有古今之别,人情当无今古之异。所以我认为,通常情况下,很多人会选择第二种,不惜代价,拉关系,走后门,千方百计逃避或减轻罪责。

《吕氏春秋》记载了这样一个故事:楚国有个叫直躬的人,他的父亲偷了羊,直躬向官府告发了父亲,官府捉拿了直躬的父亲并要处死他,直躬请求代替父亲受刑。将要被处死的时候,直躬告诉官吏说:"我父亲偷盗而我揭发他,不就是诚实吗?我替父亲受刑,不就是孝顺吗?我诚实而且孝顺,却被处死,那国家还有不该杀的吗?"楚王听说后,就没有处死直躬。孔子听了后说:"奇怪了!直躬的诚实,因他父亲一件事而赢得了两个名誉。"

吕不韦评论说:"直躬的诚实,还不如不诚实。"

孔子认为,楚国的直躬检举父亲偷羊,一举赢得诚实和孝顺两个名誉,并不值得称道。现在是范蠡救子,他该怎么办呢?他能不管不问吗?

范蠡走的是中间路线:设法营救,但没尽全力,也因此导致了儿子的死亡,为什么这样矛盾呢?

从感情上说,作为父亲的范蠡首先想到的肯定是救人,而不会像李晓先生所说的那样:"恐怕对他人无法交代,也无从心安。"于心不安是真,因为救子是一种直觉,是条件反射,是不思而行的事。至于他改派大儿子去结果将事情办砸,人们不禁要问,既然明知恶果为什么不派小儿子一同前往,优势互补呢?

范蠡知道大儿子爱惜金钱,气魄不大,但他相信大儿子一定处世谨慎,办事牢靠。因为几十年来大儿子一直跟随自己,工作上兢兢业业,态度上言听计从,生意上的事从来不用自己多操心,他都能办理得顺顺当当。如果认为大儿子完全成不了事,会让他一个人去吗?

至于见到儿子尸体后仰天而笑,那是一种无奈的笑,一个人高兴到极点会哭,伤心至极点会笑,所谓"乐极生悲、破涕为笑"。当然,就像庄子妻死鼓盆而歌,原让母死登木而歌,范蠡子死仰天而笑,也是一位悟道者的笑。

范蠡深谙进退、存亡、祸福之道,二儿子能救出,当然求之不得;既然裹尸而归,也未必尽是坏事。"祸兮,福之所倚",如果让儿孙记住教训,以此为戒,认识到金钱不是万能的,凡事懂得退让,何尝不是幸事?再者,大儿子虽然把事情办砸了,但如果不让他去,他也要自刎;况且大儿子在经商治家方面,更胜另外两个儿子。所以,范蠡之笑,是充满悲伤的笑,也是透着智慧的笑。后来事实也证明,这笑声有道理。

后年衰老而听子孙,子孙修业而息之,遂至巨万。(《史记·货殖列传》)

后来,范蠡年老体衰,把生意上的事交给子孙经营,自己安享晚年,家业在子孙的经营下,得到更大发展,累资巨万,相当于现在的亿万富豪了。

范蠡三迁，皆有荣名

司马迁在《史记·越王勾践世家》中说：

范蠡三徙，成名于天下，非苟去而已，所止必成名……范蠡三迁皆有荣名，名垂后世。

第一迁，从楚国到越国。这是他一生中最重大的冒险，前后长达二十多年，帮助越王勾践夺回天下，最后被封为上将军。功成名就之际，毅然决然挂冠而去。这时候的范蠡已由三十岁左右的青壮年成为五十多岁的中老年人了。

第二迁，离开越国到齐国。年过天命的他开始二次创业，下海经商。他改名"鸱夷子皮"，用"计然之策"富家，成为千万富翁，并被齐人邀请担任国相。范蠡辞还相印，尽散其财，逃离齐国。

第三迁，从齐国迁到陶地。在这里又改名"朱公"，开始"二次创富"，十九年之中三致千金，再散其财，终成亿万富豪。时人乃至后世，都称他为"陶朱公"。

回顾范蠡的一生，从一个一穷二白的平民，先后经历了上大夫、上将军、千万富翁、国相、亿万富豪，每次都是白手起家。这种一般人难以企及的成功，在泱泱华夏史上少有人能做到，范蠡却做到了。

范蠡靠的不仅是自己的聪明才智。聪明人在历史上并不少见。三国时候的杨修也是个有名的聪明人，结果惨死在曹操之手，不得善终。范蠡靠的也不仅仅是机遇，有句话说得好："机会属于有准备的人。"范蠡三迁之所以能成名天下，乃是源自老子、计然的道家智慧。

范蠡思想属于道家一脉，老子传计然，计然传范蠡，范蠡传猗顿。有学者研究，范蠡不仅是计然的弟子，还曾得到老子的亲自指教，范蠡跟老子有直接的传承关系。范蠡所学的《计然七策》，其核心是如何发展国计民生的国民经济学，属于"贵生"之学，是正统的老子道学思想。范蠡在越王勾践兵败会稽山之时，其劝谏之词多为阴阳、盈虚、定倾之道，俨然有老子遗风；其进退取予，亦无不洋溢道气玄风。道家思想成就了范蠡，而范蠡无疑是老子思想的最完美诠释者。

国际道商文化研究院李海波院长的《道商范蠡：道家思想成就千古商圣》一文对老子道家思想在范蠡人生中的表现有过精到分析，这里笔者稍加补充，罗列如下：

大智若愚：老子奉行"大智若愚"。范蠡青年时代居于政治黑暗的楚国，楚平王昏庸，滥杀忠臣，人才外逃；楚昭王时，吴国入侵，几近亡国。范蠡深感无出头之日，恐被埋没而无人识，于是放浪形骸，任侠伴狂，与接舆、庄生等人一样，被俗人视为"楚狂"；后又三试文种，纵论天下，终成莫逆之交。体现了老子思想中"君子得其时则驾，不得其时则蓬累而行"（《史记·老子韩非列传》），在不得时、不遇人的前提下，和光同尘，韬光自晦，"圣人愚之"的智慧。

好战必败：老子强调"以道佐人主者，不以兵强天下""夫兵者，不祥之器，物或恶之，故有道者不处"。公元前494年，越王勾践听说吴王夫差日夜勒兵，便想先发制人。范蠡劝越王不要轻易动武，说："臣闻兵者凶器也，战者逆德也，争者事之末也。阴谋逆德，好用凶器，试身于所末，上帝禁之，行者不利。"（《史记·越王勾践世家》）"王若行之，将妨于国家，靡王躬身。"（《国语·越语下》）越王不听，后来果然兵败夫椒。体现出范蠡继承了老子"好战必败""后发制人"的战略思想。

大白若辱：老子说"受国之垢，是为社稷主；受国不祥，是为天下王"。范蠡在越王兵败夫椒、被困会稽山、生死存亡之际，向勾践献上"卑辞厚礼，乞吴存越"之策。议和后，范蠡向勾践申述了天道持盈、地道节事、人道定倾的三才之道，得出"越必兴、吴必败"的断言，陪同勾践夫妇在吴国为奴三年，"屈身以事吴王，徐图转机。"体现出范蠡掌握和运用了老子"弱者道之用""柔弱胜刚强""大白若辱"的智慧思想。

欲取先予：老子说："将欲歙之，必固张之；将欲弱之，必固强之；将欲废之，必固举之；将欲取之，必固与之。"为了越国的生死存亡，范蠡提出了"定倾"的具体办法："卑辞尊礼，玩好女乐，尊之以名。如此不已，又身之与市。"（《国语·越语下》）勾践听了范蠡的话，派文种入吴请和。顺利实施第一步后，范蠡陪同勾践入吴国为奴三年，通过"自贱""自损"之法，解除了吴王夫差对勾践的戒心，并通过"捐货币以悦其君臣；贵籴粟囊以虚其积聚；遗美女以惑其心志；遗之巧工良材使作宫室以罄其财；遗之谀臣以乱其谋；疆其谏臣使自杀以弱其辅；积财练兵以承其弊"这破吴七策，让吴王荒废国业，使吴国消耗国力。

自知者明：老子说"知人者智，自知者明"。当初勾践入吴，欲使范蠡监国，范蠡说，"兵甲之事，种不如蠡，填抚国家，亲附百姓，蠡不如种。"（《史记·越王勾践世家》）后又在离开越国前，曾为挚友文种留书："飞鸟尽，良弓藏；狡兔死，走狗烹。越王为人长颈鸟喙，可与共患难，不可与共乐。子何不去？"（《史记·越王勾践世家》）文种见信称病不上朝，但还是被勾践以图谋作乱罪赐剑逼杀。

益生曰祥：老子思想"贵生"，提出了"益生曰祥"的理念。当范蠡结束在吴的人质生涯归国，勾践重新提出"节事"的问题时，范蠡说："节事者与地，唯地能包万物以为一，其事不失。"（《国语·越语下》）强调土地是万物之本，农事做得好，可以生长万物；田野开辟，府仓实，民众殷，从而道出了以农业立国、全民小康的复兴计划。勾践很赞许这个国策，甚至于说，"不谷之国家，蠡之国家也，蠡其图之！"（《国语·越语下》）

功成身退：老子强调"知足不辱，知止不殆""为而不恃，功成而弗居""功成名遂身退，天之道"；又说："吾所以有大患者，为我有身；及吾无身，吾有何患？"勾践称霸后，封范蠡为上将军。范蠡认为大名之下，难以久居，且勾践为人可与同患难，难与共安乐，便谢绝勾践恩威相加的挽留，泛舟五湖，浮海而去。范蠡走后，越王为他塑了一尊铜像，要求大夫们每十天对范蠡像朝拜一次，还将会稽山周围三百里作为范蠡的封邑。体现了范蠡深谙老子"外其身而身存"的高明。

身重物轻：《道德经》说："名与身孰亲？身与货孰多？得与亡孰病？是故甚爱必大费，多藏必厚亡。"范蠡离开越国后，首先来到齐国海滨，靠经营有道富甲一方，齐人请他出山为相，范蠡深知"久受尊名不祥"，乃归还相印，散尽家财，逃到陶地隐居。体现了范蠡的轻物保身之道。

上善若水：老子主张"上善若水""居善地，心善渊，与善仁，言善信，政善治，事善能，动善时"。范蠡辗转吴、越、齐、宋，每迁一地，太史公所谓"苟非去而已"，其居善地；善识天地阴阳盈虚之道，思想精深，心明如渊；经营上"无敢居贵"，三散其财，富而好德，与人善仁；崇尚"务完物"，其言善信；从政则官居上将军、相国，兴越灭吴，其功甚伟，其政善治；商品贸易，"贵出如粪土，贱取如珠玉"，其事善能；善用十二周期循环理论预测天时，"旱则资舟，水则资车"，其动善时；泛舟五湖，以水观财，深通"财币欲其行如流水"之道。

知雄守雌：老子说"祸兮，福之所倚；福兮，祸之所伏""知其雄，守其雌，为天下溪"。宇宙万物，都是阴阳对立，相生相克，相互转化。范蠡救子，当他看到大儿子带着二儿子的尸体回家时，仰天而笑："事之理也，无足悲者。"这一笑，是智者之笑。他清楚，即使救出二儿子，也未必是好事，"福兮，祸之所伏"。那样有可能让儿孙们误以为只要有钱什么都能搞定，助长他们财大气粗，草菅人命，将是最大的祸害。从这个意义上说，儿子被判刑也未必是坏事，"祸兮，福之所倚"。让子孙记住教训，以此为戒，懂得退让，何尝不是幸事？这就是范蠡知进知退、知雄守雌的智慧。

圣人不积：老子说："圣人不积，既以为人已愈有，既以与人己愈多。"范蠡以道经商，以商显道。在离齐至陶之际，"尽散其财，以分与知友乡党"；后来在陶地经商，"十九年之中三致千金，再分散与贫交昆弟"。范蠡三致千金，三散其财，没想到没几年又从千万富翁成亿万富豪。范蠡不求财而财自来，体现了道家因循自然、无为而治的高明，"天道无亲，常与善人"。

范蠡不满足于自己一个人富有，希望民富国强，共同富裕。相传范蠡曾向齐威王（范蠡在齐时，当政者是齐平公、齐宣公，且称"公"不称"王"）传授《养鱼经》，还曾发明制酱技术，改进陶器制作技术，至今太湖地区的工匠们都尊称他为"造缸先师"。为了公平交易，据说范蠡发明了十六两老秤。最初是根据七斗七星、南斗六星而制作十三两秤，后来又增加了三两，分别代表"福、禄、寿",并告诫经商者:"若欺人一两,则失去福气;欺人之二两,则后人做不了官;欺人三两,则折损阳寿。"在陶邑,很多人来向范蠡求问致富之道,他都予以诚心指导。譬如鲁国穷士猗顿向陶朱公问富,授以"子欲速富,畜养五牸"八字真经,使得猗顿靠畜牧业起家,最后富比王侯。经商之余,范蠡还将自己的商业实践进行总结,后世称之为《陶朱公商训》。

冯友兰在《中国哲学简史》中提到,"中国的圣人不是不食人间烟火,漫游山林,独善其身。他既入世,又出世,他的品格可以用'内圣外王'四个字来刻画。"像范蠡这样有坚韧的品格与毅力,手中的财富与心中的智慧,骨子里散溢着老子所谓"道大、天大、地大、王亦大"的"王气"。为人处世的境界更可体现出"生而不有,为而不恃,长而不宰,功成而不居"的"圣心"。

"子孙祭祀不辍"的陶朱公范蠡,不愧为中华商圣、道商鼻祖,中国最早的慈善家。

| 第八章 |

子贡：孔门首富导演"世界大战"

子贡（公元前520年~前456年），姓端木，名赐，字子贡，又字子赣，春秋末期卫国黎（今河南浚县）人，出身商宦世家，孔门十哲、三大高足之一。他能言善辩，雄才大略，被孔子称为"瑚琏之器"；他办事通达，长期担任鲁、卫、齐三国外交官，凭三寸不烂之舌游说齐、吴、越、晋，连环救鲁，成为中国纵横家的祖师爷和巧设连环计第一人，齐相晏子称其"国士无双"；他更善于经商，亿则屡中，跨国经营，富致千金，成为孔门首富；他是孔子周游列国的首席赞助商和孔子儒学名扬天下的职业经纪人；他结驷连骑，结交诸侯，所到之处，国君无不与之分庭抗礼；"端木子贡"的金字招牌还能吓退敌军，保家卫国，真正达到了"富可敌国"的程度。他不仅是春秋战国之交杰出的社会活动家和外交家，更是外商内儒、文行忠信、富而好礼、博施济众的儒商鼻祖。当今世界最大的跨国公司沃尔玛创始人山姆·威敦说：沃尔玛创业最初的灵感是来自中国一家古老的商号，大概那家著名的商号里悬挂着"端木生涯"的画像吧！

商宦世家，孔门首富

面对礼崩乐坏的春秋乱世，孔子以"祖述尧舜、宪章文武"为己任，在鲁国都城曲阜创办私学。在当时华夏大地总人口不过两三千万，门下就有三千多弟子，天下每一万人中就有一人归属"孔门"，可以想见孔子学院在当时的影响力。难怪所到之处诸侯都不敢用他，齐景公和楚昭王不约而同打消了给孔子封邑的念头。

颜回、子路、子贡是孔子三大得意门生：颜回仁者不忧，子贡智者不惑，子路勇者不惧，堪称孔子一生称道的仁、智、勇"三达德"的代表。有人不无诙谐地说，颜回是穷起来不要命，结果他就因为贫病交加而英年早逝；子路是打起来不要命，结果他在卫国之乱中结缨而死；子贡则是富起来不要命，结果他享受了一生的平安富贵，幸福而寿终。显然，子贡不是颜回式的仁儒，也不是子路式的勇儒，而是"智、仁、勇、富"合一的达儒。难怪在《论语》中，子贡是孔子从弟子中出镜率最高的一位。

孔子总是称道颜回和子贡两个弟子：

子曰："回也其庶乎，屡空；赐不受命，而货殖焉，亿则屡中。"（《论语·先进》）

孔子说，阿渊的道德学问是差不多了，可是他却身居陋巷，穷得叮当响，有时连吃饭都成问题；阿赐却不安于现状，不像阿渊那样满足于家里有几亩薄田，勉强可以温饱就连官也不想做。阿赐在求道的同时，不忘经商致富。瞧他预测市场行情，每每不出所料！

可以说，在孔子三千弟子中，子贡是唯一一个将王道之儒和逐利之商有机结合的人，号称"孔门首富"。《史记·仲尼弟子列传》说他"常相鲁卫，家累千金"。

子赣既学于仲尼，退而仕于卫，废著鬻财于曹、鲁之间，七十子之徒，赐最为饶益。原宪不厌糟糠，匿于穷巷。子贡结驷连骑，束帛之币以聘享诸侯，所至，国君无不分庭与之抗礼。夫使孔子名扬于天下者，子贡先后之也。此所谓相得势而益彰者乎？（《史记·货殖列传》）

子贡可以说是孔子弟子中把学问和实践结合得最好的一位。有人说：颜回和子贡代表了孔子儒学的两个方面，颜回侧重于内圣的心性之学，子贡则侧重于外王的经世致用之学。

遗憾的是，后世儒家偏重心性，"寻孔颜乐处"，同时鄙视工商，讳言财利，导致子贡一脉少有人倡导。

子贡在言语、政事、货殖等方面的才能，其源有自。

一是子贡的父系，是卫国富商世家。

子贡生于公元前520年（周景王二十五年），其祖上是黄帝之孙高阳氏帝颛顼的后裔，他的二十一世祖鬻熊是周文王和周武王之师。鬻熊生二子，长子熊丽为楚祖，次子端木。端木生典，典以父名为姓。端木典成为端木氏的得姓始祖。之后，几世先祖都是周朝士大夫。到端木舒时，随周平王东迁。端木舒生子彻，彻生缄，缄生容，容生宿，宿生广单。端木广单到卫国经商有成，被卫献公聘为客卿，从此端木氏迁居卫国。广单之子端木巨在卫国，已经是十分有名的大商人，深得卫灵公的信任。

由于端木广单是卫献公的客卿、卫国贤臣蘧伯玉的至交，蘧伯玉便将女儿许配给端木巨。端木巨得子的第九天举行了规模盛大的喜庆仪式。卫灵公派宫使送来了贺礼，贺礼是凤麟和玉佩，喻凤毛麟角之意，新生儿将来会是人中之杰。为纪念国君的美意，端木巨和夫人蘧氏商定，为儿子取名赐，字子贡，希望儿子将来能为国尽忠，为民献力。子贡生长在这样一个富商世家，血脉里流淌着的是商业基因。

二是子贡的母系，是卫国官宦世家。

子贡的外祖父蘧伯玉是卫国四朝元老，先后事奉殇公、献公、襄公和后来的灵公。蘧伯玉虽然资历高，但他心如明镜，每天都在反省自我，《庄子》说"蘧伯玉行年六十，而知五十九年之非"。孔子曾称赞："齐国的晏婴、郑国的子产、卫国的蘧伯玉，是当世少有的贤人。"

可是，卫灵公继位后，蘧伯玉受到朝中权臣弥子瑕等奸佞小人的攻讦，一度被冷落。蘧伯玉便退而结网，"卷而怀之"。大夫史鱼对蘧伯玉非常推崇，多次向卫灵公推荐蘧伯玉，但都被弄权小人弥子瑕进言阻止了。史鱼誓不罢休，他在病入膏肓、生命弥留之际，给儿子留下遗嘱说："我侍朝廷，不能进蘧伯玉，退弥子瑕，为臣不能匡扶国君，让国家走向正道，这是没有尽到责任，死后哪有脸面见周文王。我死之后，且慢入殓，将尸首放在窗户下面。"

史鱼去世，卫灵公前去吊唁，见停尸未殓，召孝子询问原因，孝子将父亲的遗言如实禀奏。史鱼的忠烈感动了卫灵公，便传命晋升蘧伯玉为主政大夫，罢免弥子瑕，并亲自主持为史鱼入殓。

蘧伯玉主政后，果然不负众望，对内招揽贤才，对外睦邻友好，很快使卫国的局势稳定下来，并成为乱世之中少有的一片乐土。

三是子贡的师门，是鲁国的孔子学院。

子贡十八岁那年，外祖父蘧伯玉将子贡送到了鲁国都城曲阜，拜到孔子门下。孔子聚徒讲学，有教无类。收的弟子都在十五岁以上，来自不同的诸侯国，出身不同的阶层，有着不同的阅历。孔子主要以礼、乐、射、御、书、数"六艺"为教授科目，以《诗》《书》《礼》《乐》《易》《春秋》"六经"为教科书。他根据学生的个性特点和学有所长的实际，实行分科教学，设德行、言语、政事、文学四科，子贡在言语方面表现出天赋。

就这样，子贡出身富商世家和豪门贵族，读的又是当时世界上最有名望的大学。这种社会资源和无形资产，是孔子三千弟子中，除了各国诸侯公子，是不可多见的，为他日后从政、外交、经商都奠定了坚实基础。

周游列国，首席赞助

孔子办学，一个重要的目的就是要让自己和弟子们以先王之道拯救这个礼崩乐坏的乱世。到了天命之年，总算时来运转，鲁定公起用孔子。短短三四年时间，孔子先后做过中都宰，相当于现在的县长；小司空，管理土地、山林，是司空的助理；大司寇，同司徒、司空、司马并列的高级官员，主管刑法，相当于现在的政法委书记。二十三岁的子贡被聘为鲁国大夫，子路、冉有也各有所任，辅佐孔子从政。孔子师徒当政期间，推出了一系列重大的改革措施，鲁国一度出现夜不闭户、路不拾遗的繁荣景象。

商鉴 先秦商家的创富智慧与济世情怀

然而好景不长。孔子"张公室、抑私门,堕三都",得罪了季孙氏、叔孙氏和孟孙氏"三桓"大夫。同时,鲁国的和谐繁荣也引起了齐国的忧虑,担心孔子治下的鲁国称霸天下,齐国将受其害,便给鲁定公送来了三十名能歌善舞的绝代佳人,一百二十匹骏马。孔子力劝鲁定公拒受女乐,但鲁定公还是收下了,并沉迷于声色犬马之中,连续三日不理朝政,甚至不按周礼给孔子送来祭肉。这显然是轻视孔子,孔子很是迷惘,有了"道不行乘桴浮于海"和"欲居九夷"的想法。

公元前497年,五十四岁的孔子带着颜回、子贡、子路、冉有、子夏、子羔等十多个弟子离开鲁国,一路向卫国奔去。从此,孔子师徒一行开始了长达十四年的周游列国生涯。

到了卫国,卫灵公当即给孔子与鲁国一样的薪水,年俸六万斗。这可是当时很高的俸禄,可是并没有给孔子安排实职,孔子成了名副其实的"不管部长"。子贡等人很快得到了卫国的任命,子贡在从政之余,打理家族商务工作。

年俸六万斗,衣食无忧,却像个系而不食的葫芦,比之鲁国司寇尚且不如。这种窘境让孔子有苦难言。孔子感慨万千,又动了离开卫国的念头。在卫国虚待了十个月后,孔子师徒收拾行囊,重新踏上了行程,前往陈国。

谁知,去陈国的路一开始就不顺利,路过匡地,匡人误以为是原来攻打过他们的鲁国季氏家臣阳虎,就把他们囚禁起来。几天后匡人得知不是阳虎,这才放了孔子。

到了蒲邑,孔子一行又被请进了卫国叛臣公叔戌的军营,名为"邀请"实为"要挟"。几经周折,孔子师徒只得折回到卫国都城。在孔子的提议下,卫灵公征讨蒲邑。平定蒲邑后,任命子路担任蒲邑宰,同时任命孔子为卫国高级顾问,常伴卫灵公左右。

一天,卫灵公邀孔子一同外出。卫灵公与绝代佳人南子并坐前车,孔子坐车随后,一路招摇过市。孔子心想:我还真没见过爱好美德就像爱好美色一样的男人,自己不过是卫灵公装潢门面的招牌而已,于是又一次决定离开卫国。

孔子师徒一行在陈国待了三年，也不见重用。子贡南下楚国经商，不忘向楚昭王游说孔子之道，终于打动楚昭王邀请孔子到楚国去。

公元前489年，当孔子师徒一行走到陈国和蔡国边界时，陈、蔡两个小国犯派兵将他们围困在荒郊野岭。一连困了七天，粮食没有了，只得挖野菜充饥，几个弟子相继饿出了病，孔子却神色坦然地坐在舆帐里，诵诗、唱歌、弹琴不辍。

子路脸带愠色来见夫子，说："君子也有如此穷困的时候吗？"孔子看着满脸幽怨之色的子路，心平气和地说："君子在穷困的时候能坚守节操；小人遇到穷困就不能控制自己，什么事都能干得出来。"子路知道夫子言有所指，赌气走了。弟子们面面相觑，不知所措。

面对眼前的困境依然一筹莫展，这时子贡想尽办法突围而出，用自己要贩卖的货物从附近农民家里换来一石米，暂时缓解了燃眉之急。

孔子厄于陈、蔡，从者七日不食。子贡以所赍货，窃犯围而出，告籴于野人，得米一石焉。（《孔子家语·在厄》）

紧接着，子贡趁夜色掩护潜出包围圈，拜见楚昭王，请求楚昭王派兵营救孔子一行。

去陈蔡营救孔子，对楚昭王来说本是小事一桩，可是这时吴国正大举入侵楚国，兵力都用在抗吴上了。且小事往往引发国与国之间的争端，若是惹怒了陈、蔡，岂不是腹背受敌……

子贡看楚王犹豫不决，说："我先生一心入楚，只想辅佐明君，托日生天，匡正天下。要不是这样，先生怎会被困陈、蔡之间？"

楚昭王犯疑，问道："你先生若有真才实学，卫、宋、陈、蔡，包括他的母国怎么都不重用他呢？"

子贡说："大王问得好，只有凤凰选择良木而栖，良木没有法儿去选凤凰。我先生只想入楚，大概就是这个道理吧。"

楚昭王听了子贡的话，大悦，随即改变了主意，亲率贴身卫军前往陈蔡之间解救，迎接孔子一行入楚。

楚昭王原本打算让孔子当楚国的卿大夫，并将七百里封地赐给孔子，令尹子西劝阻说："楚国经办外交的大臣有比得上子贡的吗？没有吧。领兵的将帅有比得上子路的吗？也没有。现在，大王却要将七百里封地给孔子，他再有一批德才兼备的弟子辅佐，说不定成了楚国的祸根呢。当年，周文王在丰，周武王在镐，那样不足百里的弹丸之地，最终成就了王业。我劝大王可不能将领地送人啊！"楚昭王的打算被动摇了。

不久，楚昭王患急病身亡。子贡和孔子一行住在楚国的负函等待消息，却是遥遥无期。

这时，孔子周游列国已经八年了，其后六年，他们依然栖栖惶惶，到处碰壁，孔子自嘲"累累若丧家之狗"。

孔子周游列国十四年，在卫国的几年里，生活上还是很优裕的。但是离开卫国后，就没有稳定的经济来源了。作为孔子的学生，子贡不仅充当了"孔家军"周游列国的首席赞助商，还做起了宣扬孔子儒学的职业经纪人。

在孔子弟子中，出身贫穷的颜回、曾参等弟子，一直侍候在夫子身边，守死善道；家境富裕的子贡却是个"自由职业者"，还曾几次向夫子坦承自己"倦于学"，受到孔子的批评。他有几年时间跟随夫子修学，有几年时间跟随在卫国从政，更多的时间则带领端木商帮跑到各国经商去了。对于子贡来说，求学、从政、经商，三不误。这大概就是孔子所说的："赐不受命而货殖焉。"

孔子周游列国大部分时间都待在卫国，这时子贡就有了更多的时间与家族商队一起进行"国际贸易"。孔子离开卫国后，子贡有时跟随夫子周游列国，所到之处，随时随地经商，并以自己的资财慷慨解囊，同时处处送礼打前站。有时他则离开孔子去经商或从事政治外交活动，孔子的"谋道"与子贡的"谋食"是有机相连的。由于子贡的经济援助，孔子儒家学派的政治主张在黄河流域和长江中下游一带广为传播，使儒家学说逐渐发展成为当时的显学，也让孔子名满天下。所以孔子一方面赞赏颜回的安贫乐道，另一方面也很赞赏子贡"亿则屡中"。

日本作家井上靖在《孔子传》里说："孔子一行在中原各地流浪十四年，子贡起了很大作用。如果没有子贡的参加，只有子路和颜回问题就大了，一定被赶得走投无路，徘徊于荒野，忍饥挨饿，能不能回到鲁都，谁也无法保证。"又说："以孔子为中心在中原奔波中，不管什么时候最忙的总是子贡。他派人经商，在国与国之间做大的买卖。不管愿意或不愿意，不做生意，这一群人就要挨饿，根本不可能想到哪里就去哪里，自由自在旅行。"

当然，经常跟着孔子出使各国，自己也能与各国君王和权臣贵族交往。与高层有了接触，通商的机会必然更多。正如《韩诗外传》所说的：

子路，卞之野人也；子贡，卫之贾人也。皆学问于孔子，遂为天下显士。

因为是孔门的大弟子，子贡等人成了"名儒"，其"品牌附加值"和社会知名度大大提升。敏锐的端木赐，从中发现商业竞争和政治之间的相互依赖关系，因此，他非常注意各国政局的变化，以便不失时机地发展和各国诸侯的友谊，把商道铺得十分宽泛。

常相鲁卫，鬻财曹鲁

鲁哀公七年（公元前488年），孔子从楚国再一次回到卫国。

这时，鲁国派使者找到孔子，邀请子贡到鲁国就任大夫，协理外交事务。当孔子将鲁国的聘任消息告诉子贡时，子贡真不愿意离开待自己胜过父亲的夫子。孔子想起了当年农山谈志的情景，对子贡说："阿赐呀，你说过'不持尺寸之兵，升斗之粮，使两国亲如兄弟'，如今诸侯争霸，战火频仍，正需要化干戈为玉帛的外交英才呢！我也不想让你走，但我留你在跟前，有违师道；你不去应聘，便是目光短浅。所以我建议你，这就跟使者一起过去。"

孔子去鲁适卫时，子贡曾在卫国当了几年官。大约从这一年起的二十多年间，子贡"常相鲁、卫"，即长期担任鲁国和卫国两个国家的外交官，相当于现在的外交部副部长。其间，子贡不辱使命，两次赴吴，化解了吴国强加给鲁国的"百牢"之礼和重温盟约的不合理要求，维护了季康子和鲁国的尊严；一次成功解救被吴国拘禁的卫出公，维护了父母之邦卫国的尊严。子贡成了当时远近有名的外交家和社会活动家，多年以后，季康子在外事活动中受到了挫折，仍不无遗憾地说，要是子贡在场就不会遭受这样的耻辱了。当时，外事上有了麻烦，只要子贡一出使，人们就"不复疑也"。

在"常相鲁、卫"的同时，子贡"废著鬻财于曹、鲁之间"。废，是卖出，倾销；著，是买进，囤积。也就是说，在鲁国和卫国等国从政期间，子贡一直在开跨国公司，在中原各国特别是卫、曹、鲁、齐等国之间做国际贸易。不久，就辞官重操旧业，成了一个影响更大的国际贸易商人。

子贡的人生轨迹是一边修学，一边出仕，一边经商，即亦儒、亦官、亦商。他的学问修养和政治外交才能都非常出色，但是他对政治的兴趣始终不及对商业和财富的渴慕。子贡对于中国最大的贡献，也正来自他商业上的成就，正是子贡使"货殖"概念深入中国商人的心。

"货殖"一词最早出现于《论语·先进》中孔子评价颜渊和子贡的区别时说的一句话："赐不受命，而货殖焉，亿则屡中。"从此，"货殖"成了中国商业资本冒险的第一个专有名词，司马迁在为商贾立传时就取名《货殖列传》。

按照孔子的说法，子贡经商的最大智慧是"亿则屡中"。

"亿"通"臆"，就是说子贡对市场行情的预测和物价涨落的判断都非常准确。有人据此戏言，子贡是中国最早做期货生意的商人。

《史记·货殖列传》载："子贡好废举，于时转货。"所谓"好废举"，"废举"又作"废著""积著"。裴骃《史记集解》说："'废举'，谓停贮也；'与时'，谓逐时也。夫物贱则买而停贮，值贵则逐时转易，货卖取资利也。刘氏云：'废'谓物贵而收买之，'举'谓物贱而收买之，'转货'谓转贵收贱也。"

子贡为什么会有这种"亿则屡中"的预测能力、"于时转货"的积著功夫呢？

一是子贡的商人基因：子贡出身富商世家，青少年时期跟父亲走南闯北，血脉里有着经商天赋。

二是子贡的政治资源：少年时外祖父结交的都是豪门权贵，青年时跟随孔子周游列国，中年时长期担任鲁卫等国相辅，往来诸侯，接触的都是各国高层。

三是子贡的品牌资源：子贡是当时世界上最有名望孔子学院的高才生，是名满天下的孔子的得意门生，这是一张"金名片"。

四是子贡的自身素质：利口巧辩，通达事理，高瞻远瞩，举止儒雅。

所有这些"隐形资本"，都为子贡家累千金奠定了坚实基础。

那么子贡做的是什么生意呢？历史文献没有明确记载。根据《论语》和《礼记》透露的信息，子贡似乎是当时的大珠宝商。

一天，子贡获得一块十分珍贵的美玉，他开始犹豫，拿不准是马上卖掉以换取资金购买其他货物，使资金尽快周转好呢，还是把它收藏起来，等到日后价格上涨的时候再卖掉好。于是，他带着这个问题找到夫子："有美玉于斯，韫而藏诸？求善贾而沽诸？"（《论语·子罕》）由于与子贡在一起的时间长了，孔子好像也很了解生意的门道。他回答说："沽之哉，沽之哉。我待贾者也。"应该及时将它卖掉，而且是要找到一个识货的买主将它卖掉！子贡点点头，觉得夫子说得有道理。孔子叹了口气，继续说道："就好像我，也在等一个能够认识到我价值的人啊！"这就是成语"待价而沽"的由来。

又一天，子贡请教孔子："君子之所以贵玉而贱珉者，何也？为夫玉之少，而珉之多邪？"（《荀子·法行》）珉看起来像玉，但它的价格与玉相差甚远。原因是真正的宝玉很少，而像玉的珉石却很多。子贡由此悟出了"物以稀为贵"的道理，并且付诸自身经商实践。

子贡往来诸侯各国，出入显贵府邸，发现富豪贵族的生活有一个共同点，就是喜欢收藏稀世珠宝。只要他们看中，就挥金如土，一掷千金也在所不惜，以此来显示自己的财富和地位。而珠宝又是没有固定价格的，它的售价，可以因买主身份的不同而不同。同一件珠宝，卖给大夫可能只卖十两黄金，而卖给诸侯就可能以百两的价格成交。

同样，珠宝的价格跟卖者的形象也有很大关系。当年楚国的卞和衣衫褴褛，怀揣荆山璞玉，接连被楚厉王、楚武王以欺君之罪砍去两只脚。直到楚文王当政，卞和依然抱着这块被认为是石头的璞玉哭了三天三夜，哭得眼睛里流出了鲜血，这才感动楚文王，命工匠剖开石头，价值连城的和氏璧从此名扬天下，但是卞和不久就死了。

子贡知道，这个世界上很多人并不识货，人们只看外表。所以他乘的是当时最高级别的驷马，穿的最华贵的服饰，他的随从也都穿上高档服饰，骑着高头大马跟在他后面。按今天的时尚标准，子贡的坐骑是世界顶级的劳斯莱斯、法拉利、保时捷等，穿的也是世界顶级服装品牌 BOOS、LV，他的团队也都开着奔驰、宝马，在各国都城招摇过市，好不威风。

那些贵族买主也很看重销售者的身份地位，他们愿意结交子贡这样的名儒富商，因为他们不仅需要他的货物，还尊重他的学识，甚至以要他的货物当作结识他、向他请教问题的借口，买卖只起到一种桥梁作用。

在经营珠宝过程中，子贡还发现，各国士大夫都处心积虑地想购买到敌国的珠宝。原来国与国之间的矛盾和纷争，可以给自己带来更大的财富。正是由于这种阻塞和不便，使得很多东西价值上涨数倍却依然供不应求。子贡敏锐地发现了国际政治的含金量，因此，他很注意政局变化，从国际视野中把握商机。

珠玉不仅是贵族的奢侈品，更是各国诸侯用来祭拜天地神祇的礼器和封官拜爵的印授。一天早朝后，宫中舍人（掌管宫中内部事务的官吏）拜见子贡说："国君让新制一套'六器'（诸侯用以祭祀天地四方的礼器），需要苍、黄、青、赤、白、玄六种颜色的玉。可宫中礼器坊没有这样的玉，还得有劳端木大人。"子贡立即答应下来，说："制作礼器，本是圣事，又是君主所用，我明日即差人送来，请您鉴别。"舍人第二天很满意地选购了玉料，并和子贡商定：今后，凡宫中礼器、服饰所需珠玉，全由子贡提供。子贡算了一笔账：单说国君礼服中五冕之一的衮冕，前后各十二对旒，每旒十二玉，一顶衮冕就得两百八十八粒玉。另外四冕，尽管旒少一些，也得五百七十六粒玉。一个诸侯的五冕用玉合计就是八百六十四粒。这样算来，一个诸侯国众卿大夫礼服的用玉便是一个不小的数目。子贡决心经营宫廷礼服所用珠宝玉石。很快，子贡的珠宝玉石陆续垄断了鲁、卫、楚、吴、晋等诸侯国宫廷的礼器坊和礼服坊。

据说，子贡还从农田里一片片随风摇曳、金光灿灿的高粱穗粒得到启发，让工匠以金银五彩玉为原料打制了一种叫"步摇"的头饰。这种头饰随着一个人的步态，一步一摇，叮当作响，十分悦耳。仿佛一夜之间，"步摇"就在贵夫人中风靡开来。

生意忙不过来，管理上的烦恼也来了。一天，孔子看到子贡心事重重、愁眉不展的样子，问道："阿赐呀，你有什么烦心事呢？"子贡脸上马上有了笑容，给孔子施礼说："弟子没有什么事啊！"孔子摇头；"那怎么面带忧色呢？"子贡看隐瞒不了，如实说："前一个月，师弟公冶长（孔子女婿）给我推荐了一位理财的人，师弟说这人'善算，不用筹策（计算工具）'。谁知这人筹策都磨薄了，账目还是一塌糊涂。我帮他理，连我自己也算迷糊了。要是将这人换了吧，一时又找不到比他强的。弟子烦恼的就是这件事。"孔子问："你的账都用什么算法呢？"子贡说："无非加减乘除。可那人抱怨：旧账没理清，新账又来了。""这样看来，不是人家算不好，而是你的生意太好了，账目太多了。"孔子用缓慢的语调说："我年轻的时候，给季孙氏做过几年委吏（会计、保管类小官），当时嫌账目繁杂，用筹策计算耗时费神。我想了一个办法，用几根绳子，穿上珠子，按个、十、百、千、万的顺序排列，这样一来，再复杂的账，再大的数，算起来都感到简单省事了。"子贡听了大喜，立即找一把黄豆充当珠子，在孔子的指点下摆算起来，这样果然显得快速方便。子贡兴奋异常地整衣正冠，给孔子行了个大礼，然后说："谢谢夫子神明点拨。"孔子风趣地说："端木赐啊，你真的不简单啊，我都快成你的账房先生了。"据说，若干年后，人们根据孔子教子贡的计算原理发明了算盘，淘汰了古老的筹策算法。

子贡在各国的生意都红红火火，一时间，曾有"天下金银财宝都向子贡钱袋里流"的说法。东汉王充《论衡·知实》载："子贡善居积，意贵贱之期，数得其时，故货殖多，富比陶朱。"司马迁《史记·货殖列传》则这样描述：

商鉴 先秦商家的创富智慧与济世情怀

"子贡结驷连骑地,束帛之币以聘享诸侯,所至,国君无不分庭与之抗礼。"我们完全可以想象子贡当时的风光:乘着四马并驾齐驱的车子,带着束帛厚礼访问各国,馈赠诸侯,所到之处,各国君主无不以贵宾礼仪与他平起平坐,指点乾坤,谈笑风生。

子贡富比陶朱,与诸侯分庭抗礼,这事大概地球人都知道,只是没几人晓得"端木子贡"这个金字招牌还曾吓退一国之军呢!

这年春荒三月,晋国派兵攻打卫国,晋军占领了小半个顿丘城。顿丘城是卫国都帝丘的门户,卫出公派重兵增援固守,两军对峙了近四十日,双方都处于人缺粮饷、马缺草料的困境。在进退两难之际,卫君急派使者找到子贡,请求子贡到鲁国求援兵,借粮草。子贡说:"鲁国都城离顿丘路途遥远,鲁公即便同意派援兵,借粮草,恐怕也远水解不了近渴。"使者无奈地说:"去年,卫国遭受涝灾,大田无收,军饷供应紧缺,如晋军得到援军或粮草,一日半日就会进犯到都城帝丘。端木大人,这可怎么办?"子贡差人拿出一千条印有"端木子贡"四字的麻袋和十面绣着"端木子贡"字样的旗幡,对使者说:"你将这空麻袋和旗幡装上车,快快回去。在离顿丘城不远的地方,以沙代粮,派一千人,一袋一袋往顿丘运,另派一支人马,携带几袋真粮,故意让晋军截获。或许就能使晋军退兵。"使者回到卫国,按计行事,晋军截获了卫军的粮车后,看到麻袋上"端木子贡"四字和远处打着旗子的运送军饷大队,心里一惊。开袋一看,里面是黄灿灿的小米。他们认为,子贡运来的增援物资,必定十分充足,看来不可恋战。晋军一时军心大乱,连夜弃城而逃。

仅凭"端木子贡"的招牌就能吓退敌军,保家卫国,可见子贡真正达到了"富可敌国"的程度。这大概是中国最早的空城计吧?然而空城计成功的背后,靠的是硬功夫,是软实力。

游说四国,连环存鲁

公元前484年,齐国右相田常在杀了齐悼公拥立齐简公并由自己擅权后,想转移国内矛盾,又一次发兵攻打鲁国。

大兵压境,鲁国朝野震惊。刚刚回国的孔子不忍看到父母之邦遭受国破家亡的厄运,就召集弟子们,看看谁能出面制止这场战争。性格直爽的子路霍地起立,请求出马,孔子阻止了他;子张、子石也请求出山,孔子也没有应允;他把目光转向了子贡。

子贡明白夫子是想让他出使,可这次出使,非同以往,齐国大军压境,战争一触即发,不要说自己只身一人难挽狂澜,即便能舌拔强弩,口吞三军,齐国右相田常也会将战祸从鲁国转嫁给别国。这是否有悖于自己一贯坚持的"化干戈为玉帛"的外交理念呢?

孔子看透了子贡的心思,沉思着说:"当年周武王会八百诸侯于孟津,讨殷伐纣,方有后来太平盛世。眼下,如果容忍田常这样的人横行天下,仁政岂不成了一句空话!"

子贡琢磨,夫子说的在理,眼下鲁国危如累卵,如果自己坐视不动,鲁国定会如羊饲虎。不挺身而出,取其大义,扶揉助弱,联手制强,说不定会消除或延缓生灵涂炭的局面呢。于是,子贡请求出使齐国,孔子点头。

就这样,子贡开始了一场号称"史上最伟大的游说"。

第一站,当然是齐国。

田常知道子贡前来必作游说之事,预先设了数百名武士,剑戟森严。子贡旁若无人,坦然入室。田常迎子贡坐下,问道:"端木先生来此是为鲁国当说客吧?"

"我来不是为鲁国,而是为您齐国。鲁国是一个很难攻下的国家,但您却偏偏要去攻伐它,不是明智之举!"

"你说鲁国难攻,有理由吗?"

子贡说:"鲁国的城墙又薄又矮,护城河又窄又浅,鲁国的国君愚昧不仁,大臣虚伪无能,老百姓一听到打仗就厌烦,这样的国家是不能跟它开仗的。"子贡顿了顿,说:"您不如讨伐吴国。吴国城墙又高又厚,护城河又宽又深,武器又坚又新,军士又齐整又充足,军中武器精良,弓弩强劲,又选派了智勇双全的将领指挥镇守,这个国家是很容易攻打的。所以说您不如去讨伐吴国。"

田常愤然作色,说:"你所说的难攻,正是人家觉得易攻的;而你所说的易攻,却是人家难攻的。你竟用这种颠倒的话来忽悠我,你这是什么用意!"

子贡笑笑:"我倒要问问您:您为什么要攻打鲁国?还不是为了要在齐国立威,同时也趁机削弱齐国国君和群臣的实力吗?可你想一想,鲁国那么容易攻克,你派大军赶过去,三下五除二就把鲁国灭了,那齐国谁得到了便宜?当然是齐国的国君和带兵的群臣了,你田常能得到什么好处?明知什么好处也捞不到,您还要去干吗?"

田常这才有点明白过来,点了点头。

子贡说:"通常来说,国家内部有问题,要选择强国来攻击;国家外部有问题,要选择弱国来攻击。您攻打鲁国,只能是强化齐君的影响力,您如果再想接下来干点什么事儿的话,那难度可就大了。更糟糕的是,攻打鲁国还会使你进一步与国君关系疏远,与大夫们争权,就连您原有的地位都岌岌可危啊!所以我建议,不要攻打鲁国,而是去攻打吴国。打吴国齐军必输,齐军输了,国君的实力就会折损于战场之上,对您有威胁的大臣和武将们也会削减一空。到那个时候,真正有实力在齐国说话的,就非您田大人莫属了。"

田常沉吟良久,然后显出为难的神色:"你要是早点来就好了,现在我军已经开进鲁境,如果要让军队掉头去攻打吴国,大臣和百姓都会起疑心的,已经没办法了。"

子贡说:"田相,办法总比困难多!您不妨先让您的齐军按兵不动,我这边替你去吴国跑一趟,说服吴王出兵来攻打齐国,那您不就可以顺理成章地让齐军调头,与吴国开打了吗?"

田常大喜,说:"好好好,这事就拜托您了,您要是帮了我这么大的忙,在齐国需要经营什么的,端木先生尽管说。"

子贡说:"别提钱,一提钱就俗了。今天跟您说这事,也是咱们俩关系不一般,换了别人,我才懒得管呢!"

话虽这么说,子贡还是顺手签下了一笔大单,当年齐国丝棉出口这一块,将由端木集团独家收购。子贡预测一旦吴军北伐齐国,那时正值寒冬,丝棉将会成为御寒必备的军需品,为保证将士远行,吴王夫差一定会强征丝棉。这样就会造成吴国丝棉紧缺,价格自然会走高。

子贡把订单交到自己在齐国的分公司,安排几十人,分成若干小组,到齐国各地或附近各国收购丝棉。他自己则带上几个随行人员星夜疾行,策马狂奔。

第二站,到了吴国。

子贡一见到吴王夫差,就出了个试题:"大王认为,当今天下,谁是霸主?"

夫差不客气:"君不见,吴王夫差是也?"

子贡摇头:"No!No!大王曾经是天下霸主,但那是昨天的事了。现如今嘛,齐国军队正在昼夜不停地攻打鲁国,一旦鲁国灭亡,齐国的实力大增。我看啊,明天一觉醒来,天下的霸主就是人家齐国了,没大王您的事了。"

夫差摇头:"我说端木先生啊,你少来这一套,甭想忽悠我,我夫差是上你当的人吗?"

子贡说:"大王啊,我端木赐闲了没事来忽悠您?我看您啊,真的危险了。您想啊,如果您发兵去攻打齐国,拯救鲁国,天下人就都知道大王乃仁义之师,而且您还可以乘着伐齐的机会将沿途的小国全部收进吴国的版图里,还有,最近晋国也在蠢蠢欲动,明显的是不服您啊,可如果您把齐国打败,那晋国还不得吓得乖乖老实起来?这么占便宜的活您都不干,还说自己是天下霸主呢!我看啊,只怕是您自己忽悠自己呢!"

夫差回答道:"你说得倒轻巧,你忘了我的身后还有一个越国吗!想当年我们曾经跟越国打过几仗,把他们围困在会稽山上。那勾践夫妇和范蠡这批大臣被我逮了来,天天让他们替我刷马桶,喂马。勾践为这事老上火了,现在天天卧薪尝胆,对内图精励治,对外广结诸侯,明摆着要跟我没完。如果我这边一出兵,越国岂不是正好逮到了机会?那还能有我夫差安生的日子吗?您还是等我讨平越国回来再说吧。"

子贡说:"大王把问题想得太严重了。越国的国力再强也没有超过鲁国,吴国的强大也没有超过齐国,如果等您讨平越国回来,齐国早就把鲁国灭了。

如果那样，吴齐两国就不再像今天这样势均力敌了。况且忍心攻打弱小的越国却害怕强大的齐国，是不勇；只看到眼前的小利而不顾日后的大害，是不智。从这两方面来说，我认为您的想法都是不可取的。"子贡缓了缓，接着说："我听说，一个有仁义之心的人会救人于艰难困境来推广他的恩德，一个具有聪明才智的人会抓住时机来建立他的功业，一个推行王道的人就不会使诸侯列国世系灭绝来弘扬他的正义。如今大王您保存越国不去毁灭它，用仁义的行动来亲睦四方诸侯，用武力去讨伐强暴的齐国，使它陷入窘境，余威可以震慑晋国；拯救鲁国，使得周朝宗室的世系不至于灭绝，让诸侯明白您这是尊奉周室的正义之举。这样的话，我将会看到吴国的威望超越沿海，沿海诸侯一定纷纷前来吴国朝贡。到那时，大王您称王天下的事业就成功了。况且强大的吴国何必如此惧怕那小小的越国！您如果心里不踏实，不妨让端木赐替你跑一趟越国，让越王勾践派兵跟你一起出征，这样，您实际上使越国的兵力倾巢而出，使其国内空虚，而名义上却可打着率领诸侯讨伐暴齐的旗子。"

夫差大悦："那就拜托端木先生了！钱的事儿我就不提了，到时候我们吴国需要什么物资，还得请你端木先生来安排呢。反正生意总要有人来做的，肥水不流外人田嘛。"

第三站，向越国进发。

越王勾践听说大名鼎鼎的孔子门徒子贡前来，赶忙命令国人清扫街道，并亲自出城三十里外郊迎，又亲自驾车把子贡迎到国宾馆，住进总统套房。勾践恭敬地问："我们这里是一个落后的蛮夷之国，先生因何不远千里屈尊降临啊？"

子贡毫不客气地说："大王将有大祸临头，所以特来向您表示慰问。"

勾践赶忙叩头拜谢，说："我听说祸福相依，今天先生来慰问我，是给我带来福气。我斗胆请您把知道的情况讲给我听听。"

子贡说："我刚从吴宫出来，夫差想北伐强齐但担心越国乘虚而入，说是先灭了越国再说。如果真是这样，越国必定灭亡。大王复仇之志已被吴王察觉。常言道：如果没有报复别人的想法却让人怀疑，那是愚笨；如果有报复别人的志向却让别人发觉，那就危险；如果报复的行动还没有实施消息就已泄露出去,那就会招致祸殃。"

越王俯身下拜,说:"我不自量力大败于吴王夫差,先是困于会稽,后又辱居石室,这刻骨仇恨我勾践一天也不曾忘记。所以这些年来,我身不安床席,口不甘厚味,目不视好色,耳不听钟鼓,痛苦之感深入骨髓,日日夜夜心急如焚,以至于舌干唇裂,恨不能剥了夫差的皮抽了夫差的筋,与他同归于尽。今天先生到此,我勾践敢不听命!"

子贡说:"这事好办,夫差当年能够打败你,一有伍子胥带兵为将,二有孙武子幕后策划。而今,夫差为人凶残,连年征战,国力衰落,将士不满,群臣怨愤。伍子胥被处死,孙武子拔腿溜掉了。当政佞臣伯嚭,一味谄媚吴王自保私利。这样的统治必将亡国,所以这是大王报仇雪恨的最好时机。如果大王能发三千精兵任其调遣,以助长他的骄横之气,再用大量的珍奇宝物讨好他,用谦卑的态度逢迎他,他一定会出兵与齐国开战。如果他打败了,那是大王的福气;如果他打胜了,一定会乘胜与晋国开战。请让我先去见晋国国君,让他与我们共同对付吴国,料夫差也没处可跑。那时他的精锐部队陷在齐晋两国,大王就可以乘机消灭它,一雪会稽之耻。"

越王一拍大腿,说:"端木大夫这个主意真是太好了!咱就这么办。"

子贡马上要离开越国,勾践一边欢送子贡出城,一直送到钱塘江边;一边吩咐大臣奉上黄金百镒、宝剑一支、良马两匹,说:"端木大夫不辞辛苦跑这一趟,越国蛮夷之邦,就善于铸造青铜宝剑,这玩意可是当今世界最高精尖的武器了,今天先生来了,就收下这点礼物吧。"

子贡拂袖而去:"您拿我端木赐当什么人了?你这不是指着我的鼻子骂我吗!"

子贡分文不受,就此离去。

第四站,又到吴国。

子贡向吴王汇报:"我把您的话转告给越王,越王非常害怕,说:'我不幸从小失去了父亲,又不自量力得罪吴王,以致国破家败,受尽屈辱,暂栖于会稽山。多亏吴王恩赐,让我能够守住祖先的坟墓,按时祭祀。吴王的大恩大德至死不敢相忘,哪里还能有什么别的想法?'"

子贡在馆舍住了五天，越王勾践派大夫文种跪拜吴王说："偏居东海的奴仆勾践派遣奴才文种，冒昧地请求两国修好。今闻大王将兴义师，诛强救弱，讨伐暴齐，辅佐周室，安定天下，勾践请求尽起境内三千士兵，还请亲自领兵冲锋陷阵。现由下臣文种进献祖先珍藏的宝器、铠甲、斧钺、屈卢之矛、步光之剑，作为献给将士们的贺礼。"

吴王夫差十分高兴，将文种的话告诉子贡："越王要亲自跟随我讨伐齐国，你看怎么样？"

子贡说："人家调动所有人马，又叫它的国君跟随，这样做没有道理。大王可以接受它的礼物，答应他派遣军队，而不能让他本人前来。"

吴王觉得有道理，就向越王勾践表示谢意，然后动员九个郡的军队做好准备，出兵北伐。

这时，大臣禀报吴王："大王，北伐暴齐乃仁义之师，但眼下正值寒冬，南方吴国之兵不堪北方严寒气候，需要大量丝绵御寒。而且时间紧迫，一下子恐怕难以征到这么多丝棉织品。"

吴王大怒："我一个国王还要管这些吗？那还要你们后勤部干什么？"

大臣发愣，不知所措。

吴王下令："你们不会去找端木先生想想办法吗？"

子贡加急发报，让齐国那边的分公司迅速派出商队，运送物资到吴国。因打着端木集团的招牌，一路上顺利通关。

子贡大大赚了一笔，吴王自是感激不尽。

第五站，北上晋国。

告辞了吴王，子贡并没有急于回去向孔子汇报工作，而是趁机跑到晋国收账，并借这个机会拜见晋定公。

一见面，子贡就对晋定公说："不知晋公听没听说过我先生说的一句话，'人无远虑，必有近忧。'晋公您应该看到，当今世界风云激荡，又一次世界大战已经打响，齐国正在攻打鲁国，吴国要去攻打齐国，越国还要凑热闹，眼看着战火就要烧到晋国的家门口了，你还不立即宣布进入战时状态，号召人民群众拿起刀枪保护家园吗？"

晋定公笑笑，说："我说端木先生啊，你这个人可真是邪了门了，你明明是儒家的门徒，偏偏揽起了纵横家的游说活，而且你还是个比谁都会赚钱的大商人，你说你这到底是演的怎么一出戏呢？"

子贡说："您甭说我，我就告诉你一句话：整顿军队，以逸待劳。如果你不快点准备的话，那可就来不及了。"

晋定公说："我说端木先生啊，等你来提醒，那黄花菜都凉了。实话告诉你吧，我们晋国早已进入一级战备状态，人不犯我，我不犯人，人若犯我，那他就是我的犯人……都这个时候了，你以为谁还敢闲着？"

这年冬天，子贡周游一圈回到了鲁国。这边子贡刚刚交差，那边吴军果然与齐国大战于艾陵，并大败齐军，俘虏了齐国七位将军。

紧接着，吴军果然兵临晋国。

鲁哀公十三年（公元前482年）夏，吴、晋两国在黄池举行会盟，为谁执牛耳争执不下。越王勾践乘机兴师袭吴，杀死夫差的太子友，并在距离都城七里处安营扎寨。夫差闻讯赶紧从晋国撤军，与越王勾践战于五湖。

鲁哀公十五年（公元前480年），鲁国与齐国媾和，子服景伯为正使，子贡为副使来到齐国。田常在宾馆会见鲁国使者，宣称齐国会像对待卫国一样，也友好地对待鲁国。子服景伯揖请子贡陈言应对，子贡便上前从容地说："这正是我们鲁君所期望的。"接着话锋一转，提起此前吴国进犯鲁国时，齐国趁机侵占鲁国的土地，若比照齐国跟卫国处理类似问题的前例，鲁国也应得到相等的对待。这一席话让田常自感理亏，不久齐国就把成邑归还鲁国。

与此同时，吴越相争，吴军三战三败。公元前473年，越军攻破吴国都城姑苏，将夫差困在姑苏台，夫差自杀，吴国灭亡。

这场世界大战终于结束了。子贡这次出使，齐国大乱、吴国灭亡、晋国强大、越国称霸，最终保全了鲁国，完全打破了各国的形势格局。表面上看，子贡靠的是三寸不烂之舌，实际上背后起作用的，是子贡娴熟的国际贸易技巧，以及孔子培养出来的儒商素质。

一是国际视野。子贡不是就鲁国论鲁国，而是把鲁国的问题放到国际大背景之下来看。然后，他采用了商业竞争中经常使用的"借刀杀人"策略，借用自己以外的力量,巧妙地把祸水引到别处,达到自己的目的。

二是洞察时事。子贡追随孔子周游列国十几年,所到之处都是与各国的王公贵族打交道。而且,子贡做的是军火和珠宝生意,他的客户肯定多数是有钱有势的王公贵族。这使得子贡对于各国政治情况和国际政治局势有非常清楚的了解。

三是名门高足。子贡是孔子的高徒,这个身份本身就非常有号召力。别看很多诸侯国的君主不采用孔子的主张,也不愿意重用孔子,但是对于孔子的道德文章还是很敬重的。子贡又跟随孔子学习多年,接受了系统规范的教育,拥有很高的素质和修养,举止斯文,彬彬有礼,能言善辩,谈吐不凡。他的意见所产生的说服力和可信度,自然不是一般人所能比的。

四是商业思维。这是最根本的。子贡用吴国出兵为条件来交换田常不打鲁国,又用越国出兵来交换吴国出兵攻打齐国,再接着又用晋国出兵确保最后的结果。他要做事情其实只有一点,就是不要让齐国攻打鲁国,可要达到这一目的,他将整个春秋的盘子全都掀了起来,重新摆弄了一番。这就是所谓的商业思维了。

商业思维的特点就是这样,如果你想达到目的,那么你就必须要能够满足对方的需求,这样一来你必须一个链接一个链接地做下去,建立起一个长长的利益关系链和价值链体系。这个利益关系链就是你的资源,资源环节上的每个点的基本需求你都要做到心里有数,否则你任何事情也不可能成功,你的价值也就无法最终体现。

为什么那么多的国君个个都愿意听取子贡的意见?就是因为子贡对于人的利己本性有非常深刻的认识。天下所有人,都为着自己的利益最大化而奔忙。子贡作为成功的商人,要比一般人更能深刻地认识人的这种本性。"欲取之,必先与之"。所以,他在游说各国君主的时候,首先都站在对方的立场上,从他们自身利益出发,激发起他们的利己之心,并且巧妙地利用他们的利己之心。让他们觉得,按照我的意见办,就能够得到最大利益。对于子贡来说,他在不辱使命乱齐救鲁的同时,也从中大发其财。

总之,子贡为了保护鲁国的利益,站在国际关系的高度,充分显示了他作为国际贸易商的卓越才干，把商业营销技巧发挥得淋漓尽致；同时他深谙人性的弱点，将各国诸侯玩之于股掌之间，成功挑起了好几个国家的连环战争，改变了春秋后期的国际政治格局。有人说，连环救鲁是子贡一个人导演的世界大战，子贡也由此被誉为中国纵横家的祖师爷和巧设连环计的第一人。

尊师重道，富而好礼

鲁哀公十六年（公元前479年）三月底，子贡听说夫子病重，从齐国赶到鲁国探望孔子。孔子略带责备地说："阿赐啊，你怎么这么晚才来呢？"

颜回、子路这两个得意门生去世之后，子贡在夫子心中便是最倚重的弟子了。这一句话，道出了夫子当时急切期盼的心情。但是，子贡由于忙碌于外交事务和商业活动，不能常侍于孔子身边。子贡像请罪一样跪地叩头，然后搀扶夫子进屋。

孔子让其他弟子离开，只留子贡在身边，他指指七弦琴。子贡会意，净手，坐下给夫子鼓琴。孔子拄着拐仗，靠在窗边，和琴而歌：

泰山其颓乎！
梁木其摧乎！
哲人其萎乎！

鼓着琴的子贡听着夫子忧伤的歌声，看着夫子衰老的神态，感到心尖发紧，喉头发胀："夫子啊，要是泰山崩塌了，还能有谁来顶呢？要是梁父的大树折断了，还能有谁来支撑呢？要是夫子走了，还有谁能传扬仁爱大道呢？夫子啊，你是天纵之圣啊！您若抛下我们走了，我们还能去哪里呢？"

孔子也不无感伤地对子贡说："阿赐啊，天下无道，已经很久了！看来，这个世界是没有人能够高举我一生倡导的仁爱大道了。"孔子停了停，又说："我昨晚做了一个梦，梦见自己坐在东阶和西阶的两柱之间。夏代的人死后停棺在东阶,周代的人死后停棺在西阶,殷商的人则停棺在两柱之间,我是殷商的后代呵!看来,你夫子将不久于人世了。"

七天之后,孔子溘然长逝。噩耗传出,众弟子闻讯含悲赶到曲阜。

子贡忍着极度悲痛,安排孔子后事。《礼记》记载:在孔子丧事上,弟子们不知道该穿什么丧服。子贡说:"夫子四年前失去了他唯一的儿子,我们这些弟子,就是他老人家的儿子,夫子生前待我们胜似父母,我们理应以儿子般的孝义回敬夫子。"

子贡拿出重金为孔子举办了盛大的葬礼。孔子丧礼的隆重程度,超过了任何一个诸侯,三千弟子一律以孝子身份披麻戴孝。孔子的棺椁停放在正厅,灵堂前跪得雪白一片,哀声震天动地。

那天,鲁哀公也来吊唁了,他先向孔子遗容三鞠躬,然后面对各国宾朋和所有参吊者宣读悼词:"旻天不吊,不憖遗一老,俾屏余一人以在位,茕茕余在疚。呜呼哀哉!尼父,毋自律!"(《左传·哀公十六年》)上天太不公平啊,不肯留下这位国老,让我一个人在位,孤零零深感内疚。尼父啊,我失去了律己的榜样,以后向谁请教呢?

跪伏在地的子贡听到此愤然起身,对鲁哀公说:

君其不没于鲁乎!夫子之言曰:"礼失则昏,名失则愆。失志为昏,失所为愆。"生不能用,死而诔之,非礼也;称"余一人",非名也。(《左传·哀公十六年》)

国君你的做法不正使鲁国日趋没落吗?夫子曾经说过,"失去礼节,秩序就要混乱;失去名分,就要产生过失;丧失意志,就会惑乱;不顾名分,就会出现过错。"夫子生前不被你重用,死后却来哀吊,这样做合乎礼仪吗?你不过是一国之君,却在这里自称周天子才能称呼的"余一人",这符合名分吗?

子贡一言既出,满堂皆惊。鲁哀公先是一怔,不仅没恼怒,反而赞许道:"端木赐,是个真君子啊!寡人回去想请你担任左相之职,可肯赏脸!"

"鲁国胜任相职的人,已经升天了!"子贡说着,放声恸哭。

安葬了孔子,子贡和师兄弟们在墓地开始为孔子守墓服丧。《史记·孔子世家》载:"孔子葬鲁城北泗上,弟子皆服丧三年。三年心丧毕,相诀而去,则哭,各复尽哀。或复留。唯子贡庐于冢上,凡六年,然后去。"《孟子·滕文公上》载:"昔者孔子没,三年之外,门人治任将归,入揖于子贡,相向而哭,皆失声,然后归。子贡反,筑室于场,独居三年,然后归。"

弟子们相约,以父子之礼为夫子服丧三年,生活费用全部由子贡包揽,大家一边服丧,一边切磋夫子之道。

或许是子贡痛斥鲁哀公给孔子的悼词起了作用吧,孔子去世一周年之际,鲁哀公率众卿相大夫到孔子墓前举行了隆重的祭祀活动。第二年,鲁国祭祀孔子的活动从朝中官员扩散到民间。子贡对此感到安慰:夫子虽逝,但认识他、怀念他的人越来越多了,夫子永在人间!

子贡寻思:颜回和子路都在夫子逝世前走了,而曾参还年轻,弘扬夫子仁道的重任便落到自己肩上了。应该趁大家都在曲阜服丧的机会,抓紧整理夫子生前的文献资料。等到三年后大家各奔东西,那时再想聚首系统整理就困难了。于是,子贡会同冉有、子夏、曾参、有若等一班师兄弟,精心整理,辑录成《论语》这部儒家经典巨著。

三年服丧期满,大家无不伤心痛哭,然后才惜别而去,唯独子贡留下来继续守丧三年。他说:"尽管《礼记》上说:大孝服丧三年。可夫子对我的恩情,即使再服丧三年,我也报答不尽呀!"

据说,子贡刚刚拜到孔子门下时,就像当今许多高干子弟和富二代一样自命不凡,不把孔子放在眼里,也不把孔子的学问当回事。东汉王充《论衡·讲瑞》说子贡师事孔子不到一年,自认为学问已经超过孔子;第二年,虽然不再自以为超过孔子,但也觉着自己与孔子差不多;第三年,子贡才真正认识到了自己比孔子差得远。越学习,越感受到了孔子思想的博大精深,因而也越来越敬仰孔子。随着年龄的增长,子贡越想越觉得问心有愧。

孔子活着的时候,对子贡时有揶揄,子贡却从未有何不满,或像率直的子路那样顶撞夫子,更没有因自己的能耐和成功,在夫子面前稍显骄矜之色。

聪明通达的子贡很会做人,他总是时时处处称道夫子。

孔子生前虽然创立了自己的学说,并有众多的弟子相随,但他处处受到冷遇。他周游列国,"干七十余君而不遇",被人形容为"累累若丧家之狗"。《列子·杨朱》曾概述孔子当时的处境:"孔子明帝王之道,应时君之聘,伐树于宋,削迹于卫,穷于商、周,围于陈、蔡,受屈于季氏,见辱于阳虎,戚戚然以至于死,此天民之遑遽者也。"孔子的学说不被诸侯接受,他本人也常受到误解、诽谤甚至攻击。相比之下,他的弟子子贡则常相鲁卫,鬻财曹鲁,家累千金,所致之处,国君无不与之分庭抗礼,声名一天比一天响亮,大有超过孔子之势。特别是孔子死后,子贡为他守了三年的丧还要守下去,这时鲁国朝堂里的人更感到不可理解了。

大夫叔孙武叔公开在朝廷上说:"子贡贤于仲尼。"子贡的直接上司时任鲁国外交部部长的子服景伯将这话转到子贡耳朵,子贡谦逊地说:"这就好像宫墙,我端木赐的那点本领好比一堵矮墙,只有人的肩膀那么高,一眼就看清里面有什么东西,一览无余;夫子的学问好像数仞高墙,人们不得其门而入,根本看不见里面的宗庙之美和百官之富。"

叔孙武叔还是经常诋毁孔子。子贡说:"任世人怎么说吧!夫子不是谁能诋毁得了的。一般的贤人,就像山丘,是大家都可以跨越过去的;而夫子,就像天上的日月,其高度是世人无法攀登的。即使世人把自己的眼睛遮掩起来,怎能遮盖日月的光辉照临天下呢?这些人多么不自量啊!"

鲁国的另一个大臣陈子禽听到子贡的这通解释不以为然:"你不过是谦恭罢了,难道孔子真的比你贤能吗?"子贡厉声驳斥道:"一个人只要口出一言,人家就知道他是聪明还是愚蠢。夫子是高不可攀的,就像苍天一样,有谁能找到一个台阶攀登上去呢!夫子无论是在国还是在家,立之斯立,道之斯行,绥之斯来,动之斯和。其生也荣,其死也哀。这一切,这个世界上有谁比得上呢!"

早在孔子生前,齐景公就问过子贡:"端木先生拜谁为师?"子贡回答说:"鲁国的孔子。"齐景公说:"孔子是贤人吗?"子贡说:"我的夫子是个圣人,哪里只是您所说的贤人呵!"齐景公嘻嘻而笑,说:"你夫子是圣人？到底怎么个圣法？"子贡说："不知道。"齐景公勃然作色，说："刚刚你还说孔子是圣人，我一问，你却说不知道，真是岂有此理！"子贡说："您看那苍天，每天都在我头上，我能说出天有多高吗？你看那大地，每天都在我脚下，我能说出地有多厚吗？我端木赐拜孔子为师，就像口渴了，用木勺到江海里打一壶水来解渴，喝饱肚子就走了，又怎么能知道江海有多深呢！"齐景公曰："先生对孔子的赞誉，太言过其实了吧？"子贡说："我端木赐怎敢夸大其词呢，我还担心远远不够呢！我赞叹孔子，就像用两只手捧一抔泥土放到泰山上，对泰山来说，能增高多少？假使我端木赐不去赞誉孔子，也好像从泰山上抓走两把泥土，对泰山来说，能损失多少？"齐景公说："说得好！孔子真的像你说的那样高如泰山、渊博如海吗？"

面对人们对孔子的攻击和诋毁，子贡总是毫不留情，称这种行为是"欲自绝""不知量"，称孔子的学说如日月之光明、天地之高厚、江海之深广、泰山之巍峨，人们永远只能仰望孔子，而不可能达到他的高度。子贡对孔子的敬重总是溢于言表，对孔子的评价达到了无以复加的地步。清人崔述说："子贡之推崇孔子至矣，则孔子之道所以昌明于世者，大率由于子贡。"

世人都说"商人重利轻别离"，但是子贡身为富商，自十八岁拜到孔子门下到孔子去世时四十二岁，师事夫子二十四年。夫子逝世后，又守着夫子的亡灵整整六年，将公务、商务全然置之度外。有像子贡这样忠诚的弟子，可以说这正是孔子作为人师的最大成功；而子贡，也是后世商人最好的楷模。

一次，子贡问孔子："一个人贫穷但不谄媚，富有但不骄奢——这样的人，老师认为怎么样呢？"孔子回答："可以算不错了，只是还不如贫穷仍能乐道、富贵仍然好礼的人啊！"

> 子贡曰："贫而无谄，富而无骄，何如？"子曰："可也，未若贫而乐，富而好礼者也。"（《论语·学而》）

子贡就是这样一个富而好礼的儒商啊！

公元前473年，时年四十八岁的子贡为孔子守孝六年后回到卫国，不久受聘为齐国主持外交事务的大夫。此后十几年，子贡大部分时间都在齐国担任大夫，并常到鲁、卫、晋、楚、越等国巡回经商。

公元前456年秋末，子贡与世长辞，享年六十五岁。几天后，儿子端木炅依照父亲遗愿，扶柩离齐归卫，令其安息在黎地大伓山东麓。

后世尊子贡为儒商鼻祖，并将经商事业称为"端木生涯"。

| 第九章 |

白圭：首创商学院的治生之祖

一说白圭（公元前463~前385年），战国初期东周洛阳人。早年与李悝共事魏文侯，李悝变法，主张以农为本，务尽地利，而出身于商业大都会洛阳的白圭则主张工商并重，乐观时变。魏文侯兼而行之，使魏国很快崛起成为中原强国。

一说白圭（公元前370年~前300年）战国中期人，名丹，字圭，又作珪，梁惠王时担任梁（魏）相，善于修筑堤坝，是水利专家；主张减轻田税，征收产物的二十分之一。

后来白圭弃政从商，提出贸易致富理论，被誉为经营贸易发展生产的理论鼻祖。白圭奉行"人弃我取、我取我与"八字秘诀经商致富，同时将自己的商业实践总结为"智、勇、仁、强"四字箴言，开门授徒。凡遵循他的理论经商的，都大有收获。如果说孔子创办了中国历史上最早的"儒学院"，那么白圭则开办了中国历史上最早的"商学院"；如果说"计然七策"更多的是富国之策，那么白圭则是中国历史上第一个把经商当作一门大学问的人。因此，司马迁称之为"治生之祖"，宋真宗追赐其为"商圣"。

魏国贤相，弃政从商

白圭的一生，与范蠡相似，前期从政，后来弃官从商。

司马迁《史记·货殖列传》说白圭是战国初期东周王城洛阳人，与著名法家人物李悝共事魏文侯。当时李悝担任魏相，主持变法，其核心思想"农伤则国贫"，因此要"务尽地力之教"。简单地说，"务尽地力"就是统一分配农民耕地，督促农民精耕细作，增加产量。白圭则主张工商并重，本末俱利。李悝的"以农立国论"和白圭的"工商富国论"代表了经济发展的两个方向，魏文侯兼而行之，使魏国很快崛起成为战国初期的中原强国。

也有人认为白圭是战国中期人，与惠施、孟子同时，曾经在梁惠王初期担任梁相，以修筑堤坝、兴修水利著称。那时，梁国都城大梁（今开封）靠近黄河，经常遭受洪涝灾害。白圭声称自己治水的本领比大禹还高明。大禹为了治水，历时九年，三过家门而不入，可谓历尽艰险；白圭治水就轻松多了，他说，千里之堤，溃于蚁穴，堤坝不时倒塌的原因主要是因为小小的蚂蚁在捣鬼。他治水时派人沿着河堤仔细察看，除掉所有蚁窝，于是河堤固若金汤，水患也消除了。

白圭担任梁相期间，大概是孟子周游列国到了梁国，白圭趁机请教闻名天下的大学问家孟老夫子一些治国之道。一次，白圭对孟老夫子自诩治水本领："我治水患的水平，要超过大禹。"谁知孟子并不买账：

白圭曰："丹之治也水，愈于禹。"

孟子曰："子过矣。禹之治水，水之道也，是故禹以四海为壑；今吾子以邻国为壑。水逆行，谓之洚水。洚水者，洪水也，仁人之所恶也。吾子过矣！"（《孟子·告子下》）

孟子说："我说白相啊，你错了。大禹治水，那可是遵循水的自然流向的呀，或疏或堵，最终都以四方大海作为蓄水的沟壑；如今白相你修筑堤坝，却把邻国当作蓄水的沟壑。水逆向而行，就称之为洚水。所谓洚水，就是洪水，是人民所厌恶的。你搞错了！"

这就是成语"以邻为壑"的由来。孟子说，你白圭治水，逆水而行，以邻为壑，这是害人啊，哪里可以跟大禹相提并论呢！

战国时期，土地私有化，通常实行"什一税"，白圭担任梁相期间，为了减轻百姓负担，推行"二十取一税"。他为此请教孟子，孟子又抬扛了。

白圭曰："吾欲二十而取一，何如？"

孟子曰："子之道，貉道也。万室之国，一人陶，则可乎？"

曰："不可，器不足用也。"

曰："夫貉，五谷不生，惟黍生之。无城郭、宫室、宗庙、祭祀之礼，无诸侯币帛饔飧，无百官有司，故二十取一而足也。今居中国，去人伦，无君子，如之何其可也？陶以寡，且不可以为国，况无君子乎？欲轻之于尧舜之道者，大貉小貉也；欲重之于尧舜之道者，大桀小桀也。"（《孟子·告子下》）

白圭问孟子："我想收取二十取一即百分之五的税，怎么样？"

孟子说："你所走的道路，是北方少数民族的道路。有万家人口的都城，只有一个人制作陶器，可以吗？"

白圭说："不可以，那样器皿不够用了。"

孟子说："北方少数民族，不出产五谷，只生长高粱，没有城市、宫室、宗庙以及祭祀仪式，没有诸侯间互送礼物、宴饮之类的联系，没有各级官吏和机构，所以税制用二十取一就足够了。如今魏国立足中原，抛弃人伦，不要管理社会的官吏，怎么能可以呢？制作陶器的工人太少，都不能治理好一个国家，更何况没有管理者呢？想使税率比尧舜之道还轻的，无非是大貉、小貉；想使税率比尧舜之道还重的，则是大桀、小桀了。"

孟子的意思是，税率太低了，就与蛮夷之邦是一丘之貉；税率太高了，则与跟夏桀一样的暴政了。

孟子高举仁义大旗，所到之处，言必称尧舜，高举仁义之旗，指斥人家重利轻义。在他看来，白圭兴修水利、减轻田税的做法不是以邻为壑，就是一丘之貉。

不管孟子怎么说，白圭担任梁相期间，还是很有一番作为的。只是他虽然可以有办法让梁国的河堤不倒，但没有办法让它的政治不腐败。他预感到梁国即将灭亡，于是离开梁国到齐国和中山国游历。

这两个国家的君主都想把白圭留下，帮助自己治理国家，白圭都婉言拒绝了。有人问他为什么，白圭回答："这两个国家令出不行，可见信用已经到了尽头了；不注重声誉，可见名誉已经到了尽头了；没有仁爱，亲情已经到了尽头了；旅行的人没有干粮，居家的人没有食物，财力已经耗尽了；不能用人，又不能自己奋发图强，功业已经到头了。一个国家出现这五种现象，一定会灭亡的。"

离开齐国之后，白圭曾经到过西方的强国秦国，当时正值商鞅变法，白圭对商鞅重农抑商的政策很是反对，于是没有在秦国做官。经过一番游历之后，白圭对各诸侯国的政治局势看得更是透彻，也对政治产生了很深的厌恶，于是他放弃从政，走上经商之路。

可见战国初期魏文侯时的白圭，或战国中期梁惠王时的白圭，都曾在魏国从政。只是出生在自古商业发达的洛阳人白圭，血液里似乎有一种天生的商业基因，最后还是弃政从商。

洛阳位居"天下之中"，自古就是一个商业大都会。《史记·货殖列传》说，古时唐尧定都河东晋阳，殷人定都河内殷墟，东周定都河南洛阳。河东、河内与河南这三地居于天下的中心区域，好像鼎的三只脚，是帝王们更迭建都的地方，建国都长达数百年乃至上千年，这里土地狭小，人口稠密，是各国诸侯集中聚会之处。周公平定纣王之子武庚叛乱后，为了防止殷商贵族遗民重起反叛，奉周武王遗命营建东都洛邑，称镐京为宗周，洛邑为成周，并将殷商"顽民"迁到成周洛邑，以便加强监督管理。这些所谓的"顽民"不能参加政治活动，因而多数人继承商人传统从事商业经营为生。为了加强对商人的管理，周朝廷在洛邑设立金融管理机构"泉府"，颁发"空首布"作为货币广泛流通，说明周朝洛阳商业的繁荣。

公元前771年，周平王迁都洛邑，从此历史进入东周，即春秋战国时期。尽管周室式微，但作为王城，诚如《货殖列传》所言"洛阳东贾齐、鲁，南贾梁、楚"，商业贸易繁荣，人员往来频繁，所谓"天下熙熙，皆为利来；天下攘攘，皆为利往""洛阳街居在齐、秦、楚、赵之中，贫人学事富家，相矜以久贾，数过邑不入门"。《张仪列传》说："争名者于朝，争利者于市。今三川、周室，天下之朝市也。"《苏秦传》说："周人之俗，治产业，力工商，逐什二以为务。"说明当时的洛邑不仅是政治、文化中心，还是全国性的商贸中心，经商已成为洛阳人的重要职业，号称"洛商"。当时全国各地的商人也都不远千里纷纷来洛阳经商，这里因此居住着大量的外地人口。所谓"万乘之国必有万金之贾，千乘之国必有千金之贾"（《管子·国蓄》），如春秋初期的郑国商人弦高、战国晚期的阳翟大贾吕不韦，都曾往来、活动于洛阳。正是在这样的商业环境里，白圭依靠经营农产品致富而名满天下。

人弃我取，我取我与

战国时期，商业迅速发展，商人的队伍非常庞大，因此也鱼龙混杂，有的公平买卖，正当经营；可是也有很多商人囤积居奇，垄断市场，很多大商人还兼放高利贷，牟取暴利。于是，当时人们将商人分为两类，一类称为"诚贾""廉商""良商"，另一类称为"奸贾""贪贾""佞商"。白圭具有很高的商业天分，很快成为战国时期首屈一指的大商人，同时也是战国时期良商的典型代表。

白圭为国理财，常从大处着眼，通观全局，在经营上从不嫌弃小惠小利，也从不靠诡计进行欺诈。他将货物流通与发展生产联系起来，既能使经营生财，又使生产有利其发展，他认为只有以足补缺、以丰收补歉收，使全国各地物资互相支援才能在辅民安民的同时为国家理财致富。比如，如果一个地方盛产蚕茧，就购进这些产品，而用谷物等其他当地缺少的东西去换；如果一个地方粮食丰产，就去购进他们的粮食，然后用丝、漆等类必需品去和他们交换。这样就使全国的货物得到流通，既利于人民生活，又能从中赚取利润，可谓一举两得，利国又利民。

白圭根据自己的经商实践总结出一套以贸易促生产、以生产促贸易的商业理论，那么白圭的商业理论中最关键的内容是什么呢？中国商业史学会副会长、中国政法大学商学院李晓先生将其归结为两点：一是"八字秘诀"；

二是"四字箴言"。

所谓"八字秘诀",就是白圭的经营哲学:"人弃我取,人取我与。"

白圭乐观时变,故"人弃我取,人取我与"。夫岁孰取谷,予之丝漆;茧出取帛絮,与之食。太阴在卯,穰;明岁衰恶。至午,旱;明岁美。至酉,穰;明岁衰恶。至子,大旱;明岁美,有水。至卯,积著率岁倍。欲长钱,取下谷;长石斗,取上种。(《史记·货殖列传》)

白圭或许苦心研究过《计然之策》和《陶朱公商训》,并总结出一套适应四时阴阳变化的经商原则:"人弃我取,人取我与。"简单地说,就是别人不要的我要,别人都抢着要的我不要。言外之意是,当别人不太需要某种货物时,这种货物的价格一定会十分低廉,很多人会低价抛售,这是买进的时机;当人们都看好某种货物时,其价格一定会上涨,人们就会蜂拥而至,这时就应该卖出。譬如,在收获季节或遇到粮食丰收,农民大量出售谷物,这时白圭便大量收购,然后将丝绸、漆器等生活必需品卖给这些比较宽裕的农民;在年景不好或青黄不接时,白圭就适时出售粮食,同时购进滞销的手工业原料和产品。这与计然所说的"旱则资舟,水则资车""贵出如粪土,贱取如珠玉",范蠡所说的"待乏"原则,如出一辙。

历史上"人弃我取,人取我与"最典型的例子莫过于秦末河南荥阳的任氏。秦朝末年,天下大乱。一天,有消息说刘邦的军队打进了咸阳,秦三世子婴投降了,大秦帝国瓦解了,各地官员与军队四散逃奔。无政府状态下,荥阳一带的各路豪杰纷纷抢掠金库银店,金银珠宝被洗劫一空,粮仓却无人问津。唯独一个姓任的粮库管理员带领他的家人拼命挖地窖,将粮食运过来藏了起来。秦朝灭亡后,楚汉两军相持于荥阳,连续四年农民无法耕种田地,米价涨到每石一万钱。这时,任氏将粮食卖了一批又一批,各路豪杰的金银珠宝全都进了他的腰包,因此大发其财,成了当时有名的大富豪。任氏成功的背后,就是白圭所说的"人弃我取,人取我与"的经营哲学。

具体来说,白圭主要从两个方面实现他的"八字秘诀":

乐观时变，趋时而发

白圭经商的首要原则是"乐观时变"。他善于研究四时阴阳、年景丰歉以及市场行情的变化，以掌握时机谋取厚利。

一是"知时"。"时"就是时势、时机。从《货殖列传》看，成功的商人都是"知时"的行家，都能做到"与时俯仰，获其赢利"。如虞舜"就时于负夏"，范蠡"与时逐而不责于人""能任人而择时"，子贡"与时转货资"。白圭具有高超的把握时机的本领，他根据"岁星纪年法"和"阴阳五行"思想，运用天文学、气象学的知识，在计然关于"农业生产周期律"的基础上，总结出一套农业收成丰歉的规律。他指出：岁星（即木星）在卯位时，五谷丰收，但转年年景会不好；太岁在午位时，会发生旱灾，但转年年景会很好；太岁在酉位时，五谷丰收，但转年年景会变坏；太岁在子位时，天下会大旱，但转年年景会很好，有雨水；太岁回复到卯位时，他囤积的货物大致比常年要增加一倍。也就是说，岁星运行一圈是十二年，恰好与十二地支相应，当岁星运行在卯、酉位时，就会风调雨顺，大获丰收；运行在子、午位时，就会发生旱灾，粮食歉收。十二年一个周期内，有若干发展变化的规律可循，子、卯、午、酉，每隔三年就会出现较大的变化。比如前三年中有了一个好年景，那么此后的第三年往往就是大旱之年，而大旱之后又是涝年，涝年之后又是好年景。在丰年和荒年之间，谷物的价格也往往会有一倍的差异。因此，经营者一定遵循四时阴阳的变化和农业经济的周期律进行交易，丰年粮价低廉收购粮食，到歉年粮价上涨时出售，从丰年和歉年的价格差中可以获得成倍的利润。白圭的这套商情预测理论，其实就是一种农业经济循环论，这表现出白圭极高的知识水平和高远的眼光。

二要"趋时"，即一旦看准时机，就要雷厉风行，果断出手。白圭说"趋时若猛兽、鸷鸟之发"，捕捉商机时就像凶猛的老虎、狮子和鹰鹫扑向猎物一般果断，毫不犹豫。一方面，机会往往稍纵即逝，一个人是否能抓住机会可能在一定程度上决定他会不会有所建树；另一方面，机会属于有准备的人，鼠目寸光的人往往只见树木而不见森林。白圭通观全局，乐观时变，如同猛兽凶禽,一遇行情就趋时而发,绝不轻易错过任何一次良机。

笔者接触的许多商人,在改革开放前三十年,挣得盆满钵满,但近三五年内,不少人陷入困境,甚至破产。原因是什么?社会在前进,他们却凭着过去的成功,一如既往地炒煤、炒棉花、炒房地产,到头来,此前几十年挣的钱一夜之间蒸发了。这就是刻舟求剑、缘木求鱼的结果。

薄利多销,着眼长远

一个成熟的商人、一个成熟的市场,乃至一个成熟的政府,一定奉行"微利是图";凡是抱着暴利思想的,不是集权垄断下的畸形市场,就是穷怕了的暴发户。追逐暴利的投机行为注定不能长久,老子所谓"骤雨不终朝";只有微利时代,才能细水长流,积水成渊,聚沙成塔。

白圭提出:"欲长钱,取下谷;长石斗,取长种。"这是说,如果为了使自己的财富获得更多的增长,应当选择下等的谷物,因为下等谷类是广大人民生活上最普遍的必需品,贸易上成交的数量最多,可以从中取得巨额利润;如果是为了做种子,那就要买上等的种子,这样才能使来年谷物的产量增加,获得更好的收成,卖出更高的价钱。

白圭从事的粮食、蚕丝生意是当时很多富商大贾不屑于做的。一般商人为了利润,往往热衷于囤积居奇,一味在抬高物价上打主意。所以喜欢做贵重的奢侈品或资源类产品的买卖,消费对象是有钱的诸侯、贵族、大地主。那些物品利润高,来钱快。像后来的吕不韦,认准秦国质子异人"奇货可居"而一掷千金,后来当上大秦丞相,那是真正的风险投资家。他曾请教父亲种田、玉石、辅佐一国之君这三种生意的投入和产出问题,父亲告诉他种田之利不过十倍,玉石之利不过百倍,辅国之利则无以数计。显然,辅国之君不是谁都能碰到的生意,有资本的富商喜欢做珠宝生意,但贵族和地主毕竟是少数,销量有限;至于资源类生意,农业文明时代最大的商业资源莫过于盐和朱砂矿、铁矿,这两类资源是历代政府的主要财源所在,所以历代都实行"盐铁专卖",凡能涉足盐铁业的,只能是极少数"红顶商人"了。

一般商人难以从事珠宝经营,更不可能介入盐铁垄断产业,相比之下,谷物历来是市场上最大宗的商品。俗话说"民以食为天",任何一个政府、一个朝代,粮食安全从来都是头等大事。譬如夏朝末年,商汤看到夏桀宫中养着三万女乐,每天歌舞升平,于是就采用伊尹之计,号召国民编织锦绣兑换夏朝的粮食,短短几年间就将夏王的粮库掏空,然后乘着旱灾将夏朝一举消灭。粮食对国家安全和人民生活的重要性由此可见一斑。

在白圭看来,谷物是老百姓的三餐所需,至于吃好吃差没有过高的要求,只要能够填饱肚子就行,所以人们为了省钱,往往会买差一些的谷物供自己食用。对于商人来说,所要配备的货物自然也就是下等的谷物了。因此,白圭在经商上就给商人提出了"欲长钱,取下谷"的指导思想。

白圭的"人弃我取,人取我与",不同于那些囤积居奇的奸商,当丰年粮食大丰收时,一些奸商会坐待价格贬得更低时才大量购进,而白圭则用比别家高的价格来收购;等荒年市场粮食匮乏时,奸商们又以储存的粮食牟取暴利,白圭则以比别家低廉的价格及时销售,以此来满足百姓的需求。在他看来,"薄利多销,着眼长远"才是商人经营的基本原则,那些只注重眼前利益的商人肯定赚不了大钱。白圭认为,粮食是人们赖以活命的必需品,虽然经营"下谷"利润不高,但需求量大,成交量大,从长计议,在薄利多销中亦能获得可观的利润。

白圭还很注重扶植农民的生产,以保证和扩大自己的商品来源。他主张"长石斗,取上种"。种子的好坏关乎来年庄稼的收成,有好收成,才能卖好价钱,所以优质的种子是庄稼人获得财富的基础。好种子结出的果实必然也会优良,从而确保了商家货源的质量,促进了商业经营。所以,白圭向农民供应优良的谷物种子,既为自己获取了利润,又帮助农民增加了产量,使自己掌握了更充足的货源。白圭把自己的商业经营建立在发展农业生产的基础之上,通过商业来促进农业生产,通过农业生产的发展来推进商业经营。这种经营理念是前所未有的,这比商鞅变法时重农抑商的政策无疑高明了很多。

反面的历史教训是,春秋末期越国就是利用种子的阴谋削弱吴国的国力。当年越国故意向吴国借粮,第二年获得丰收,特意挑选颗粒饱满的谷子,用热水浸泡过后再晒干,再掺入百分之十未泡过的谷子,归还吴国,吴国一看谷粒这么饱满,还挺感激越国的,就当作种子种下,谁知只有百分之十的种子长芽,重新播种又已错过时令。越国乘机攻吴,以雪会稽之耻,吴国人还以为是天意,上天要灭吴。由此可见种子的重要性。

白圭所提出的"取下谷""取上种"经营理念既照顾到农民的利益,又体现了商人的长远眼光。有这种经营思想和真诚为顾客着想的人在如今也是很少见的。商家如果真要把顾客当作上帝来对待,就应该处处为顾客着想,而且要像白圭那样想在前边,这才是最有效、最让人钦佩的经商策略。

治生之术,智勇仁强

春秋战国时期,诸侯们忙于称霸争雄,政治、军事的地位远远高于经济,白圭却把商业经营的提高与政治、军事同等重要的地位。他说,我从事经商,跟伊尹、姜太公筹划谋略,孙武、吴起用兵打仗,商鞅推行变法一样。他不仅奉行"人弃和取,人取我与"八字秘诀,使自己从事农产品经营致富而名满天下,而且开门授徒。他告诫弟子,经商并不是人人都可以做的,同样需要大智大勇。要做一名成功的商人,必须具备智、勇、仁、强这四种最基本的素质。

吾治生产,犹伊尹、吕尚之谋,孙吴用兵,商鞅行法是也。是故其智不足与权变,勇不足以决断,仁不能以取予,强不能有所守,虽欲学吾术,终不告之矣。(《史记·货殖列传》)

智、勇、仁、强,是白圭对商人提出的"四字箴言",是白圭开办商学院教育商人的教学内容。我们都知道,孔子可以说是我国历史上第一所民办大学"儒学院"的院长,孔子儒学院的教学内容主要是六个方面,即"礼、乐、射、御、书、数",就是我们大家所熟悉的"六艺"。白圭商学院的教学内容就是这"四字箴言"了。他说，如果一个人的"智"够不上随机应变、"勇"够不上果敢决断、"仁"不能够正确取舍、"强"不能够有所坚守，那么即使他想跟我学习经营之道，我也不会告诉他其中的诀窍。

"智"，就是权变，随机应变的智慧。这就要求商人具备善于分析形势、及时采取正确的经营策略的智慧，白圭说要用"伊尹、吕尚之谋""乐观时变"。秦始皇时期，西域少数民族乌氏有一个人名叫倮，本是普通牧民，一天看到山峦里牛羊像云彩，原来那是西域国王的财产。他就梦想自己也拥有那么多牛羊该多好！怎么办？要实现跨越式发展，只有不走寻常路。他便把自己的牛羊全部卖掉，到中原兑换成锦缎，运回西域献给国王，国王高兴，问他要什么，他就说"我只喜欢牛羊"。国王说，多的是，赏赐了一大批。算一下，价值相当于锦缎的十几倍。到后来，他的牛羊多得要按一条条山谷来计数，秦始皇乐了，赐封他的爵位跟封君同等，并与各位大臣一同入宫朝拜。这个乌氏倮脑子灵活，有智慧。同样在秦始皇时代，秦国攻灭赵国时，要将赵国人移民到偏远的西南去，赵国人有点钱就向官员行贿，请求留在本地。只有卓氏夫妇听说巴蜀一带出产丹砂和铁矿，就推着牛车一路跋涉到了蜀郡临邛，在那里靠冶铁起家，他的后代卓王孙成为汉武帝时期的全国首富。这个卓氏夫妇，有眼光。

"勇"，就是决断，坚决果断的勇气。这就要求商人抓住机会就要果敢行动，勇于决策，畏首畏尾，首鼠两端，肯定失败。白圭说："趋时若猛兽、鸷鸟之发。"瞄准时机，就要像凶猛的狮虎和凶狠的鹰鸷一样，以迅雷不及掩耳之势向猎物扑过去。譬如吕不韦看准异人奇货可居，便一掷千金，最后当上大秦丞相，封邑十万户，无疑是中国历史上最早最大的风险投资家。又譬如汉初长安无盐氏高息放贷。汉景帝时，晁错建议削藩，以吴王刘濞为首的吴、楚、齐等七国发动叛乱，一时间叛军声势浩大。汉景帝试图妥协，杀了晁错，但对方不买账，只好派周亚夫平叛。列侯封官要筹措粮饷，得借钱，当时长安富豪担心列侯们借钱靠什么还呢，万一败了，不是打水漂了？所以富豪们都不敢出贷，只有无盐氏一个人敢，但要收十倍利息，列侯们只好认下了，结果七国叛乱平定了，这些列侯都得到了汉景帝丰厚的赏赐，无盐氏也因此暴富。无盐氏靠的正是冒险、勇气，敢要十倍的利息。他要的也有道理，利息取决于资金供求与风险程度，他的钱成了稀缺资源，战争形势不明，风险更大，他过人的胆识让他抓住了这个机会。

"仁"，就是仁义之心，所谓"君子爱财，取之有道"。商人的仁义时刻表现在取和与的过程中，要"取与以时"。商人要处理好舍与得的辩证法，要用优质商品和服务对待顾客，而不要像一些奸商那样囤积居奇，以次充好；对待下属、供应商和所有合作的人要舍得施与，这就是所谓的"仁术"。如范蠡三致千金三散其财，这是"富而好行其德"；又如子贡为孔子守墓六年，这是"富而好礼"。白圭用自己的实践证明仁义更能赚钱，他主张经营下等谷物，薄利多销；选择良种，确保农民收成，商人才有保障。白圭知道，帮助农民也是帮助自己，以次充好也会伤到自己。商贾有廉贾与贪贾之分，"贪贾三之，廉贾五之，亦比千乘之家。"（《史记·货殖列传》）贪婪的奸商要赚取三分之一的利润，仁义的良商也能赚到五分之一的利润。这样积少成多，最后也能富过拥有千乘马车的大夫。白圭还重视团队建设，爱护下属，尊重员工，始终"与用事僮仆同苦乐"。这就是他所说的如"孙、吴用兵"。

"强"，就是有所持守，严于律己。经营者要像"商鞅行法"，具有坚强的意志和毅力，对自己确立的目标要坚持到底，遇到挫折不气馁，要有坚韧不拔的精神，发家致富后要克勤克俭，保持本色。白圭富甲一方后，依然"薄饮食，忍嗜欲，节衣服"（《史记·货殖列传》），节衣缩食，克制嗜欲，大富若素，难能可贵。历史上，许多杰出商人都是如此。像秦末汉初荥阳的任氏倒卖粮食发财后，搬到了长安宣曲，这里是经济发达地区，他不计价钱买下良田、牲畜，但他有家规，不是自家种田养畜得来的物品不吃不穿，公事没有做完不得饮酒吃肉。在这种家规下，都得勤俭持家，富过若干代，成了当地的道德楷模，受到皇帝的奖赏。

白圭将伊尹、姜太公的道家，孙武、吴起的兵家，李悝、商鞅的法家，以及孔子的儒家，计然、范蠡等商家思想融为一体，成为先秦商业理论的集大成者。实际上，白圭这四字箴言各有侧重：创业时更要智与勇，要有大智大勇；守业时更要仁与强，要有仁义自律。当时洛阳乃至全国各地想经商致富的人，纷纷拜到他的门下学习经营之道。

盖天下言治生，祖白圭。白圭其有所试矣，能试有所长，非苟而已也。(《史记·货殖列传》)

司马迁说，白圭不仅用"人弃我取，人取我与"的八字秘诀在自己的商业实践中获得了巨大的成功，更把"智、勇、仁、强"四字箴言作为商人的教学内容，让许多人成功了。他的商业理论并不是瞎忽悠人的，的确像他所说的那样，经商者不是马虎随便行事就能成功的。

据《史记·货殖列传》记载，洛阳地处齐、秦、楚、赵等国的中心，直到西汉时期还盛行富商大贾接收穷人子弟学习致富之道的风气。那些跟富商学做生意的人，常常以自己在外经商时间长相互夸耀，因此屡次路过乡里也不进家门。其热心程度，不亚于三过家门而不入的大禹，可见洛阳商学之盛。当时师史就是利用跟他学做生意的弟子赶着几百辆马车，在中原各地从事货运，财富达到七千万。难怪白圭被奉为商人的祖师爷！

| 第十章 |

猗顿：中国最早的大盐商

猗顿，春秋战国之交鲁国人，出身于耕读之家，家境贫寒，人称"鲁之穷士"。为了脱贫致富，拜陶朱公范蠡为师，请教致富之道，陶朱公告诉他"子欲速富，当畜五牸"。于是迁居西河猗氏（今山西运城市临猗县猗氏镇），从畜牧业起家；又靠盐业发迹，堪称中国历史上第一位大盐商；并拓展交通运输业，是开中国商贸先河第一人；最后成为珠宝大王和玉石鉴赏家。十年之间，富比王公，史称"陶、猗之富"。

猗顿是先秦史籍中记载的第一个纯粹的职业巨商，他继道商鼻祖范蠡之后，故世称"道商第二"；又集山西先人虞舜、计然之商脉，启明清时期山西商帮执中国商界牛耳之渊薮，故被誉为"晋商始祖"。

问富范蠡，畜牧起家

关于猗顿，最早见载于司马迁的《史记·货殖列传》，说猗顿靠盐业发家，与以冶铁业起家的郭纵都富比王公：

猗顿用盬盐起，而邯郸郭纵以铁冶成业，与王者埒富。

《孔丛子·陈士义》则说猗顿是鲁国寒士，靠畜牧业起家：

> 猗顿，鲁之穷士也，耕则常饥，桑则常寒。闻朱公富，往而问术焉。朱公告之曰：'子欲速富，当畜五牸。'于是乃适西河，大畜牛羊于猗氏之南，十年之间其息不可计，赀拟王公，驰名天下。以兴富于猗氏，故曰猗顿。

春秋末年，鲁国有一批像孔子、少正卯（《荀子·宥坐》）、王骀（见《庄子·德充符》）这样的学者，四处授徒讲学，在各诸侯国中开创私人办学的先河。猗顿就生长在鲁国这种私学兴盛的环境里，过着耕读生活。他一边读书，一边在家务农耕田，也植桑养蚕，但是常年勤劳耕作，仍过着吃不饱、穿不暖的日子。猗顿的境况看起来好像孔子的得意门生颜回那样"一箪食，一瓢饮，在陋巷，人不堪其忧"，只是他不像颜回那样为了求道"不改其乐"，倒有点像子贡那样"不受命"，不安于现状。他穷则思变，一心想要改变自己这种困顿的生活，甚至像一个狂人那样四处奔波，寻求致富之路。

正当猗顿生计艰难、苦苦求索如何振兴家道之际，终于打听到一个重要的信息：陶地有个亿万富豪叫朱公，听说此人曾经是越王勾践的大谋士，本名范蠡，辅佐越王兴越灭吴后弃官从商，泛舟五湖，在齐国成为千万富翁后，齐王聘他为相，但他归还相印，尽散其财，又一次从齐国海滨逃到宋国的陶邑，以道经商，以商行道，很快成为亿万富豪，因而成了很多创业青年景仰的人生导师。

猗顿心想，我何不去向陶朱公请教呢？于是当即做出了一个影响和改变其一生命运的决策——"往而问术"，即专程跑到陶地向陶朱公请教致富之术。也有人说，当时陶朱公正隐居在今山西西南的猗地，穷小子猗顿一路风尘仆仆赶到猗地，栖身城南，向陶朱公拜师问富。

陶朱公以乐善好施、好行其德闻名天下，对来自各地的创业青年，更乐于提出创业建议，帮助制定创业计划。面对富有亲和力的偶像，穷困潦倒的猗顿真诚地向大富翁请教，陶朱公动了恻隐之心，他分析道："你小子生在鲁国洙水、泗水以北地区，那里人多地少，又没有山林水泽资源，还经常遭受天灾水祸，这种鬼地方哪里能种地？饭都吃不饱，还谈什么致富？"接着，他根据猗顿当时贫寒，没有资本，无法经营其他行业的状况，为他量身打造了一套致富门路:"子欲速富,当畜五牸。"五牸,就是雌性的牛、马、猪、羊、驴,泛指母畜。陶朱公的意思是:"你小子本钱小,想快速脱贫致富,不妨先养几头母畜看看,倘若你勤劳肯干,运气还不错的话,牲畜会渐渐繁衍壮大,资本的雪球也自然会越滚越大,日久便可致富。"

陶朱公果然是导师级人物!猗顿听了"八字商经"茅塞顿开,神情激奋,接着问:"那什么地方最适合放养牛羊呢?"

陶朱公告诉他:"西河草丰,可肥五牸。"

陶朱公所说的西河,就是黄河东岸晋国的古郇瑕氏之地。这里,南倚中条山,北枕峨嵋岭,山下盆地,中带涑水,西临黄河,东到安邑,土地肥沃,水草丰美。

经过陶朱公这么一点拨,猗顿遵从师教,从鲁国老家翻越太行山、太岳山,淌过漳河、沁河、汾河,千里迢迢迁徙到古郇地。原来,猗氏(今山西临猗境)南部果然如陶朱公所说,土壤潮湿,草原广阔,尤其是猗氏县南二十里处的对泽,是一片面很大的低洼地区,水草丰美,景色宜人,是天然的畜牧场。猗顿就在这个天然畜牧场从饲养牛羊开始了他的商旅生涯。

猗顿虽说是个穷士,但毕竟是个士,有文化,肯动脑子,善于总结经验和使用新方法。一是认真分析各种畜禽的生活习性,逐步摸索总结出"牛者顿足、马者夜饱、羊行自饱"的规律;二是创造"盐水饮畜""斗米养千鸡"的饲养方法和为雄畜去睾丸的办法,极大地提高了饲养效率;三是按照"乳牛好,堪为种产者,以留之以为种;劣者出卖,不失本利;坐驹畜犊,还更买怀子孕者"的循环养殖原理,不断优胜劣汰,培育良种,还把本地和外地品种进行杂交繁育,因而在"一岁之中,牛、马、驴得两番,羊得四倍"。至今山西运城的大黄牛和高个子驴依然闻名遐迩,尤其是大黄牛,被誉为全国"五大良种"之一,其渊源当与猗顿有着密切的关系。

由于猗顿辛勤经营,几年下来,畜牧规模日渐扩大,猗顿又在古郇地购置并规划了三个畜牧区域,让三个儿子分别经营,东禹西桑,南条北嵋,方圆数百里,到处都有他的牛羊马迹。十年之间,他的牛羊疯狂繁殖,使得猗顿从一个鲁国穷士实现华丽转身,一变而为畜牧养殖大王。

猗顿以"畜五牸"之术使畜牧业获得规模化发展，感召了远近各处的人们纷纷投奔到猗氏来。猗顿带领他们从事畜牧业，同时组织部分民众"兴三园"，即利用山坡地开辟杏园、桃园、桑园近千亩。据说他培植的鲜杏品种有三十多个，鲜桃品种达三百多个，使河东成为闻名遐迩的水果林区。同时，猗顿栽植桑园，开办缫丝加工厂，时人称之为"绣花园"。

在畜牧业和农林业两大产业的双轮驱动下，猗顿原始资本的"雪球"越滚越大。古郇瑕虽然历来是晋国重地，土地肥沃，水草丰美，但由于长期战争，也是人烟稀少。随着猗顿"畜五牸，兴三园"，来猗氏落户的人越来越多，终于聚成了一个大村落。

《史记·货殖列传》这样描述邹鲁风俗：

邹、鲁滨洙、泗，犹有周公遗风，俗好儒，备于礼，故其民龊龊。颇有桑麻之业，无林泽之饶。地小人众，俭啬，畏罪远邪。及其衰，好贾趋利，甚于周人。

太史公说，邹、鲁两地濒临洙水、泗水，还保存着周公传留的风尚，民俗喜好儒术，讲究礼仪，所以当地百姓小心拘谨，颇多经营桑麻产业，却没有山林水泽的资源。土地少，人口多，人们节俭吝啬，害怕犯罪，远避邪恶。等到衰败之时，人们爱好经商，追逐财利，比周都洛阳的百姓还厉害。

鲁之穷士猗顿不正是这样吗？

第一盐商，富比王公

一个商人的优秀秉性在于他永不知足的闯劲，对商业充满无限好奇和进取之心。经营畜牧业虽然很可观，让猗顿过上了富裕的生活，但他有更大野心。

在经营畜牧的同时，猗顿已注意到位于猗氏之南那一望无际、白花花的河东池盐。他在贩卖牛羊时，顺便用牲畜驮运一些池盐，连同牲畜一起卖掉。

在这个过程中，他认识到畜牧业属于远程投资，而池盐在当年即可收本计利，两相配合，有利无害；而且盐是人民生活的必需品，贩运池盐是一条获利更大的致富途径。于是，他开始把靠畜牧业积累起来的雄厚资金和主要精力投入到制盐、贩盐的全新领域。这就是《史记·货殖列传》所说的"猗顿用盬盐起"。

什么是盬盐？

盬盐，是先秦时期晋国郇瑕氏之地的盐池之名，亦指没有经过熬制的盐，即池盐。雍正《敕修河东盐法志》卷一说：河东池盐为"池水浇晒之盐，可直食用。不须涑治，自成颗粒"。

《史记·货殖列传》载："山东食海盐，山西食盐盬。"这是说，太行山以东地区的人吃海盐，太行山以西地区的人吃池盐。盬盐与海水煮盐不同，只要将池水浇在地上，风吹日晒后即可成为颗粒状食盐，不需要煮炼。《左传·成公六年》韩献子就称盬盐为"国之宝"。

公元前585年，晋景公准备将晋国都城从绛城迁出，大夫们都说："一定要迁到郇瑕氏的地方，那里肥沃富饶而靠近盬盐，国家有滚滚财源，国君可以坐收盐利，不可以失掉它。"罢朝后，晋景公问韩献子郇瑕氏之地怎么样，韩献子说："不行。郇瑕氏那个地方土薄水浅，污秽肮脏的东西容易积聚。污秽的东西容易积聚，百姓就发愁，百姓发愁，身体就瘦弱，在这种情况下就会有风湿脚肿的疾病；不如新田，土厚水深，住在那里不生疾病，有汾水、浍水以冲走污秽，而且百姓习惯服从，在那里子孙可以稳坐十世之利。深山、大泽、森林、盐池，是国家的宝藏。国家富饶，百姓就骄傲放荡；靠近宝藏，大家争利，国家财富就少。所以，迁到郇瑕氏不能说是好事。"晋景公听从韩献子的话，当年夏天就将晋都迁到了新田。

原来，早在猗顿落脚猗氏前将近百年内，晋国的大夫就已经提议将这块土地作为国都，原因是这里的盐池可以给国家带来取之不尽、用之不竭的财富。虽然韩献子反对将国都迁到郇瑕氏，但他也说郇瑕氏的盐池是国家的宝藏，只是国都靠近宝藏，容易成为大国争利的战场。

相传黄帝重臣夙沙氏在黄海之滨煮海为盐，首创华夏制盐之先河，被尊为盐业鼻祖，史称"盐宗"。从此，盐业和粮食一样，成为历代王朝高度重视的战略资源和支柱产业。从夏商时代起，就已实行盐贡制度，即盐民、盐商均须以盐向帝王进贡。当年周文王推荐给纣王做内应的胶鬲就是贩盐出身的，后世盐商将胶鬲奉为祖师。到了周朝，政府设立了专门负责管盐政之官，名曰"盐人"。姜太公分封齐国后，也是首兴渔盐之利。春秋战国时期，各诸侯国通常都像齐相管仲那样实施食盐专卖。只是当时山林川泽之利的开发，虽为官府控制，但官府不直接经营，而是以抽税十分之三的办法让"盐民"去经营。所谓"盐民"，当然不是一般的手工业者，而是那些有钱有势、生产规模相对较大的"豪民"，毕竟这种开发需要大量的投资和一定数量的劳动力。

从畜牧业起家的猗顿即属于"豪民"一类。那时，猗氏一带虽然盛产池盐，但由于运输条件很差，盐的销路不广，附近人民的生活自然也很窘困。猗顿利用这一地区的池盐资源和自己的资金、畜力优势，大举投入盐业生产和贩运，并快速垄断了中原盐业和畜牧业市场。

在经营盐业的过程中，猗顿的商业天赋又表现出来，他发明了"垦畦晒盐法"，大大缩短了出盐时间，至今仍在沿用。那些零散的盐民在猗顿的组织领导下，改进技术，讲求效率。猗顿在得到盐户的支持和官方的信任后，没过多久，盐业便成为他庞大产业链条中的支柱产业。从此，猗顿从一个畜牧业主成为真正意义上的商人。

为了更加有效地经营池盐，加快贩运速度，猗顿首开中国历史上长途商贸运输业的先河。先是组织人力在中条山开出了一条运输山路，使畜驮车载的池盐从中条山北麓运往南麓，然后东销齐、鲁各地。这条运盐专线，叫"盐坂道"。猗顿又试行改变驴驮车运的落后运输方式，代之以水上船运，于是开凿了山西地区第一条人工运河，以便池盐通过水路运往秦地，然后延伸到西域乃至波斯湾等地。

乾隆《临晋县志》卷六记载，猗顿开凿的运河从河东盐池起，通于五姓湖，又从五姓湖至蒲坂（今山西永济县）之孟明桥入黄河，遥遥百里左右。两千五百年沧海桑田，如今已无从查考猗顿运河遗址，但从生产力水平上讲，当时铁制工具已广泛使用,已具备开发水利的能力,如春秋时期吴国开凿了邗沟、战国初期魏国邺地开凿了十二条引漳水渠、魏惠王时开凿了鸿沟等;从财力上讲,猗顿当时已成巨富,有力量兴修运渠。据说他开凿这条运河,不仅是运输池盐的需要,也是保护池盐的需要,因为河东池盐最忌客水浸入,破坏池盐生产。运渠可以引走客水,保护盐池。据说后来魏国开凿永丰渠也是出于这个目的。

猗顿对交通运输的拓展,大大提高了贩运池盐和牲畜的效率,客观上也打开了晋国闭塞的大门,将晋国从偏僻落后的状态推向经济复苏、礼法文明的历史舞台。无怪乎《孟子》中梁惠王说:"晋国,天下莫强焉!"

靠"国之宝"盬盐发迹的猗顿,太史公说他"富埒王者",可见猗顿是中国历史上第一个大盐商。在中国历史上,特别是汉朝实行盐铁专卖后,历代盐商往往都是红顶商人。如清朝乾隆时期的扬州盐商江春荣登两淮八大总商之首,并以布衣之身频频上交天子;咸丰时期四川自贡的大盐商王朗云,更拥有私有武装,因抵御太平天国有功,获赏二品顶戴。明清盐商,在很大程度上依附于官府,而猗顿身上更多体现的是他个人的奋斗精神和智慧力量。

珠宝大王,陶猗之富

猗顿的运输队不但以贩盐为业,同时也是一支畜牧业的宣传队和珠宝的收购队。

猗顿把盐运到西域,又从西域换回一批批珍珠玛瑙、珠宝玉器,并在沿途各地设立了五十多个珠宝店铺。西域各地的珠宝,通过猗顿的运输队,就这样源源不断被带回猗地,经过猗顿的鉴定,分门别类,标明档次,划定价格,投入交易。这样,很自然又开发了第三种经营业务——珠宝业。中国第一大盐商,又成了春秋战国之交的珠宝大王!

晋代葛洪在《抱朴子·擢才》中这样写道:

> 结绿、玄黎，非陶、猗不能市也。

结绿、玄黎，是当时高端珠宝玉器的代称，要不是陶朱公与猗顿那样的大富豪，就没有人能有实力经营。可见猗顿与范蠡已垄断了当时的珠宝市场，或者说，没有谁能像陶朱公和猗顿那样对高档玉石有着高深的鉴赏力。

在经营珠宝的过程中，猗顿对珠宝鉴赏达到了极高的水平。他不仅对西域运回的珠宝作鉴定，而且内地诸侯国中上层社会的贵族也找他鉴定珠宝；甚至珠宝商在珠宝的交易中，不经猗顿鉴定，就难以确定珠宝的真伪优劣。猗顿对珠宝鉴赏能力甚至可以与伯乐相千里马、欧冶识莫邪宝剑、离娄鉴别象牙的水平相提并论。

《尸子·治天下篇》说：

> 智之道，莫如因贤。譬之相马而借伯乐也，相玉而借猗顿也，亦必不过矣。

《淮南子·氾论训》说：

> 剑工惑剑之似莫邪者，唯欧冶能名其种；玉工眩玉之似碧卢者，唯猗顿不失其情。

梁元帝萧绎《金楼子》卷四说：

> 碧庐似玉，猗顿别之；白骨似牙，离娄别之。

猗顿通过多方经营，终成倾国巨富，号称"猗顿之富"。汉桓宽在《盐铁论》中说：

> 宇栋之内，燕雀不知天地之高；坎井之蛙，不知江海之大；穷夫否妇，不知国家之虑；负荷之商，不知猗顿之富……

将猗顿之富与天地之高、江海之大、国家之虑并列,足见其富裕程度堪与其师陶朱公齐肩,史称"陶猗之富"。如贾谊《过秦论上》说:

陈涉……才能不及中人,非有仲尼、墨翟之贤,陶朱、猗顿之富。

《韩非子·解老篇》更将猗顿置于陶朱公之前,似乎猗顿之富已超过陶朱公,并可与王势并提:

夫弃道理而妄举动者,虽上有天子诸侯之势尊,而下有猗顿、陶朱、卜祝之富,犹失其民人而亡其财资也。

据说猗顿在获得成功后,为了报答范蠡的恩情,在猗氏为道商鼻祖盖建了陶朱庙。猗顿无疑是中国道商第二人。

猗顿故城,晋商始祖

大凡先秦商家,或亦政亦商,如王亥、计然、子贡;或弃商从政,如姜太公、管仲、吕不韦;或弃政从商,如范蠡、白圭。第一个一生从事商业经营的,当属猗顿。他起于畜牧,成于盐业,积于珠宝,可以说是中国史籍记载的第一个纯粹的职业商人。

随着猗顿对外贸易规模不断扩大,来自四面八方到郇地和猗顿进行商贸交易的人络绎不绝,甚至延伸到齐、鲁、燕、楚等各诸侯国,猗顿居住的村落也逐步由一个畜牧区演变为远近闻名的商贸集镇。现存临猗县王寮村猗顿祠的清道光十七年(1837年)立的《重修周逸民猗顿氏墓记》称,猗顿生前富甲天下:"西抵桑泉,东跨盐池,南条北峨,皆其所有。"猗顿占有晋南盆地大量的土地,东至垣曲山,西至黄河岸,南至中条山,北至汾河边,都属他经营的领域,后人称之为"猗顿城"。

至今人们还在争议:是先有猗氏后有猗顿,还是先有猗顿后有猗氏?许多人认为因为有了猗顿,这里出现了猗顿城,然后被冠以猗氏县,乃至今天的临猗县。其实,从史籍记载看,"猗氏"一名可追溯到夏代的古猗国。《路史》云:"夏有猗国。"《河图括地象》载:"猗姓之国,猗夏朋淫不义,少康灭之。今河东有猗氏城。"周武王灭商后,将周文王第十五子郇伯封于猗氏,后来晋武公灭郇国以赐大夫原氏,郇伯后裔即以国为氏,即后来的荀氏,所以猗氏又叫郇瑕氏之地。《蒲州府志》云:"猗氏县郇瑕氏之墟也,春秋令狐地。秦世以有古猗氏国,因称猗氏。"可见早在夏朝就有古猗国、猗氏城。

《孔丛子·陈士义》明确指出:"以兴富于猗氏,故曰猗顿。"鲁国穷士在猗氏富甲一方后号称"猗顿",猗顿就是"顿于猗"的意思。"顿",是"驻守""囤积"的意思,引申为"富豪",如同尊陶地富豪为"陶朱公"一样,尊猗地富豪为"猗顿"。如前所述,早在猗顿之前近百年,晋国就曾动议迁都到猗氏古郇地,猗顿的到来和崛起,使得夏商以来的"猗氏古城"迎来了新的繁荣,时人谓之"猗顿城"。

秦始皇统一中国后实行郡县制,在河东郡置猗氏县;汉高祖二年(公元前205年),又在此置猗氏县;唐贞元中(公元785年至公元805年)河东节度使马燧平、李怀光叛乱于猗氏,猗氏古城毁于一旦。据《临猗县志》记载:"城高两丈许,四垣八门,遗址犹然。"时至今日,人们习惯上称之为"猗顿故城"。

猗顿祠《重修周逸民猗顿氏墓记》载:"猗顿不朽有三:为国立功,为民立德,己身立言。"

一是为国立功。猗顿在长途贩运过程,陆路开拓了中条山盐坂道,使晋国南通中原,东达齐鲁;水路开凿了盐池至黄河口的百里运河,使晋国西通秦国,远及西域。当时横贯猗氏城南的涑水河,天旱干涸,雨涝横溢,不能灌溉田地,反使庄稼遭灾。猗顿雇用民力,疏通河道,加宽河岸,畅接源流。

二是为民立德。春秋战国诸侯争霸,战火纷纷,民不聊生。猗顿致富以后,尊道贵德,广行仁义,乐善好施,赈济穷人。看到国难当头,便把自己的粮食和马匹捐给了国家,保家卫国;看到流离失所无家可归的灾民,就开仓放粮救济贫民。所谓"急公奉饷,上有利于国;恤孤怜贫,下有利于民"。

三是己身立言。因为自己是穷苦出身,猗顿很理解穷人发家致富的难处,更知道施舍只能解决一时的困境,学会致富技术才能从根本上解决贫困问题。相传猗顿将自己在农业、畜牧、制盐等方面的经验编成《箴言集》广为散发,成为那个时代的致富带头人。

作为鲁国穷士,猗顿虽然弃文从商、好贾趋利,但他的血脉里依然蕴藏着周公遗风和儒商内质。

作为范蠡弟子,猗顿不但继承了陶朱公的商业智慧,成为"陶猗之富";同时也承传了范蠡的道商之德,堪称道商第二。

作为猗氏富豪,猗顿更将山西先人虞舜和计然的商脉发扬光大,特别是猗顿"与王者埒富"后,像虞舜一样以孝闻天下。扬雄《法言·学行》载:"猗顿之富以为孝,不亦至乎?"《艺文类聚》卷八十八引《广州先贤传》:"猗顿至孝:母丧,猗独立坟,历年乃成;居丧逾制,种松柏成行。"

猗顿融儒、道、商为一体,被誉为晋商始祖。

今天,当我们站在猗顿故城的残垣断壁上极目远眺,田野阡陌,山峦氤氲,城池像在纵横交织的田野上立起一座观景台,四面景色尽收眼底。城墙上布满荆棘和蒿草,中间一条发白的小路伸向远方。我们仿佛看到两千四百多年前的猗顿商队走向遥远的西域,又仿佛看到明清时期山西票号从这里散遍全国。

| 第十一章 |

吕不韦：志在谋国的"期货"投资家

吕不韦（约公元前292年～前235年），战国晚期卫国濮阳人，出生于商人世家。家累千金的吕不韦不满足于十倍、百倍之利，发现长期羁旅在赵都邯郸的秦国王孙异人是"奇货可居"的潜力股，毅然一掷千金，并将已怀孕的爱妾赵姬送给异人。在吕不韦的全程谋划下，异人和自己的私生子嬴政先后如愿当上秦王，他自己则担任秦国丞相十三年，封邑洛阳十万户，家僮万人，食客三千，号称"仲父"，可谓红极一时。

从商，他的风险投资换取了立君谋国的"无数之利"；从政，他为秦始皇统一六国奠定了坚实的基础；从文，他招揽门客汇编的《吕氏春秋》集杂家之大成。但吕不韦本质上始终是一个商人，在他的心目中，人和感情都是可以用来交易和谋利的商品。正因为吕不韦的利欲心太重，所以他既没有像范蠡那样在功成名就时急流勇退，也没有像管仲那样富有"三归"而得善终，却因后宫淫乱而罢相，最终饮鸩而死。

就像现代股市，吕不韦做长线投资，炒暴了股市，谁知一夜之间股市暴跌，一代"股神"甚至赔上了身家性命。但不管怎样，吕不韦不愧为中国商界最早的风险投资家。

阳翟大贾，家累千金

《战国策》记载："濮阳人吕不韦贾于邯郸。"《史记·吕不韦列传》则说：

"吕不韦者,阳翟大贾人也。往来贩贱卖贵,家累千金。"

从这两段史料,我们可以得到这样四个方面的信息:

一是吕不韦的籍贯。按照《战国策》的说法吕不韦是卫国濮阳人,即今河南濮阳市;而按照《史记》的说法,似乎又是韩国阳翟人,即今河南禹县。笔者认为,濮阳是吕不韦的出生地,阳翟是他的发迹地。春秋战国时期最繁华的商业都会,除了周都洛邑、齐都临淄、宋国陶邑,就是卫国的濮阳。濮阳地处黄河和济水之间,通过济水可直接与陶地联络,而由秦国经过安邑向东通往定陶的北道非经过濮阳不可,魏都大梁和赵都邯郸之间的交通也要经过濮阳。吕不韦生长在这样一个商业大都会,从小就深受商业氛围的感染和熏陶。吕不韦曾向父亲请教务农种田、经营珠宝、立主定国这三个行当哪一个赢利更大,可见他父亲就是一位小有成就的濮阳商人,而且已退居二线,其生意主要由吕不韦来打理,老爷子只是起到顾问作用,已经没有决策权了。这么说来,吕不韦出身商人之家,是个"富二代"。

二是吕不韦经营的地点。"天时不如地利"。当年陶朱公先从齐国海滨致富,后又迁居陶邑,富至巨万。吕不韦也像陶朱公一样三迁其地:从卫国的濮阳迁到韩国的阳翟,成为"阳翟大贾";不久又迁到赵国都城邯郸,即"贾于邯郸"。当时赵国雄踞三晋北燕,先后催生了猗顿、郭纵、卓氏等一批富商大贾,特别是邯郸,在秦、赵、韩、魏、齐、燕六国之间,处于中心位置。台湾作家高阳在小说《清官册》中说:"邯郸这个地方在战国末期,具有特殊的地位。苏秦佩六国相印,倡'合纵'之说攻秦,秦以张仪为相,用'连横'之策与之对抗,鬼谷子门下的这一对师兄弟各显神通,结果使得邯郸像第二次世界大战期间葡萄牙的里斯本一样,成了各国间谍活动的中心。""所以各国以秦为假想敌,有所联络协议,自然以在邯郸接触为最适当。而赵国西部今山西地区与秦接壤,所以不管是各国派间谍入秦,或者是秦国派间谍渗透各国,亦都以邯郸为'前进基地',久而久之,邯郸便成了一个情报市场。"公元前265年,年轻富商吕不韦来到邯郸,开始从一个纯粹商人到谋国巨商的转变。

三是吕不韦经营的行业。《战国策》只笼统地说吕不韦"贾于邯郸",《史记》说他"往来贩贱卖贵",都未明说他做的是什么生意。不过,《战国策》记载吕不韦与他父亲的一场对话,似乎泄露了一丝天机。

吕不韦谓其父曰:"耕田之利几何?"
曰:"十倍。"
"珠玉之赢几倍?"
曰:"百倍。"(《战国策·秦策五》)

由此推测,吕不韦和他父亲最初大概在濮阳和阳翟等地经营农产品、丝麻布匹之类的日用品大宗批发生意,完成原始积累;但富二代吕不韦不再满足于农产品的十倍之利,特别是到了邯郸城,接触到的都是王公贵族和富商大贾,吕不韦开始涉足百倍之利的珠宝业。

通观中国古代商人,大凡事业做大之后都会涉足珠宝业,如范蠡、子贡、猗顿。即使是今天,珠宝业仍然是一个暴利行业。但是珠宝生意不是一般人想做就能做的,一要有雄厚的资本,二要懂得鉴赏。所以历来做珠宝生意的,都是富商和高官的结合体,普通商人只能望洋兴叹。

从各地出土的墓葬来看,古代中国人非常珍视玉器。玉器不但用于祭祀、外交和社交等方面,而且还用于服饰、剑鞘等。《礼记·玉藻》中说:"古之君子必佩玉。"又说:"君子无故,玉不离身。"可见佩玉是古人,尤其是王公贵族很看重的饰品。据说,古人礼服上有两套相同的佩玉,腰的左右各佩一套。每套佩玉都用丝绳系连着,上端的是一枚弧形的玉,叫"行";箭的两端各悬着一枚半圆形的玉,叫"横";中间缀有两片玉,叫"冲牙"。这样,佩戴玉饰的人,走起路来,冲牙和两横相撞,发出清脆悦耳的声音,显得高雅、富贵。所以翻开先秦典籍,到处可见有关玉器的礼仪和王公大臣互赠玉器的故事。

当年吕不韦从阳翟到邯郸贩马,正好遇上赵国和秦国之间围绕着和氏璧展开的一场外交斗争。天下闻名的和氏璧经过数百年辗转,落入了赵惠文王手中;秦昭王对此大为眼红,日夜盼望得到这块宝玉,于是派遣使者送信给赵王，表示愿意拿秦国的十五座城邑来换取赵国的和氏璧，这就发生了"蔺相如完璧归赵"的故事。吕不韦从中看到了"珠玉之赢"的巨大赚头，便有意识地转向珠宝经营。

吕不韦的经营原则是"贩贱卖贵"，在后来组织门客编写的《吕氏春秋》中有这样一句话："民之情，贵所不足，贱所有余。"就是说，物以稀为贵。当一种物品供大于求时，自然会贬值；供不应求时，就会升值。吕不韦深谙此道，他囤积居奇，很快成为邯郸新富。

珠宝生意虽然是一个暴利行业，但高利润的背后是高风险。一方面是真假高下难辨，当今很多商人赌石，有的一夜暴富，有的一夜破产。另一方面中国古代，除了普通玉器外，用于象征王公贵族爵位的圭璧则是民间禁售的。《周礼·春官·大宗伯》规定："以玉作六端，以等邦国：王执镇圭，公执桓圭，侯执信圭，伯执躬圭，子执谷璧，男执蒲璧。"这就说明，这些圭璧，不仅不能随便贩运，除了王、公、侯、伯、子、男，其余的人也不许拥有与佩戴。只有国王拜官封爵的时候，才会委派专人物色这些圭璧。据说当时赵王下诏，要购置一批圭璧之器，吕不韦不失时机地承揽了这笔业务。他冒着风险从老家卫国，设法弄到了一批卫元君明令禁止的圭璧之器，辗转到了赵国，大发其财。

四是吕不韦的资产。阳翟大贾吕不韦"家累千金"，但他怀着更大的梦想，远奔邯郸，寻求更大的发展空间。

奇货可居，志在谋国

吕不韦以邯郸为珠宝品牌运营中心，连锁店则遍布各诸侯国。

在邯郸经营珠宝生意，迎来送往的都是赵国的达官贵人和富商大贾，各国的外交使节也是吕府的常客，这就使吕不韦的商业与官场有了千丝万缕的联系。他与达官富豪流连于歌楼舞榭之间，醉心于声色犬马之际，为他的商业活动提供了更多的良机。

一天,吕不韦从赵国达官贵人的口中得知,一个叫嬴异人的秦国王孙正在赵国当质子,如今流落邯郸,成了落魄公子。吕不韦眼睛一亮,"嬴异人""秦王孙"这两个词仿佛陀螺似的,在他的大脑中旋转不停。

几天后,不知是有意抑或无意,吕不韦在邯郸街上邂逅嬴异人,便盛情邀请他上了一家酒楼。一席交谈下来,吕不韦以其特有的商业眼光发现这位落魄公子并非凡人,如果机缘到来,眼前这个秦王孙可能成为叱咤风云的人物。他预感到一种机遇或是挑战向自己奔袭而来,只是到底是一种什么样的机遇和挑战,吕不韦一时还理不出一个头绪,他只是凭着商人的第六感觉,认为这里面一定有某种巨大商机。

话说嬴异人,是秦昭襄王的孙子。秦昭襄王四十年,秦国太子悼死于魏国。过了两年,秦昭襄王决定立次子安国君柱为太子,嬴异人便是安国君的儿子。作为当时诸侯国中第一强国的秦国王孙,异人怎么会流落到了赵国呢?

赵国在赵武灵王实行"胡服骑射"政策之后,由弱变强,成为可以同秦国抗衡的一大军事强国。当太行山以东各国纷纷割地事秦的时候,只有赵国有力量在公元前270年~公元前269年大败秦国,秦昭襄王将异人送到赵国做质子。

一旦两国交恶,战事一起,首当其冲的便是质子。所以,国君一般不愿将太子或自己宠爱的王子、王孙派到敌国去当质子,异人就是"秦诸庶孽孙"。安国君有二十多个儿子,异人既不居长,生母夏姬又不受安国君的宠幸,所以,向赵国遣送质子就这样光荣而又艰巨的任务,便落到了异人的头上。

对于秦国来说,像异人这样的王孙,多一个少一个都没太大关系,所以照样隔三岔五派军队来骚扰赵国边境,还夺取了赵国的多座城池。赵国也知道异人在秦国的可怜地位,所以既没有给他应有的礼遇,也没有把他真正当作人质来要挟秦国。他们知道,异人在秦昭襄王和安国君那里是可有可无的人物,杀了异人,不仅不能削弱秦国的力量,反而招来秦国大举侵犯的口实。也就是说,异人名义上是秦国在赵国的质子,实际上秦赵两国都没拿他当回事儿。

在赵国举目无亲的异人过得窝窝囊囊,生活困窘不说,随时都有丧命之险。"秦数攻赵,赵不甚礼子楚。"受到冷遇的异人车马破旧,毫无贵族王孙的气派。司马迁的描述是:"车乘进用不饶,居处困,不得意。"(《史记·吕不韦列传》)

堂堂秦国王孙落魄到这般田地,锦衣玉食的年轻富商吕不韦不由得"见而怜之"。作为商人的吕不韦固然有怜悯之心,也有扶危济困之力,但他仅仅是可怜异人的贫困处境吗?

没有无缘无故的爱,也没有无缘无故的恨。吕不韦与异人萍水相逢,之所以对异人产生了怜悯之情,是因为他以商人特有的敏感,看到了异人身上的附加值,正如他所说的:"此奇货可居!"

这句简明扼要的话经吕不韦之口说出之后,两千多年来一直成为政客、商人烂熟于胸的一条金科玉律,成了汉语史上一个经典成语。

在一般人看来,异人在秦国是最没有前途的一个公子。因为秦昭襄王还健在,秦昭襄王立的太子虽然是异人的父亲安国君,但安国君有二十多个儿子,怎么排也轮不到异人将来继承王位。

而这一切在吕不韦看来只是表象。昭襄王虽然健在,但他在位四十多年了,垂垂老矣。一旦秦昭襄王驾崩,安国君必能登上王位,安国君的年纪也不小了,一定会选立储君。当然,二十多个公子中,异人的机会可能是最小的。但在吕不韦看来,事在人为,安国君最宠爱的是华阳夫人,安国君即位后,华阳夫人便是王后。安国君若立太子,应先立华阳夫人的儿子,而华阳夫人恰恰没有儿子!

那么,安国君将来选太子,只能从其他姬妾所生的儿子中产生。如此说来,异人的机会就大了一些。如果加上一些人为努力,未来秦国的王位由异人继承,是有可能的。

吕不韦突然觉得,这个流落他乡、无人搭理的落魄公子,或许"奇货可居"呢!也就是说,此"货"物目前的价格,远远低于其将来的价值。趁此货物不值钱时进行投资,才能指望在将来升值时获得丰厚的回报。一般人往往只能看到眼前,根本无法预见未来。两千多年前的吕不韦用其特有的智慧,道出了现代期货市场津津乐道的"价值投资"这一深刻的经济学原理。

虽然吕不韦抱定决心要囤积异人这个"政治期货",但他还是专程跑回家中请教老父,想从这位一生从商的老爷子那里得到一些有益的建议。老爷子给他的回答是,耕田之利十倍,珠玉之赢百倍。

"立国家之主,赢几倍?"

曰:"无数。"

曰:"今力田疾作,不得暖衣余食;今建国立君,泽可以遗世。愿往事之。"(《史记·吕不韦列传》)

吕不韦问他父亲:"如果拥立一个国君登基,能赢几倍的利呢?"

老爷子一听,非常惊讶,说:"你小子说什么?拥立一国之君?那个利润吗,无法估量!"

吕不韦说:"当今社会,脸朝黄土背朝青天,累死累活还难得温饱。如果现在从事建国立君,则可以世世代代享受富贵。您儿子现在就想做这样一桩生意。"

吕不韦知道,在赵国的富商当中,猗顿、郭纵都可算得上富可敌国了,但他们都是富而不贵。若想贵,必须像姜太公、管仲那样从政。也只有像姜太公、管仲那样,才能做到"泽可以遗世"。

《孙子兵法》将战争利益最大化的思想概括为一句话:"不战而屈人之兵,善之善者也。"同样,在吕不韦看来,唯有立君谋国,才是最大的生意。

常人眼中的"垃圾股",在吕不韦眼中却是一只"潜力股",他毅然决定"人弃我取"。当然,异人虽然是"潜力股",真正投资下去,却是高风险的,因为所有的回报都是一个未知数:

1. 秦昭襄王何时驾崩是个未知数;

2. 安国君能否顺利即位是个未知数;

3. 安国君即位后是否能立异人为太子是个未知数;

4. 异人即使被立为太子是否能顺利接班是个未知数;

5. 异人即使在若干年后顺利坐上王位,是否对吕不韦的付出心怀感恩、是否能让吕不韦飞黄腾达更是个未知数。

决心既定，就必须一点一点地去实施。野心勃勃的吕不韦以百倍的信心和执着，开始操作他商业生涯中最惊心动魄的一桩大买卖。

一掷千金，一石三鸟

吕不韦与嬴异人一来二往，不觉热络起来。吕不韦是有心栽花，不仅出手绰阔，时不时给异人送来钱财，还陪同异人出入歌楼舞榭；嬴异人则是无心插柳，在赵国举目无亲，难得一个年轻富商听他诉说羁旅异乡的苦闷，还可以从他那儿打听到秦赵之间的新闻，以便估摸自己的政治前途。

一天，吕不韦像往常一样去拜访异人。一见面，吕不韦就单刀直入地说："吾能大子之门。"（秦公子啊，我能光大你的门庭！）

异人以为吕不韦吃错了药，不由大笑，说："且自大君之门，而乃大吾门！"（哇，我说吕兄啊，你还是先光大光大你自己的门庭吧，然后再来跟我说，光大我异人的门庭！）

吕不韦没有笑，而是很认真地说："子不知也，吾门待子门而大。"（秦公子你有所不知啊，我吕不韦的门庭要等你的门庭光大了，水涨才能船高啊！）

异人原来也并非平庸之辈，他一听，觉得吕不韦话中有话，猜到吕不韦一定别有用意，忙拉着吕不韦落座深谈。

吕不韦为异人分析了秦国的政治局势。他说："秦公子啊，你祖父秦王老了，你父亲安国君今年被立为太子。我听说你父亲最宠爱的是华阳夫人，立谁为太子，华阳夫人应该掌握着决定权吧？华阳夫人不是没有儿子吗？"

异人一边很认真地听着，一面猜测吕不韦的用意。

吕不韦说："现在秦公子二十多人，比你大的有十来个，比你小的也有十来个，你排来排去都在中间，你也知道安国君最喜欢的不是你，加上你长期作为质子羁旅赵国，关系疏远，你在安国君的眼中就更没有分量了。"

异人听着，越听越丧气，母亲夏姬受到冷落，自己要受宠也不会送到赵国做质子了。

吕不韦紧接着来了一句："一旦你爷爷秦王驾崩，你老爸安国君即位，你的兄弟们必定日夜在安国君面前争做太子啊！你现在这种境况，还有机会吗？"

异人若有所失，叹了口气，黯然道："然。为之奈何？"（是啊！可我又有什么办法呢？）

吕不韦莞尔一笑，说："公子现在父亲不疼，亲戚疏远，宾客不至，就是因为没有钱啊！如果公子有了钱，境况就不同了。"

异人颇有同感地点头，心想：吕兄说的是啊，如果我异人有雄厚的经济实力，不仅可以摆脱在赵国的贫困处境，而且，对内可以经常送礼物给亲戚朋友，对外可以像战国四公子那样养士三千，闲来有人陪同谈天说地，出门则扈从如云，那该是何等风光——可惜自己寄人篱下，一无所有！

吕不韦见异人一副无可奈何的样子，深怀怜意，道："是啊！公子客居此地，境况不好，也有好几年了，没有机会孝敬长辈，也没有余资结交宾客。"

吕不韦停了停，又推心置腹地说："我吕不韦虽然不是很富裕，但愿意拿出千两黄金为公子去秦国一趟，劝说你父亲安国君和华阳夫人，让他们立你为王位继承人。你看怎么样？"

异人听罢，急忙起身向吕不韦叩首称谢："必如君策，请得分秦国与君共之。"（吕兄如此义薄云天，假如果真能有吕兄所说的那一天，我嬴某人一定与吕兄共享秦国啊！）

这笔政治交易就这样谈妥了，但这还仅仅是一纸订单，订单的定金只有异人的一句话"请得分秦国与君共之"。别忘了，这笔定金还有一个前提："必如君策"。且不说真的"必如君策"后，登上王位的异人还记不记得"请得分秦国与君共之"；如果"不如君策"呢？吕不韦的投资就付诸东流了。

心动不如行动，吕不韦将五百金交给异人，让他在邯郸广交宾客；自己用五百金购买珍奇宝物，向西直奔秦都咸阳而去。

到了咸阳，吕不韦先是买通了华阳夫人的姐姐，请她引荐。尔后，他将所买之物一并献给华阳夫人,并在夫人面前大肆渲染异人何等才智超群,在赵国如何贤明,怎样广交各国宾客,并说异人常念道:"华阳夫人是我嬴异人的精神依靠,日夜泣思父君及夫人。"华阳夫人心里热乎乎、甜滋滋的。

是啊,华阳夫人进宫后可谓十分走运,她以极快的速度博得安国君的宠幸,朝中左右上下无不认同她为"贵人",但还不曾有谁一下子送给她如此之多的财物珍宝。而且,她入宫之后,仍有不尽如人意之处,特别是她从来未曾生育这一点,时常烦扰得她坐立不安。可今天,这个邯郸来的富商却告诉她,远在异国他乡有个很有才智且视自己如母亲的儿子,岂不让她大受感动?

吕不韦趁热打铁,针对华阳夫人的心病,编了一套说辞,教给华阳夫人的姐姐,让她速去劝说夫人。

第二天,华阳夫人的姐姐又跑到后宫,对妹妹说:"我听说用美色来侍奉别人的,一旦色衰,宠爱也就随之减少。现在你侍奉太子,甚受宠爱,却没有儿子,应趁早在安国君的二十来个儿子中结交一个贤能者,立他为继承人,那么,丈夫在世时受到尊重,丈夫死后,自己立的儿子继位为王,最终也不会失势。如果等到容貌衰竭时,你想和太子说上一句话,还有可能吗?现在异人贤能,他也知道排行居中,按次序是不能被立为继承人的,而他的生母又不受宠爱,自己就会主动依附于夫人,夫人若真能在此时提拔他为继承人,那么夫人您一生在秦国都要受到尊崇啦。"

女人最怕人老色衰。姐姐一席话,一下子便触动了华阳夫人的隐忧,便着手谋划此事。作为能博得太子恩宠的夫人,她当然极有心计,一面让姐姐与吕不韦保持联系,一面设法说服安国君。前者当然不成问题,吕不韦正求之不得呢,后者却是急不得的。一天又一天,一次又一次,只要有机会,她就有意无意地在安国君面前提起异人。细雨常润,暖风常吹。她将吕不韦的那套说辞再添枝加叶,将异人包装得才智过人,贤孝无比,从赵国来的人都称赞他。

见安国君没有多少表情,华阳夫人便使出女人的常用武器——哭。她抽抽搭搭说:"我受太子错爱,得以服侍左右,却不幸膝下无子,我想请太子立异人为吾子,以减贱妾无后之过,也使妾身日后有个依靠。"

安国君见夫人为了国家如此悲切,也就满口答应下来。华阳夫人止住眼泪,觉得太子虽然答应了,但口说无凭,为防日后生变,又让安国君以刻玉符为据,立异人为继承人。

华阳夫人目的达到,忙通知了姐姐,姐姐又通知了吕不韦,并引吕不韦来见安国君和华阳夫人。

从此,安国君和华阳夫人开始厚待异人,华阳夫人以安国君和她自己的名义,置办了一批批馈赠物品,让吕不韦带给异人,并礼聘吕不韦为异人的老师,侍其左右。

看来安国君和华阳夫人对异人的这个富商朋友颇有好感。而这一切正合吕不韦的意,他甚至觉得,华阳夫人干得比他预料的还漂亮。

关于吕不韦游说华阳夫人一事,《战国策》与《史记》所记有所不同。《战国策》记载,安国君曾有意立子傒为接班人,这无疑加大了吕不韦实现其投资计划的风险。同时记载吕不韦到秦国后,走的并不是女人路线,他首先游说华阳夫人的弟弟阳泉君。其实,两说并不矛盾。吕不韦很可能对华阳夫人的姐姐和弟弟"双管齐下"。而《史记》所记的走女人路线可能更有人情味。男人往往在女人面前变得心慈口软,所以枕边风往往最"显灵"。

反正,吕不韦的秦国之行收获颇丰,不仅圆满地实现了他的初步计划,而且还带回了安国君赐给异人的大量财物。短短时间内,吕不韦的风险投资便产生了一石三鸟的效果。

获益最大的当然是异人。他由一个落魄的"垃圾股",一下变成了秦国王位的继承人,成了实实在在的"潜力股"。这位刚二十出头的年轻小伙,简直高兴得不知如何是好。且看,他一扫从前那副寒酸相,身着高雅富丽的绫罗绸缎,佩戴闪耀的玉饰,车马华贵,宾客、奴仆时时跟随,那具有强大吸引力的王位,更使他精神饱满,精力充沛。这时的秦国,已堪称天下之雄,几乎没有一个可以与之相抗衡的国家了,统一六国将是不期之事,而他已是这样一个国家的王位继承人。他平生第一次认识到,自己是如此的前途无量,大有作为。当然,这些又都是吕不韦这个讲义气的富商倾其全部家产争取来的，因此他对吕不韦感激涕零。

另一个获益者自然是华阳夫人。从此，她不用再担忧因年老色衰而失宠了。吕不韦打动华阳夫人的，正是她最担忧的，所以，当他通过华阳夫人的姐姐劝她未雨绸缪，为自己留好后路时，便与华阳夫人一拍即合。

至于吕不韦自己，也初步获得异人老师的荣誉，在赵国陪同异人。

秦国之行如此顺利，甚至出乎吕不韦的意料，正如异人所说的"必如君策"。吕不韦正一步步收获他的风险投入，真正实现"吾门待子门而大"。

割爱献姬，一箭双雕

吕不韦西行游说取得成功后，嬴异人在诸侯中名声大振，赵国上下也对异人另眼相看。

异人对吕不韦感恩戴德之余，更是言听计从。两人亦师亦友，形影不离，出入豪华场所，结交各方权贵。异人更成为吕府的座上宾。

这天傍晚，吕不韦邀请异人和公孙乾一行到吕府畅饮。席上珍馐百味，笙歌四起，杯盏交错，宾主尽欢。

酒酣耳热之际，吕不韦不无得意地说："鄙人近日纳了个小姬，能歌善舞，唤来给二位敬上一杯，助助兴怎么样？"

异人此时已不是当初那个穷困潦倒的落魄公子了，也步入"饱暖思淫欲"之列了，一听有美女奉陪，要喝花酒，不禁大喜："吕先生对我异人大恩大德，今天又要让我们一饱艳福，够义气！"

吕不韦说："哈哈，我吕某人是那种重色轻友的人吗？来，干了这一杯！"三人又是一饮而尽。

吕不韦招招手，命两个青衣丫鬟唤赵姬出来。不一会儿，赵姬轻移莲步，飘然而至。

吕不韦说："过来拜见二位贵人。"

赵姬在氍毹上叩了两个头，低眉羞涩，又落落大方。

吕不韦命丫鬟给二位客人斟上酒,又让赵姬手捧金卮,青衣丫鬟也给满上。

赵姬略微倾身,低眉含笑,先向异人敬酒。

根据明代文学家冯梦龙《东周列国志》的描述,当时,异人抬头一看,醉眼蒙眬,但见得:

云鬟轻挑蝉翠,蛾眉淡扫春山,朱唇点一颗樱桃,皓齿排两行白玉。微开笑靥,似褒姒欲媚幽王;缓动金莲,拟西施堪迷吴主。万种娇容看不尽,一团妖冶画难工。

赵姬敬酒已毕,舒开长袖,即在氍毹上舞一个大垂手、小垂手。体若游龙,视如素蝉,宛转似羽毛之从风,轻盈与尘雾相乱。喜得公孙乾和异人目乱心迷,神摇魂荡,口中赞叹不已。

赵姬舞毕,吕不韦命她再斟大觥奉劝,酒不醉人人自醉,异人、公孙乾二人一饮而尽。

赵姬劝酒完了,略微鞠躬,欠身退下。

吕不韦、嬴异人、公孙乾宾主继续互相酬劝,尽兴极欢。

公孙乾不知不觉间已酩酊大醉,卧于座席之上。异人却春心荡漾,满眼是美人儿翩翩起舞的身影。吕不韦见异人魂不守舍,大概也猜得几分,道:"莫非公子觉得不够尽兴?"

异人借着酒兴装疯卖癫,说:"你看我异人,一个人孤身羁旅邯郸,哪像你吕大富豪,肉林酒池,美女如云!"

吕不韦装聋作哑,举起杯:"公子这几年在邯郸,实在不容易!来,咱俩再干一杯!"

异人有点摇晃,酒壮色胆:"不是说'借酒消愁愁更愁'吗?愿得此姬终生相伴,足我平生之愿。只是不知身价多少,容我悉数奉纳。"

吕不韦声色俱厉地说:"我好意邀请公子畅饮,让小妾出来敬酒献舞,以尽敬意,想不到公子竟要夺人所爱。俗话说'朋友之妻不可欺',你却来个'朋友之妻不客气'。你说说,这个世界上有这样的道理吗?"

异人这才感到自己不该有此邪念,惭愧万状,赔罪道:"嬴某人因为羁旅在外,孤独寂寞,所以妄想吕兄割爱,实在是因为醉后狂言,万望勿怪!"

吕不韦毕竟不是一般的男人,自己在异人身上已经押下了那么大一笔赌注,今天异人虽然有些出格,但要是得罪了异人,岂不是前功尽弃!他当然不会为了一个小妾而功亏一篑。

吕不韦心念一动:赵姬身孕不过一个多月,异人娶了赵姬,几个月后,一定误以为赵姬肚里的孩子是他的骨血。八九个月后,赵姬如果生的是儿子,那么,将来就能做异人的继承人。如此一来,等异人做了秦国国王,赵姬生下的孩子便是太子,未来的秦国就被偷天换日,改姓吕了……

主意一定,吕不韦忙扶起异人,满脸堆笑道:"我为了使公子成为大秦王储而一掷千金,从来不曾有过半点吝惜。今天承蒙公子错爱,不嫌小妾丑陋,这也是我吕某人幸运,哪里会舍不得献上呢?"

云开见日,异人大喜过望。吕不韦犹豫片刻,说:"只是有一点,小妾年幼怕羞,只怕一时放不下面子;只要她情愿,就马上给公子送上,也好为公子铺床拂席,减少羁旅之忧。"

异人一听,赵美人投怀入抱已是指日可待,于是再拜称谢;这时,公孙乾也酒醒了(兴许是假醉呢),便一同登车而去。

且说赵姬,是吕不韦最近用重金纳下的大美人。

像许多成功男人一样,吕不韦也免不了"寡人好色"。他在邯郸富甲一方,少不了声色犬马。邯郸的勾栏瓦肆,就是我们今天所说的夜总会、歌舞厅之类的场所,是他常常光顾的地方。他在这些娱乐场所发现了一个妙龄女郎,能歌善舞,巧笑倩兮,美目盼兮,可谓天生尤物。于是吕不韦便花钱如水,在金钱的攻势下,有几个女人能抵抗得了?何况是用身体谋生的女人呢?一个图色,一个图钱,一来二往,这个美人就成了吕不韦的"二奶"。

《史记》写吕不韦虽然事先知道赵姬有孕在身,但当异人想要夺人所爱时,吕不韦真的大怒,转念一想,才计上心来。由此看来,吕不韦将姬献给异人,实乃无心插柳。冯梦龙《东周列国志》则认为吕不韦深谋远虑,先故意让赵姬怀孕，然后请异人来吕府饮宴，让赵姬出来挑逗异人，当异人提出愿得此姬终生相伴时，吕不韦佯怒，然后又满脸堆笑，从而实现偷天换日的绝妙计划。

司马迁说的是出乎吕不韦的意料，自然真怒；冯梦龙说的是一切都在吕不韦的策划之中，因而佯怒。笔者认为，吕不韦虽志在谋国，但不至于龌龊到像楚国的春申君那样预谋偷天换日的地步。因此，司马迁之说似乎更合乎情理。

吕不韦知道赵姬已经怀上自己的骨肉，这倒使他陷入两难境地。照理，他应坦诚相告："嬴公子啊，不是我吕某人重色轻友，实不相瞒，赵姬已有孕在身，不可羞辱公子啊！"那样一来，赵姬再美，想必堂堂一个秦国公子，不可能明着要戴绿帽。

然而此时此刻，吕不韦的商人本能暴露无遗：既然我已为异人投下几乎全部家当，今天再为自己的风险投资追加资本，这个资本就是自己种在赵姬肚子里的骨血。这可是一步险棋，更是一步恶棋。后来事实表明：献姬之功，加深异人对自己的感恩，为日后登上秦国相位进一步奠基；生子之过，却为他最后饮鸩而死埋下了祸根。

当夜床笫之欢，吕不韦告诉赵姬："美人啊，今天我本来只想让你出来给客人敬杯酒，跳支舞，让人看看我吕不韦的美人有多漂亮！哪里想到，你的美丽让秦公子神魂颠倒，他甚至向我提出，要娶你。唉，你说该怎么办呢？"

赵姬娇嗔道："小妾身许大人，而且已有身孕。人都说'一日夫妻百日恩'，想不到，未到两个月你就腻了，想抛弃就抛弃，你要让我肚子里的孩子换姓嬴吗？"

吕不韦一时语塞。一番温存之后，向赵姬道出了他偷天换日的计划，并再三叮嘱赵姬：千万别向任何人透露已经怀孕的事，待与异人同房两个月后，再告诉异人，怀上他的孩子了。

秦昭襄王四十八年正月初一，即公元前259年12月17日，赵姬生下了后来成为秦始皇的儿子——赵政。

因为生于夏历正月初一，"正"与"政"音义相通，所以异人给儿子取名为"政"。《东周列国志》说异人因赵姬之姓，将儿子取名赵政，这大概是作者冯梦龙不知道三代以来秦人的姓氏一直"嬴""赵"同用。据司马迁《史记·秦本纪》记载，帝舜赐秦人先祖柏翳"嬴"姓，周穆王时因秦人先祖"造父"封赵城，故又为"赵"氏。异人大概是自己质于赵，又加上自己的祖宗本来就姓赵，赵姬又是赵国人，就让"儿子"姓赵了，以示一不忘本，二不忘耻，三不忘恩。

至于说嬴政十二个月降生，世上哪有那么巧合的事，当是小说家言。赵姬嫁给异人不到十个月就生下了孩子，自然出现这样两种情形：

一种情形是当时赵国乃至后来的秦国都流言纷纷，大家推断这个孩子一定不是异人的，而是吕不韦的。另一种情形是因为赵姬"自匿有身"，临盆之际装作扭伤或摔伤而早产，使异人误以为赵政是自己的骨肉。当然，异人对外界流言也兴许有所耳闻，甚至他也可能怀疑过，但转念一想，吕不韦如此义气，为他千金散尽，为他两肋插刀，又岂能在这种事上欺骗自己！幸好当时还没有亲子鉴定，否则有好事者必定怂恿异人去做鉴定，而异人倒还进退两难呢！

这个世界上，不是欺人，就是自欺。

异人不知道：吕不韦不只是送给了自己一个女人，还把他自己的儿子一并送上了。

吕不韦不知道：自己送出去的是无底洞和炸药包，将来葬送自己的正是这个女人和自己的儿子。

大秦丞相，家僮万人

至此，吕不韦不仅一掷千金拥立异人为秦国王储，而且忍痛割爱为异人献上了自己的爱姬，既有"立储之功"，又有"献姬之情"，紧接着，又有了"救命之恩"。

异人虽然取得了秦国接班人的地位，而且有美女赵姬陪伴，在邯郸过着风光而惬意的生活，但毕竟是质子，寄人篱下，这可不是异人，更不是吕不韦的目的。吕不韦要将异人一家送回秦国。

但是，秦国对赵国连年出兵，两国关系到了历史冰点。

秦昭襄王四十七年（公元前260年），秦将白起率军攻打赵国的长平，这就是史上有名的长平之战。白起坑杀赵军四十万，可谓史无前例，骇人听闻。

秦昭襄王四十八年（公元前259年）十月，即秦始皇嬴政诞生这一年，秦国又派五大夫陵大举进攻赵都邯郸，围困三月不下。

秦昭襄王五十年（公元前257年），秦国又派大将王龁攻打邯郸，大有不灭赵国决不罢休之势。

秦昭襄王五十一年（公元前256年），秦军又攻打赵国，夺走二十余县。

秦赵交战，赵国连连惨败。

秦昭襄王似乎根本不拿押在赵国的异人当回事，而这时的赵国却将异人这个秦国太子的太子当回事了。赵孝成王大怒之余，准备拿异人开刀雪恨，异人的生命危在旦夕。

不过这早已在吕不韦的预料之中。自从秦赵交战之日起，吕不韦就一直关心这场战事，因为这关系到异人的命运，而异人的命运又关系到他这桩空前绝后的"大买卖"。所以，最担心异人生命安全的是吕不韦。如果异人惨遭不测，自己三年来的投资将在一夜之间付诸东流。

三十六计走为上。吕不韦与异人、赵姬一合计，决定尽快逃离这个是非之地。但是，此时的异人已经在赵国生了两个儿子，一个名政，一个名成蟜。担心一家人同时离境会在路上遇到盘查，那样的话就大事不成，所以只能先掩护异人出了赵境，同时安排赵姬带上两个孩子逃回娘家躲藏起来。异人一旦逃出了赵国，很有可能就是未来的秦王，而赵政则是未来的太子。赵王不可能笨到给秦国一个进攻自己的理由。所以，异人先逃回秦国，当是特殊情况下最好的办法。

一切安排停当，吕不韦和异人乔装打扮，带上细软金银，乘上马车急奔秦军而去。到了邯郸城门，吕不韦用六百金贿赂了守门军官，顺利出城。异人和吕不韦前脚刚走，赵国派来抓捕异人的士兵就来到了异人的家中。抓捕异人不得，赵国君臣又想抓捕赵姬母子三人。由于赵姬早已躲藏起来，去抓捕的官兵也扑了空。

很快，吕不韦和异人逃到了围攻邯郸城的秦军营中，随后，他们二人就被送回到秦都咸阳。这样，吕不韦对异人又有了救命之恩。

到了咸阳，吕不韦出谋策划，第一个应该拜访安国君和华阳夫人，他还特意让异人穿上华阳夫人家乡楚国的服装。

安国君和华阳夫人见异人平安归来，都很高兴。特别是华阳夫人，当她看到身着楚服的异人，毕恭毕敬地站在面前时，真可谓"楚楚动人"，感动得热泪盈眶："我就是楚国人啊！"当场给异人起了一个新名字——子楚。

过了五年（公元前251年），秦昭襄王驾崩，五十多岁的太子安国君继位成了秦孝文王，华阳夫人被封为王后，子楚立为太子。

这几年，秦国与赵国没有发生大的摩擦，所以，安国君一即位，吕不韦便与赵国联络，要求赵国放回赵姬母子。听说子楚成了秦国的太子，赵国赶紧根据吕不韦提供的线索找到了赵姬母子，准备将他们送回秦国。这一年，嬴政已经八岁。

与在位五十六年之久的秦昭襄王相比，秦孝文王就太没福分了。这位待位多年的王储，后宫佳丽无数，长期沉醉于酒色，生了二十多个儿子，特别是迷恋华阳夫人而身体虚弱，无力应付政务，坐上宝座仅三天（一说一年）就死了，成为中国历史上执政时间最短的君王之一。

公元前249年，子楚即位，是为秦庄襄王，尊华阳夫人为太后，子楚的"患难之妻"赵姬顺理成章地成了王后，儿子嬴政被立为太子。

子楚没有忘记当初"请得分秦国与君共之"的诺言，一登基就任命吕不韦为丞相，封文信侯，食蓝田十二县，不久又食洛阳十万户。后来，燕国又送给吕不韦河间十城作为封邑。

不到十年时间，吕不韦这笔长线投资果然收获了暴利。拜相封侯，吕不韦成了秦国一人之下万人之上的权要，这是他埋头经商一辈子都没法挣来的家业！更令吕不韦窃喜的是，他的亲生儿子成了秦国的太子。这么说来，不久的将来，秦国将是他吕家的天下了——他当初的投资已经实现了"无限增值"！

登上王位的子楚，虽正值而立之年，但因早年过了十几年的人质生涯，未受到良好的教育，且非才智过人，而且这些年来，从邯郸到咸阳，鞍前马后都是吕不韦一手安排停当，可谓对他言听计从，百般信赖。因此朝中大事，悉听丞相。秦国军政大权很快落到吕不韦手中，国王不过是丞相意志的传声筒而已。秦国由此开始"吕不韦时代"。

吕不韦执政伊始，对内大赦罪人，奖赏功臣，施恩百姓；对外消灭东周，为秦国东南并吞六国扫清了最后一道障碍。秦国的国界已逼近魏都大梁，魏国陷于一片混乱之中。魏国请回自窃符救赵后一直滞留在赵国的信陵君。信陵君凭着自己的声望，组织五国联军抗秦，把秦国打得大败，给了春风得意的吕不韦当头一棒。这是吕不韦当政后军事上的第一次也是唯一一次失败，从此他用兵更加谨慎。吕不韦知道，不除掉信陵君，秦国的军事征服就会遇到更多的困难，最后利用反间计使魏安釐王解除信陵君的军权，致使信陵君含冤四年后饮鸩而死。

令人不解的是，公元前247年，子楚登上王位仅三年，又是一命呜呼。秦孝文王安国君死时，只有五十多岁；秦庄襄王子楚死时，只有三十多岁。四年之中，秦国三易其主，且庄襄王正值壮年，怎么就早早驾崩了呢？有人猜测，是吕不韦谋杀了秦孝文王和庄襄王，为的是自己与赵姬生的儿子嬴政早日继承王位。

也有人认为子楚是纵欲而亡。因为赵姬性欲旺盛，这从后来吕不韦也难以令她满足，不得不为她找了一个"大阴人"嫪毐一事中可以推断。

吕不韦在邯郸定下的秘密计划每一步都获得了预期的成功，最后，终于做成了古今中外最大的一单生意——把自己的私生子扶植成了皇帝！嬴政即位时十三岁，少不更事，赵姬赵太后在幕后垂帘听政，吕不韦在台前顾命辅政。吕不韦和赵姬这对性伴侣和政治同盟，一唱一和，年幼的秦王更尊奉吕不韦为"仲父"。吕不韦成了秦国真正的统治者。

至此，吕不韦身居相位，拥有三大食邑，门下食客三千，家僮万人，养尊处优，扈从如云，俨然"太上皇"。其父所说的建国立君"无数之利"似乎已全部兑现，人生辉煌达到了顶峰。

吕不韦由经商而经国，对政治人物进行风险投资，逢低吸纳，长线投资，最后获取"无数之利"，无疑是空前绝后的风险投资家和震古烁今的高级操盘手。

在吕不韦自己主编的《吕氏春秋》中有这样一段话——

衣人以其寒也，食人以其饥也。饥寒，人之大害也；救之，义也。人之困穷，甚如饥寒，故贤主必怜人之困也，必哀人之穷也。如此则名号显矣，国士得矣。

这就是吕不韦自己人生行止的真实写照。

后世的商人们总是有意无意地向谋国巨商吕不韦学习，但很少有人具备吕不韦那样的谋略和眼光，当然，更少有人具有吕不韦那样的野心和手段。

招贤纳士，著书立说

吕不韦入秦，四年之间连丧三王，国内政局混乱，叛乱迭起，蝗灾瘟疫不断，外部还有强敌趁机猛烈进攻。面对内忧外患，身为丞相的吕不韦充分调动全国的物力，平定叛乱，稳定政局，击退外敌的入侵。

在嬴政没有正式主政前的九年时间里，吕不韦虽无君王名号却拥有君王权力，但为秦王的"仲父"，无疑成了大权独揽的"太上皇"，朝廷大小事皆决于其手，可谓呼风唤雨，一言九鼎。

秉秦之强，吕不韦抱着"欲以并天下"的雄心，继续推行"远交近攻"战略，一步一步地蚕食周边国家的领土，为秦王政最后统一六国奠基。

就在秦王政即位的第一年，吕不韦派大将蒙骜进攻赵国，攻取赵国的榆次、狼孟、新城等三十七座城市。又派大将讨伐韩国，攻占上党，在那里设太原郡。不久秦军又攻取晋阳。

秦王政三年，吕不韦派蒙骜伐魏，攻取魏国十几个城市。秦王政五年，蒙骜再度大举伐魏，一气攻取魏国二十多座城市，建东郡。从此，秦国的国土大大东扩，竟与齐国接壤。

秦王政六国，在秦国咄咄逼人的兵锋之下，赵、魏、韩、楚、燕五国惶惶不可终日。赵国认为只有六国联合，才能抵御秦国，于是组织了战国时代最后一次"合纵"抗秦行动。齐国自以为是东方大国，且离秦国尚远，一直与秦国"和睦相处"，没有参加这次合纵行动。

五国各出精兵，多者四五万，少者两三万，推举楚国的春申君黄歇为上将军，兵分五路，直攻秦国的渭水南部地区。吕不韦先令将军蒙骜、王翦、李信、内史腾各率五万兵马分迎五国之兵，自己亲任大将，统帅五将军之部队。战前，王翦向吕不韦献计说："赵、魏、韩三国多次与秦交战，有些经验，而楚国在南方，远道而来，自从张仪死后，已经多年不与秦国交战了。若选五营精锐全力攻楚，楚军必定力不能支。楚军一败，其余四国则会望风而散。"

吕不韦采纳了王翦的建议，黄歇闻讯大惊，率楚军连夜奔逃五十余里。赵国将领得知楚军不战而退，叹道："合纵之事，今后休矣！"既然作为纵约长的楚国已经退兵，其余四国也都作鸟兽散。列国最后一次合纵行动，就这样草草收场。吕不韦瓦解五国合纵之后，秦国在列国中已经成为一强独大，已经没有什么力量能够有效制约秦国的攻伐扩张，秦国统一六国只是时间问题了。

吕不韦担任秦相期间，秦国取得的土地至少有十五个郡以上，占统一后全国总郡数近二分之一，为嬴政兼并六国，统一中国打下了很好的基础。

秦国东扩节节胜利，离不开秦国历代君王的招贤纳士。早在秦穆公时，以五张羊皮买赎回的百里奚为相，使秦国始霸关中；秦孝公时，商鞅变法，天子致伯，诸侯毕贺；此后，秦国先后聘用外来人才犀首、张仪、甘茂、楼缓、魏冉、吕不韦为相，使秦国步步为营，一强独大。

当时，各国的诸侯为了增强自己的实力，凭借封地，大兴"养士"之风。魏国有信陵君，楚国有春申君，赵国有平原君，齐国有孟尝君，号称"战国四公子"，实际上是纷纷组织自己的"智囊团"。吕不韦认为秦国如此强大，把不如"四公子"当成一件令人羞愧的事，所以也招徕文人学士，门下食客多达三千人。那时各诸侯国有许多才辩之士，像荀卿那班人，著书立说，流行天下。吕不韦也命令门客各自将所见所闻记下，综合在一起成为八览、六论、十二纪，共二十多万言，号称《吕氏春秋》。

《吕氏春秋》"兼儒墨，合名法"，将先秦诸子百家的思想熔于一炉，内容多样，形式统一，如杂树生花，群莺乱飞，却自成体系，开创了先秦诸子百家中"杂家"的新体例，是一部"牢笼天地，博极古今"的百科全书。

书刻好后，吕不韦命人将简册立于咸阳城门，上面悬挂着千金赏金：谁能增删一字，就可取走千金。"布咸阳市门，悬千金其上，延诸侯游士宾客有能增损一字者予千金。"

秦国都城咸阳突然变得热闹异常，人们纷纷赶往城门，七嘴八舌地议论起来。可是，时间一天天过去，好奇的观众越来越少，站在城门前阅读《吕氏春秋》的人也渐渐散去。最后到底有没有人敢于站出来领走千金奖赏，成为吕不韦的"一字师"呢？司马迁没有记载。一般来说，不会有人为吕大丞相的《吕氏春秋》"增损一字"。这并不是因为《吕氏春秋》完美得不可增损一字，即使吕不韦真的想精益求精，人们再有才华恐怕也不敢造次。

但是不管怎样，两千二百多年前吕不韦"一字千金"的创意，堪称中国广告炒作的鼻祖。且不说吕不韦当年是如何包装嬴异人，使窝窝囊囊的嬴异人成为一国之王，单是他在《吕氏春秋》成书后的炒作造势，其在广告业上的超前意识，就足以让今天的广告大师五体投地。这一炒，立即使《吕氏春秋》变得家喻户晓，连惜墨如金的司马迁也在《史记》中记下了吕不韦的这一创举。

有人说《吕氏春秋》是吕不韦借以流芳百世的"形象工程"，也有人说是吕不韦有意写给秦王政的"帝王教科书"，是一本"实用手册"。不管怎么说，《吕氏春秋》的问世，吕不韦已成为秦国独一无二的"理论权威"，其权势和影响力达到了顶峰。

后宫淫乱，饮鸩而死

回首来路，吕不韦不无得意。十几年来，破家拥立异人成为一国之主，自己也位极人臣，享尽"无数之利"，应该说一切都已如愿以偿了。至于私生子嬴政竟也坐上了秦王宝座，尊称"仲父"，秦国江山在神不知鬼不觉中姓了吕，这可是自己再怎么高瞻远瞩，再怎么"贩贱卖贵"，也是无法想象的。想不到自己的"逢低吸纳、长线投资"，这长线竟延伸到这里！人生富贵，有时像潮水涌来，挡也挡不住。想想这十多年来，自己看着嬴政出生，看着他在邯郸与父母一起过着囚徒般的日子，回归秦宫后，自己又对这个小不点负起了"保傅"之责，然后看着十三岁的少年登上王位——吕不韦简直把嬴政看成了自己生命的延续！

然而，每当清静下来，吕不韦也不免有些后怕。嬴政是高高在上的秦国皇帝，姓嬴不姓吕！自己在秦国呼风唤雨，一言九鼎，功高盖主，似乎让年龄越来越大的秦王感到一种威胁。尤其是自己与太后赵姬的宫闱秘事，长此以往，迟早有败露的一天。一旦让嬴政知道，为了维护秦王的脸面，那个虎狼之子只怕是不会手下留情。吕不韦不敢想象，等待他的将是什么。

且说那赵姬，秦庄襄王驾崩时，也就三十来岁，耐不住深宫寂寞，便与吕不韦重温旧梦。吕不韦出入宫闱，暗地里来往与夫妻完全没什么两样。然而赵姬情欲旺盛，时时宣召吕不韦入宫贪欢。吕不韦担心败露，祸及于身，便想到了金蝉脱壳之计。

吕不韦经过周密策划，将以阳具特大闻名的嫪毐冒充太监召入后宫。这个嫪毐，正中赵姬下怀，司马迁记载，赵姬"绝爱之"。

吕不韦暗自庆幸自己圆满处理了与赵姬的关系。殊不知，他根本不能从这场麻烦中脱身；因为有了嫪毐，事情反而变得更加糟糕。

赵姬不久就有了身孕，眼看肚子一天一天鼓起来，赵姬担心外人发觉，不知是吕不韦的点子还是赵姬自己的主意，对秦王嬴政谎称：她请人算了一卦，卦算得不太好，说她最近有灾，应该到雍县的大郑宫避邪。嬴政将太后迁到离秦都咸阳两百里外的雍宫。作为太监的嫪毐，随侍左右。

赵姬与嫪毐在雍县的大郑宫出双入对，明目张胆过起了夫妻生活，并接连偷生了两个儿子。由于赵姬的保荐，嫪毐被秦王封为长信侯，食邑山阳，家僮数千人，也像吕不韦一样养起了门客，秦王"事皆决于嫪毐"。嫪毐成了秦王嬴政面前的大红人，其势盖过了丞相吕不韦。

市井小人出身的嫪毐仰仗秦王对他恩宠有加，在宫廷内外得意忘形，为非作歹。一天，嫪毐与大臣颜泄饮酒，喝得酩酊大醉，双方起了口角，嫪毐掴了颜泄一耳光，并破口大骂："我是秦王的后爹，你算什么东西，敢和我作对！"颜泄不甘受辱，向秦王嬴政秘奏："嫪毐实非宦者，诈为腐刑，私侍太后。今已生下二子，藏匿宫中，密谋立嗣，不久就要谋篡秦国。"

秦王大吃一惊，当即命令刑部密查。不久具报，一切属实。至此，嫪毐、太后、吕不韦、秦王嬴政都在紧张地筹划着个人的事。一场生死存亡、你死我活的斗争将要在秦宫爆发。

秦王九年（公元前238年），嬴政二十二岁，在嫪毐的阴谋策划下，太后让秦王到雍城举行加冠礼。嫪毐计划乘机杀死嬴政，他欺骗太后，伪造诏书，调发宫中卫士和嫪府的宾客舍人，包围秦王所在的祈年宫。哪知嬴政早已部署兵力，未等叛军结集，就将叛军打得落花流水，嫪毐也束手就擒。

嬴政带兵来到大郑宫，将嫪毐与赵姬的两个私生子搜了出来，让左右将两个孩子捆入布袋摔死，同时下令将嫪毐车裂于咸阳东门之外，夷其九族；其死党卫尉竭、内史肆、佐弋竭、中大夫令齐等二十人一律枭首；凡与嫪毐有关的人，包括未参与叛乱的门客共四千多家，全部流放到蜀地房陵；太后赵姬冒用玉玺协助嫪毐反叛，不可为国母，驱逐到雍县闲置多年的棫阳宫囚禁起来。

嫪毐倒台，吕不韦且喜且忧。喜的是小人得志的嫪毐已被嬴政一举铲除，忧的是后宫淫乱与自己脱不了干系，况且嬴政连亲生母亲都不原谅，将她软禁起来，还肯放过他这个"仲父"？嬴政也许早已查实嫪毐假腐进宫系他吕不韦一手策划，甚至也许早就知道他自己的身世之谜，如果让嬴姓人知道现任秦王姓吕，那还能有他嬴政的天下？吕不韦越想越怕，那可不仅仅是软禁的问题了。

当嬴政的御驾返回咸阳时，吕不韦担心秦王兴师问罪，吓得不敢上朝。果然，嬴政要判吕不韦死刑。毕竟吕不韦在秦国担任了十多年丞相，朝中许多大臣都是他提拔起来的，一些朝臣当即站出来为吕不韦求情，说："不韦扶立先王，有大功于社稷；况嫪毐未尝面质，虚实无凭，不宜从坐。"

嬴政最后免其一死，于秦王政十年（公元前237年）十月，赵姬回到咸阳时，免去吕不韦相位，勒令回到他的封地洛阳养老。

对吕不韦来说，自己为大秦天下忙活了二十多年，结果却落得被罢相的下场，自然心有不甘。如果吕不韦从此杜门不出，或许可安度晚年，遗憾的是吕不韦并没有韬光养晦，而是广交宾客，各国诸侯使者络绎不绝。嬴政闻讯，非常害怕，既怕吕不韦被别的国家请去，将来成为秦国的对手，更怕他拥兵谋反。

秦王政十二年（公元前235年）岁末，吕不韦突然迎来一批秦王特使，送来一份秦王手诏：

君何功于秦？秦封君河南，食十万户！君何亲于秦？号称仲父！其与家属徙处蜀。

"你对秦国有什么功劳，秦国要封你文信侯，食邑十万户？你与秦国有什么亲缘关系？居然要尊称你为'仲父'！现在命令你和你的家人，迁移到蜀郡！"

嬴政这冷冰冰的质问，如同重钟狠狠地敲击在吕不韦的头上。吕不韦明白，嬴政这么说，是故意抹杀吕不韦的功劳，故意撇清他与吕不韦的血缘关系，流放到偏远的蜀地，已经是给你最大的面子。

根据《东周列国志》的描述，吕不韦在心底狠狠地说：

吾破家扶立先王，功孰与我？太后先事我而得孕，王我所出也，亲孰与我？王何相负之甚也！

司马迁写吕不韦收到嬴政书信后的思想活动,只用了六个字"自度稍侵,恐诛"。吕不韦已经看出,嬴政正一步步逼迫他,置之于死地,于是饮鸩而尽。

纵观吕不韦的一生,早年"家累千金"的致富才能、中年"一掷千金"的战略眼光、晚年"一字千金"的炒作造势,经商、谋国、立言,都让后人五体投地,但他本质上始终是一个商人,他的目标就是为了获取"无数之利",所以他做每一件事都是为利益驱使。在他看来,人是最大的商品,因而他一见到异人就脱口而出:"此奇货可居!"男女感情也可以像商品一样随时交换:为了长线投资,可以慷慨地将赵姬让给异人;为了抽身自保,又费尽心机找一个嫪毐来代替自己。正因吕不韦利欲心太重,所以他既没有像范蠡那样在功成名就时急流勇退,也没有像他的前任范雎那样称病退休,更没有像管仲那样"富有三归"而得善终。

| 第十二章 |

寡妇清：大秦帝国的女首富

两千二百多年前的大秦帝国，有两个大富豪赢得盖世皇帝秦始皇的青睐：一个是西戎的畜牧场主乌氏倮，他的牲畜多到以山谷为单位来计算数量，秦始皇诏令乌氏倮地位与封君同等，赐他与诸大臣一同进宫朝拜；另一个人就是巴郡的寡妇清。这位偏居巴蜀的单身女人，一手将祖上创下的丹砂企业扩张为垄断全国丹砂业的商业帝国，员工多达上万人，在"尽收天下之兵"的秦朝，她却拥有一支私人武装，保护自己的产业不受侵犯，晚年受到秦始皇最高规格的接待，并赐封"贞妇"，死后秦始皇又下诏为她修筑"女怀清台"予以表彰，可谓中华帝国最早的"红顶商人"。如果说，让西域的少数民族富豪乌氏倮位列封君，是秦始皇出于拓展西域、统一边疆的考虑；那么，一个来自偏远山区的巴蜀寡妇凭什么"礼抗万乘、名显天下"？仅仅是太史公所说的：一是她长期守寡，二是她富有吗？

丹砂女王，拥有武装

公元前316年，秦惠文王灭蜀后攻取巴国，改置巴郡；公元前221年秦始皇统一六国后，巴郡成为天下三十六郡之一，辖区包括今重庆市和四川省的部分地区。巴清就是秦朝巴郡枳县（包括今长寿、涪陵、武隆、南川、彭水、垫江、綦江、黔江等地）人，"清"是她的名字。我国古代女子出嫁后，一般要抛弃娘家姓，所以"清"的本姓已不可考，只好以地名冠之于名前，称其为"巴清";又因为她丈夫早逝,所以人们又称其为"寡妇清"。

史籍最早记载巴清的是司马迁的《史记·货殖列传》:

巴寡妇清,其先得丹穴,而擅其利数世,家亦不訾。清,寡妇也,能守其业,用财自卫,不见侵犯。秦皇帝以为"贞妇"而客之,为筑"女怀清台"……清,穷乡寡妇,礼抗万乘,名显天下,岂非以富邪?

还在战国时期,巴清的先祖得到了一个丹砂穴,世世代代都靠开这丹砂矿获利,家道非常富有。到了寡妇清的时候,因丈夫英年早逝。或许当时的巴地留有母系社会的风俗习惯,所以由寡妇清主持家业。在古代,丹砂是提炼水银的原料,还可以作为书写绘画的颜料、纺织的染料,以及妇女的化妆品。古人认为,红色能通神升天,古代帝王的宫殿、台阶均为赤色,称为"丹墀"。帝王将相死后,往往在陵墓中撒入红色的丹砂。这些都需要大量的丹砂。因此,垄断了丹砂矿矿源,加之经营有方,寡妇清很快得以暴富,几乎垄断了全国的丹砂行业,号称"丹砂女王",后世誉之为"中国最早的女企业家"。

巴清家族到底有多富,史籍没有记录具体的数字。据《长寿县志》记载,巴清家族僮仆上千、徒附和私人保镖上万。

所谓"徒附",是指豪强地主土地上的依附农民,又指豪强地主豢养的私人武装——家丁。在汉代,地方豪强拥有成百上千的徒附、家丁是常见的,但在秦朝,秦始皇吞并六国后,对各国诸侯贵族的财产进行剥夺,同时将各地富豪集中迁徙到秦都咸阳所在的关中平原,以便中央管控。当时的枳县人口总计不过四五万,巴清家族的徒附家丁竟占枳县人口的五分之一,可见巴清的家势十分了得。

从战国时期的商鞅变法到秦始皇统一中国,秦国和秦朝都奉行鲜明的重农抑商国策。这个国策,后来还被历代封建专制王朝保持了两千多年,它是保障专制权利不断延续的根本。巴清生活在重农抑商的秦朝,作为商人是没有什么太高的社会地位的,怎么就能够高攀秦始皇呢?

更令人难以置信的是,巴清家族竟豢养了一支数千人的私人武装,以保护其遍及全国的商业网络！

豢养这样一支武装是个什么概念呢？

多年前巴渝史专家、《重庆通史》的作者周勇先生虚拟了这样一份军费开支清单：如果保守设定巴清家兵的规模为两千五百人，按每人每天支出六元生活费计算，两千五百人每天的生活支出就是一万五千元，月支出四十五万元，年支出五百四十万元。如果按人均月工资八百元计，那么两千五百人的月工资是两百万元，年工资是两千四百万元。再看保镖装备消耗，按每人每月折旧消耗五十元计，那么年消耗又是一百五十万元。光这三笔开支就显示，今天养这样一支保镖队伍的年支出是三千两百九十万元。如果再加上一些非常规的费用，每年花在保安上的费用至少是四千万元。

数字虽然"无厘头"，但没有什么比数字更能说明问题。这么大一笔军费开支，支撑它的应当是一个怎样庞大的产业，任何人都不难想象。

更令人不可想象的是，据《史记·秦始皇本纪》记载，秦始皇兼并天下后，立即收缴天下兵器，运到咸阳加以熔化，铸造成编钟，又铸造了十二个重三万公斤的"金人"（铜人）安放在宫廷里。那时的环境，私藏一把残戈钝剑都要受严厉的惩罚，表明秦始皇对民间武装的忌讳之深。

《秦律》也有明文规定：天下兵器，不得私藏。

在这样一个严禁民间私藏兵器的大秦帝国，怎么会让一个民间女子组建一支几千人的武装队伍？所以一些学者认为，巴清不可能拥有私人武装。哪怕你拥有再多的财富，在以专制著称的大秦帝国，有谁能凌驾于严苛的法典之上呢？至多只能说是拥有一些保安人员。

穷乡寡妇，礼抗万乘

据司马迁说，"穷乡寡妇"巴清之所以能受到秦始皇最高规格的礼遇，即"礼抗万乘"，不仅赐封她为"贞妇"，还为其修筑"女怀清台"，原因有二：一是她长期守寡，二是她的富有。

关于巴清的守寡之谜

一个拥有无量财富的女人，巴清为什么会在早年丧夫后终身守寡？

据《长寿县志》记载，寡妇清是一个极为漂亮、魅力十足的女人，她被秦始皇从当时的巴国接到秦都咸阳，走了四十多天。到了咸阳，众多的王公贵族无不被她迷倒。身为单身女富豪，有没有什么王公大臣向寡妇清求婚，史书没有记载。不过要是在现在，这样的女人绝对会成为绯闻不断的明星。何况秦汉以前女性伦理中的贞节观念，并没有被作为一种国家意识形态加以倡导，女性再嫁是再寻常不过的事情。

从战国秦简里可以看到，秦国的婚姻制度也较开明。《秦律》有明确规定，婚姻关系中，严禁男性在外拈花惹草。若秦朝男子不守规矩，妻子可以"夫不守贞操义务"为由将丈夫杀死。那时妇女权利之大，后世王朝几乎难望项背。宋代程朱理学兴起之前，汉唐时期对妇女的贞节要求一直较为宽松，寡妇再嫁并没有被礼教束缚。比如西汉朱买臣妻离婚再嫁，就是当时人人皆知的故事，况且朱买臣发达后，还优厚地对待前妻夫妇。著名的《孔雀东南飞》里，焦仲卿的妻子被婆母休回娘家后，也无人嫌弃，反而是太守、县令一再遣媒议婚。到东汉，寡妇或弃妇再嫁更被视若平常，如著名的蔡文姬，一生嫁了三次，反受文人尊重。国家对"烈女"大张旗鼓地表彰，是宋明理学兴起以后的现象。秦汉以前中国的两性关系一直很开放，秦始皇的母亲赵姬就是一个乱性的典型。就算贞节观在儒家思想中很早就诞生了，而事实上，秦朝的立国思想是法家而不是儒家。

《秦律》规定，秦代妇女丧夫后，在没有子女的情况下，可以直接继承遗产。或许继承家业、掌控财富是巴清没有续婚的首要原因。

《史记·吕不韦列传》记载，秦始皇是吕不韦与赵姬的私生子。秦始皇十三岁当上秦王后，年仅三十来岁的赵姬难耐寂寞，又与吕不韦私通，后来吕不韦怕丑事败露，便将嫪毐假装太监，送给赵姬，两人打得火热，还生下两个儿子，最终嫪毐发动政变，企图谋杀秦始皇。秦始皇恨其母后淫乱，在正式登基后，制订了一系列关于女子贞洁的律文，曾下令说："有子而嫁，倍死不贞"。寡妇清不仅年轻守寡，而且壮大家业，此举与秦始皇倡导的妇德相符，因而得到秦始皇的青睐。问题是当时寡妇多了，为什么偏要把寡妇清树为道德标兵，建立中国历史上第一座贞节牌坊呢？秦始皇对巴清的恩宠，仅仅是出于对"贞操"的赞赏吗？

关于巴清的富有之谜

秦始皇曾邀请巴清访问咸阳，在这次访问中，巴清向朝廷捐献巨资，支持秦始皇修筑万里长城。巴清捐款的具体数额虽然史料中没有详细记载，但从零星的记录中可以推断，这次捐款足以轰动全国。我们都知道孟姜女的故事，同一个时代的两个女人，一个要帮助皇帝筑起这座血肉长城，另一个却用眼泪冲倒了长城。

除了捐款修建长城，巴清还对秦始皇陵的建设做出了巨大贡献。司马迁在《史记·秦始皇本纪》说：秦始皇陵"以水银为百川江河大海，机相灌输。上具天文，下具地理"。可见秦始皇陵的地宫中使用了大量的丹砂水银。在陵墓中使用水银，目的不仅是营造恢宏的气象，更有保尸的意图，甚至可以利用硫化汞（水银）的有毒气体防止盗墓贼入侵。春秋战国的贵族墓冢以"水银为池"并不鲜见，历代帝王用毒水来防身的例子也是数不胜数。但是，在地宫里用水银象征"百川江河大海"并"相机灌输"，却是秦始皇陵所独有。

2003年，考古工作者利用现代技术对秦始皇陵进行了探测，发现其水银含量甚高，其分布走向正是一幅大秦帝国的疆域图，保守估计至少有一百吨。一百吨水银，即使在今天看来，也是一个令人瞠目的数字。这些水银从何而来？正是由巴清提供的。

长城和骊山陵是秦始皇时期两大耗资巨大的重点工程，巴清"捐资长城，以赞军兴"和"捐输水银，建造皇陵"的义举大大感动了秦始皇。问题是，如果仅仅因为巴清向长城捐了款、为骊山陵提供了足够的丹砂水银，秦始皇也用不着刻意讨好她啊！他统一六国了，"普天之下，莫非王土"，天下的一切都是他的，他想要什么就可以得到什么，至于用得着以万乘之尊礼待一个经商的小女人么？

显然，"财富"解释不了这一切。这个女人必定有着非同一般的秘密。

巫山神女，丹炉秘境

尊奉法家的秦始皇，横扫六国，焚书坑儒，行事风格一直具有极强的功利性，他对这个丹砂女王如此青睐有加，绝不会仅仅是因为她的贞洁和富有，一定有着某种特殊的目的。而这位神秘的寡妇究竟是个什么人？她真的仅仅是个守身如玉的女富豪吗？

很可能，秦始皇厚待巴清的秘密，就藏在炼丹炉里！因为追求长生不死，拥有万世之权，是古时每代帝王的梦想，巴清会不会就是一个能帮助秦始皇完成梦想的巴山神巫呢？

早在三皇五帝时期的神话传说中，就有长生不老的观念，如后羿从西王母处得到不死之药，嫦娥偷吃后便飞奔到月宫，成为月中仙子。我们没有确切的记录知道西王母等上古神仙服食什么丹药以求长生，但根据晋人皇甫谧编纂的《列仙传》所载，他们所服食的包括丹砂、云母、玉、代赭石、松子、桂等未经制炼的矿物和植物。

据说中国炼丹活动起源于公元前三世纪，当时炼丹的目的有两个：一是求不死之药，丹砂的"神物"特性不同于草木，用火烧能转变成水银，水银掺入丹砂，又能还原为丹砂。这种神秘转化、生生不息的特性，致使古人认为丹砂能制成长生不老的仙药，这是炼丹术。二是求炼金之方。根据五行生克学说，"土生金"，先秦人有一种理论：丹砂两百年后变成青，再三百年后变成铅，再两百年成为银，再两百年化成金。能不能加速这种变化呢？这时就产生了"夺天地造化之功"的思想，人们企图在高温的鼎中做到"千年之气，一日而足；山泽之宝，七日而成"（《齐民要术》）。于是，有人在鼎中放入以丹砂为主的各种药物，封闭后加以烧炼，企图炼出贵重的金银来，这是炼金术。东汉魏伯阳所著《周易参同契》是现存世界上最早的炼丹术理论著作，书中提到当时的炼丹家有《火记》六百篇，可见当时火法炼丹已积累了大量经验；晋代炼丹家葛洪的《抱朴子》，对汉晋以来的炼丹术作了详细记载和总结。但真正的炼丹术却起源于秦始皇。

从《史记·秦始皇本纪》的记载看，秦始皇二十多岁就迷上了长生药，并终其一生都对神仙方术抱着疯狂的幻想。

公元前247年，十三岁的赵政被立为秦王，第二年就开始修建秦始皇陵，一直修到秦始皇四十九岁病死，骊山陵尚未建好。骊山陵的地宫以水银为江河湖海，暗示着秦始皇深信水银对帮助他死后继续统治这个万世江山有着神奇的魔力。

公元前221年，三十九岁的秦始皇统一六国，从此，他更做着万世帝王的长生梦。

公元前218年，秦始皇东巡琅琊（今山东诸城东南），齐人徐市上书声称海中有蓬莱、方丈、瀛洲三座神山，愿前往寻找不死之药。秦始皇下令派数千童男女随徐市乘船出航。历时数年没有结果。八年后，秦始皇再次东巡琅琊，徐市声称航行途中遭遇大鲛阻拦，须派善用连弩的射手同往。秦始皇又听信其言，再派徐市率童男女三千人，装载五谷种子、技艺百工下海。徐市的拙劣表演重复奏效，说明秦始皇对于神仙方术的痴迷之深。

公元前215年九月，巴郡茅盈高祖白日升天。此前，巴郡传来一首《巴谣歌》："神仙得者茅初成，驾龙上升入太清，时下玄洲戏赤城。继世而住在我盈，帝若学之腊嘉平。"秦始皇听到歌谣后问是什么意思，父老都回答说："这是仙人歌谣，劝皇帝求长生之术。"秦始皇于是"欣然乃有寻仙之志"。当年十二月，就将腊号改为"嘉平"。

公元前214年，秦始皇东巡到达渤海湾碣石，派燕人卢生、韩终、石生等方士求仙人不死之药。三年后，在卢生等人的蛊惑下，他甚至把皇宫搬进咸阳地宫，自称"真人"而不称"朕"，在里面一边批阅奏章，一边"接引"神仙，不许外人打扰。因卢生怕求仙之事不成而骗局败露，背弃秦始皇而溜之大吉，最终导致"焚书坑儒"的惨案。

秦始皇称帝后的短短十年间，连续四次东巡，一个重要的目的就是寻求长生不死之药，最后病死在寻仙的途中。

秦始皇的万世帝王梦，需要掌握炼丹秘术的神巫来支撑。而当时砂丹的主要产地恰恰是江南的巴郡和南越一带。先秦典籍《逸周书》就曾记载西周初期巴人向周成王献丹的故事。周武王攻克商王朝之后，于第二年去世，其子成王召开诸侯大会。此时，生活在三峡地区的濮人（被巴国征服的土著部落）就曾向周王室进贡丹砂。

事实上，被誉为远古智者的巴人巫师，很早就了解丹砂这种特性，开始了漫长而神秘的丹术之路，并以此拥有了峡江流域无可争议的通神力量。从《山海经》的记载看，巫山是中国巫文化的发祥地，是"灵山十巫"巫咸、巫即、巫盼、巫彭、巫姑、巫真、巫礼、巫抵、巫谢、巫罗的飞升处，也是"不死之药"的主要产地。秦始皇三十一年，传说白日飞升的茅盈高祖也是巴山神仙。

现在让我们想想，巴清生活在一个巫师聚集的地方，巫师的力量离不开丹砂，而她又是被看作不死之药的丹砂的头号掌控者，她应该是一个什么身份呢？她会不会也是一个懂得神仙方术的女巫？她真的是第二个"巫山神女"吗？

从巴清的所在地和从事的丹砂行业看，她的家族数代控制丹砂产业，她很可能就是远古巴山女巫家族的传人，而且应当是峡江地区巫师群体中最具权威的巫师，而她的寡妇身份更有利于保持她神巫的权威形象，并由此进入了秦始皇的视野。

虽然巴清完全可以无条件服从于秦始皇的意志，但她有一样东西，是秦始皇无法通过强取豪夺真正获得的，那就是她头脑中掌握的"不死之术"！在秦始皇眼里，巴清一定是个最具专业功力的"巫山神女"，他需要她全心全意为他实现永生的梦想奉献智慧，他需要她来指导他的神仙家团队。但这个理由，却又放不上台面，一个重农抑商的政权，怎么能如此看重一个"商人"加"巫师"的女人呢？所以，巴清必须以某种冠冕堂皇的身份出现，这个身份，就是"贞妇"。

这就是真相！

现在，当我们重新审视巴清那个令人难以置信的产业规模时，一切悬疑都迎刃而解。

为了实现永生的梦想，秦始皇完全有理由为巴清的丹砂经营提供一切必要条件和庇护，包括允许她使用国家专用的"国道"，并保有一支维护商业安全的私人武装。这一切看起来像是对一个"贞妇"的特别恩宠，其实不过是两千二百年前一桩利益驱动下的地下交易——巴清向秦始皇提供优质的丹砂水银和炼丹技术，并主持运行一个庞大的宫廷炼丹机构，而秦始皇则向巴清提供最强大的权力支撑。或者我们也可以说，到了秦灭巴国以后，巴清家族的丹砂产业，背后的实际操控者已经不是巴清，而是秦始皇了。

为此，他精心策划了一个表彰"贞妇"的"怀清台"，将这个难登大雅的秘密掩盖了两千多年。

中国社科院研究员郑起东说：秦始皇御准寡妇清专卖丹砂，可称是古代最早的全国性垄断。此后，汉代的盐铁专营、唐代的榷酒、宋代的榷茶，都从这里发源。郑先生此说是缺乏历史依据的，因为早在管仲相齐时就已实行盐铁专营，只能说秦始皇对巴清的丹砂矿业特护有加，巴清和乌氏倮一起，是中国封建王朝最早的"红顶商人"。

巴清去世后葬于今重庆市长寿区江南镇龙山寨村，秦始皇下诏为她修筑"女怀清台"，至今称之"清台山"，俗称"贞女山"。

| 后 记 |

先秦商家的现代启示

本书是我继《先秦逸歌集释》之后推出的"先秦系列"第二部,自2012年在杭州下沙开始动笔,中经义乌、西安、沈阳等地往来奔波,时断时续,直到今春在温州家中搜罗"黄老道家"史料时涉及计然和范蠡,于是横下心来,连续两月足不出户,总算得以完稿。

写作本书,主要是十几年来本人研读先秦典籍,经常看到富商大贾周流天下、纵横捭阖的身影,如《周易》爻辞中的"丧羊于易""丧牛于易"等商旅之事,《周礼》中的百工、司市制度,《管子》中的"轻重之学"、国际贸易和货币战争理论,《左传》《国语》《战国策》中关于铸造钱币、商业盟约以及先秦街市摩肩接踵的繁华情景,特别是《史记·货殖列传》中载录的先秦至汉武帝前期的商贾传奇……都深深感受到先秦时期应该有一个重商学派——商家。可是两千多年来,关于先秦诸子百家,说来说去都逃不出儒、道、墨、法、名、农、阴阳、纵横、杂、小说等九流十家,从来不见"商家"之说。近年来,有人开始追寻范蠡、子贡、吕不韦等先秦商贾的创富传奇,中央电视台也播出了《商贾传奇》专题片,但一直没有人系统挖掘先秦商家的发展脉络、思想体系和流派传承。有感于此,笔者写作本书,旨在揭示商家在先秦百家中的历史存在。

写作本书,更重要的目的是希望通过对先秦商家的勾勒,给当代中国商界提供一些有益的启示:

一、先秦商家普遍重视"第一生产力",都是引领时代的创富先锋。在漫长的农耕和畜牧社会,牛能负重,马能致远,牛马是当时的第一生产力,谁拥有更多的牛马，谁就拥有更多的财富，所以中国早期商家绝大多数从畜牧业发家致富。夏朝中后期，商朝先公相土发明马车，王亥发明牛车，从此商族人赶着马车和牛车，在黄河两岸长途贩运，并崛起成为黄河中下游最富裕的方国，王亥被誉为中国畜牧业和商业的创始人。其后，商末的姜太公、春秋前期卫国的宁戚、虞国的百里奚、郑国的弦高、鲁国的猗顿、秦始皇时西戎的乌氏倮，都是从事以牛为代表的畜牧业起家，或跻身政界以商治国，或成为富可敌国的亿万富豪。到了春秋战国时期，农耕、工匠、武器，都得用铁，铁器成为第一生产力，所以战国、秦汉之际的富豪，如赵都邯郸的郭纵，西蜀临邛的卓王孙、程郑，河南南阳的孔仅，山东的曹邴氏，都是从事冶铁业起家，这些人都富比王侯，用今天的话来说他们都是"钢铁大王"。不难发现，历朝历代，国内国外，凡是富甲天下者，都是引领当时最先进的生产力和科学技术的人。譬如美国汽车大王福特、互联网巨头比尔·盖茨，又譬如阿里巴巴马云、华为任正非。财富的背后是科技创新的力量。

二、先秦商家普遍关注事关国计民生的大宗商品，掌控着当时社会的战略性资源。在传统农耕社会，谷物、牛羊、棉麻、盐铁一直是最重要的国家资源。成汤击败夏桀，就是用文绣换空夏朝的粮库；越王勾践要击败吴王夫差，将煮熟的谷种送还吴国，吴国误以为良种而颗粒无收。所以，范蠡在齐经营盐业、在定陶经营谷物和牛羊；子贡贩运齐国的棉麻到吴国；白圭"欲长钱，取下谷"，经营老百姓日用的大宗商品，通过薄利多销，终成巨富。特别是盐、铁，是古代社会最重要的生产生活资料，几乎历代王朝都实行盐铁专卖制度。姜太公、管仲治理齐国，通渔盐之利，使齐国崛起于海滨，称霸天下；范蠡泛舟五湖，首站也是到齐国从事渔盐业而成为千万富翁；猗顿从畜牧业起家后转入盐业，通过水陆运输贩运池盐，东至齐鲁、西达三秦、西域，远及波斯湾，成为中国历史上第一个大盐商。清朝的扬州盐商江春、四川盐商王朗云，更成为红极一时的红顶商人；又如秦朝的寡妇清，由于世代掌控当时的战略资源朱砂矿，在一个仅有四五万人的巴郡就拥有上万员工和数千人的私人武装，最终成为秦始皇的座上宾。汉唐以降，酒、茶也都成官营专卖，茶马古道如今成了人们追寻的一道风景线，烟酒税至今还是国家重要的税源。现代社会,石油成为第一大战略性资源,从洛克菲勒到今天美国政府对中东的干涉,其背后都源于一桶油,谁拥有石油,谁就掌握世界经济命脉。美国前国务卿基辛格曾说过:"如果你控制了石油,你就控制住了所有国家。"又如当今中国,随着改革开放,土地成为第一资源,当代中国富豪绝大多数是房地产商。尽管他们的排名将不断被掌握科技的新生代刷新,但土地作为一项垄断性资源,在中国长时间内还是生财的温床。随着中国城市化进程的加快,围绕着现代化城市建设、现代化交通网的构建,处处充满巨大商机。

三、先秦商家普遍重视"人力资本"投资,注重发挥人的主观能动性和创造力。姜太公分封到齐国后,发现这是一片盐碱地,根本无法发展农业,因而人烟稀少。但作为周王朝的太师、周武王的岳父,姜太公承担着防守周王朝东大门的战略重任。于是他一方面因地制宜,依赖濒海优势发展盐业,另一方面利用当地女工发展纺织业,同时注重技术改进,使工艺达到极致。进入父系社会后,妇女退居二线,姜太公让她们走到前台,成为社会主要劳动力和生力军。在农业社会,纺织业是副业,姜太公使纺织业和盐业一道成为齐国的两大支柱产业。齐国生产的衣服鞋帽畅销泰山南北和中原各地,使齐国很快从一个偏僻荒凉的海滨小国崛起成为东方经济强国。春秋前期,鲍叔牙和管仲合伙经商,后来两人又弃商从政,共同辅佐齐桓公成就霸业。当人们普遍怀疑管仲的时候,只有鲍叔牙始终看好管仲,先是"让利",后又"让贤",鲍叔牙无疑是"人力资本"投资的先行者。春秋末期计然向越王勾践提出"得士者兴,失士者亡",由此提出"计然七策",越用其五而灭吴称霸,范蠡用之于家则三致千金。战国时期洛阳巨商白圭不仅以"人弃我取,人取我与"的八字秘方致富,而且重视团队建设,用"智、勇、仁、强"四字箴言教授门徒,凡是白圭商学院出来的人,都获得巨大成功。最典型的莫过于吕不韦,他认准秦国异人"奇货可居"而一掷千金。在他看来,只有投资人力资源才能获取无数之利。《易传·系辞下》说"何以聚人曰财",这是说,招揽天下英才,就是最大的财富。反过来,也可以这样理解:"何以聚人?曰财。"用什么办法才能使人心归向呢?只有财富。财富是帝王凝聚人心、守住王业、养育百姓、治国安民的根本。正如俗话所说的："财散则人聚,财聚则人散。"现代企业要立于不败之地,最根本的一条取决于人才,取决于团队,取决于团队的创新力量,归根到底是"聚人"。都说时势造就英雄,但一个具有创新力量的团队也能造就时势。

四、先秦商家普遍拥有较高的综合素质,纵横捭阖而游刃有余。先秦商家或弃商从政,或弃政从商,或亦商亦政,或一生从商,他们长袖善舞,多钱善贾,不仅经商有术,而且治国有方,不仅立功当世,而且立言千秋。反观当代商界,为什么很多人红极一时,却在一夜之间轰然倒塌?今晚还在披红领奖,明朝却已"跑路"。显然,当代中国人普遍处于躁动不安的状态,很多人幻想一夜暴富,普遍缺乏文化根基,也就难怪"基础不牢,地动山摇"了。当然,从深层次看,这种现象跟中华商脉遭到人为割断有很大关系。从商鞅变法奉行"重农抑商",到汉高祖颁行"贱商令"、汉武帝又颁行"算缗令",实施盐铁专卖,国家垄断,富商大贾被洗劫一空,民间商贾从此失去成长空间,其后历代富豪几乎都是清一色的豪强地主。直到明清之际,由于西方资本的冲击,才涌现出近代十大商帮。然而无论是为朱元璋出资建造石头城的沈万三,还是为大清政府赔偿西方列强的广州十三行潘振承、伍秉鉴、卢观恒、叶廷勋四大家族,或是为左宗棠筹饷统一新疆的胡雪岩,都不得不听命于强权,仰息于官府,他们不是迫于朝廷无休止的捐输而倾家荡产,就是成为政权衰败和权臣倾轧的牺牲品。20世纪初的上海滩,也曾风云一时,然而国难当头,风雨飘摇。特别是到了20世纪中后期,由于一系列的政治狂潮致使中国商脉遭到人为阉割,直到20世纪末期重又全面融入世界商业文明的大潮。

我相信,随着国内改革的全面深化和资本市场的全面开放,中华大地上一定会崛起一批具有全球视野和文化底蕴、富而好礼又好行其德的现代商家。只是我呼吁:当代中国商人不仅要满足于做一个企业家,更要立志做一个事业家。《周易·系辞下》说:"富有之谓大业……举而措之天下之民,谓之事业。"成为亿万富豪,你无疑是一个成功的企业家;但只有那些把致富之道推广到天下民众,引领"大众创业,万众创新"的人,才是"泽被天下"的事业家。

附 录

先秦商家一览表

	姓 名	所在时代	籍 贯	经营状况	影响力
1	王 亥	夏朝中期	商丘	服牛远贾，丧于有易	中华商祖
2	伊 尹	夏末商初	空桑	中华厨祖，贸易倾夏	第一帝师
3	姜太公	商末周初	东海	早年贩屠，工商立国	齐国太公
4	鲍叔牙	春秋前期	颖上	从商让利，从政让贤	管鲍之交
5	管 仲	春秋前期	颖上	招商引资，货币战争	商战谋霸
6	宁 戚	春秋前期	卫国	饭牛临淄，叩角商歌	齐大司田
7	百里奚	春秋前期	虞国	饲牛拜相，五羖大夫	辅秦称霸
8	弦 高	春秋前期	郑国	犒牛秦军，谢绝军功	却秦救郑
9	计 然	春秋末期	宋国	计然七策，破吴霸越	商学之祖
10	范 蠡	春秋战国	楚国	助越灭吴，三致千金	道商鼻祖
11	子 贡	春秋战国	卫国	孔门首富，周游全鲁	儒商鼻祖
12	白 圭	战国初期	洛阳	人弃我取，人取我与	首创商校
13	猗 顿	战国初期	鲁国	畜牧起家，第一盐商	晋商之祖
14	郭 纵	战国晚期	赵国	铁冶业致富	富埒王侯
15	吕不韦	战国晚期	卫国	奇货可居，一掷千金	大秦丞相
16	乌氏倮	秦朝	西戎	畜牧马羊，山谷称量	位比封君
17	寡妇清	秦朝	巴郡	数世丹砂，用财自卫	女怀清台